Theorien des Designs zur Einführung

Claudia Mareis

# Theorien des Designs zur Einführung

JUNIUS

Junius Verlag GmbH
Stresemannstraße 375
22761 Hamburg
www.junius-verlag.de


Umschlaggestaltung: Florian Zietz
Titelbild: Mobilier et Thonet, © Célia Persouyre
Satz: Junius Verlag GmbH
Printed in the EU 2022
ISBN 978-3-88506-086-4
3., korrigierte Auflage 2022

**Bibliografische Information der Deutschen Nationalbibliothek**
Die Deutsche Nationalbibliothek verzeichnet diese Publikation in der Deutschen Nationalbibliografie; detaillierte bibliografische Daten sind im Internet über http://dnb.dnb.de abrufbar.

# Zur Einführung …

… hat diese Taschenbuchreihe seit ihrer Gründung 1977 gedient. Zunächst als sozialistische Initiative gestartet, die philosophisches Wissen allgemein zugänglich machen und so den Marsch durch die Institutionen theoretisch ausrüsten sollte, wurden die Bände in den achtziger Jahren zu einem verlässlichen Leitfaden durch das Labyrinth der neuen Unübersichtlichkeit. Mit der Kombination von Wissensvermittlung und kritischer Analyse haben die Junius-Bände stilbildend gewirkt.

Seit den neunziger Jahren reformierten sich Teile der Geisteswissenschaften als Kulturwissenschaften und brachten neue Fächer und Schwerpunkte wie Medienwissenschaften, Wissenschaftsgeschichte oder Bildwissenschaften hervor. Auch im Verhältnis zu den Naturwissenschaften sahen sich die traditionellen Kernfächer der Geisteswissenschaften neuen Herausforderungen ausgesetzt. Diesen Veränderungen trug eine Neuausrichtung der Junius-Reihe Rechnung, die seit 2003 von der verstorbenen Cornelia Vismann und zwei der Unterzeichnenden (M.H. und D.T.) verantwortet wurde.

Ein Jahrzehnt später erweisen sich die Kulturwissenschaften eher als notwendige Erweiterung denn als Neubegründung der Geisteswissenschaften. In den Fokus sind neue, nicht zuletzt politik- und sozialwissenschaftliche Fragen gerückt, die sich produktiv mit den geistes- und kulturwissenschaftlichen Problemstellungen vermengt haben. So scheint eine erneute Inventur der Reihe sinnvoll, deren Aufgabe unverändert darin besteht, kompetent und anschaulich zu vermitteln, was kritisches Denken und Forschen jenseits naturwissenschaftlicher Zugänge heute zu leisten vermag.

*Zur Einführung* ist für Leute geschrieben, denen daran gelegen ist, sich über bekannte und manchmal weniger bekannte Autor(inn)en und Themen zu orientieren. Sie wollen klassische Fragen in neuem Licht und neue Forschungsfelder in gültiger Form dargestellt sehen.

*Zur Einführung* ist von Leuten geschrieben, die nicht nur einen souveränen Überblick geben, sondern ihren eigenen Standpunkt markieren. Vermittlung heißt nicht Verwässerung, Repräsentativität nicht Vollständigkeit. Die Autorinnen und Autoren der Reihe haben eine eigene Perspektive auf ihren Gegenstand, und ihre Handschrift ist in den einzelnen Bänden deutlich erkennbar.

*Zur Einführung* ist in der Hinsicht traditionell, dass es den Stärken des gedruckten Buchs – die Darstellung baut auf Übersichtlichkeit, Sorgfalt und reflexive Distanz, das Medium auf Handhabbarkeit und Haltbarkeit – auch in Zeiten liquider Netzpublikationen vertraut.

*Zur Einführung* bleibt seinem ursprünglichen Konzept treu, indem es die Zirkulation von Ideen, Erkenntnissen und Wissen befördert.

Michael Hagner<br>Ina Kerner<br>Dieter Thomä

# Inhalt

**Anhang**

# 1. Prolog: Mystery of our civilization

*No Watson, this was not done by accident, but by design.*
Sherlock Holmes

Diese Einführung widmet sich einem aktuellen und in den unterschiedlichsten Bereichen intensiv diskutierten Thema, das bis vor kurzem durch eine auffallende Paradoxie gekennzeichnet war: Obwohl nämlich die immense kulturelle Bedeutung von Designobjekten und -praktiken – ebenso wie die Kritik an ihnen – kaum zu ignorieren ist, haben *Theorien des Designs* in der akademischen Landschaft lange Zeit ein eigentümliches Schattendasein gefristet. Auf diesen Umstand wies etwa der Planungs- und Designwissenschaftler Horst W. J. Rittel in den 1980er Jahren hin: »It is one of the mysteries of our civilization that the noble and prominent activity of design has found little scholarly attention« (Rittel 1988: 1). Gegenwärtig lässt sich jedoch – davon zeugt auch der vorliegende Band – ein wachsendes Interesse an den theoretisch-methodischen Grundlagen des Designs beobachten. Zahlreiche Studien und Publikationen haben sich in den letzten Jahren der systematischen Erschließung dieses Forschungsfeldes gewidmet, sei dies aus einer historischen, kultur- oder technikanalytischen, epistemologischen, soziologischen oder praxisgeleiteten Perspektive.[1]

Der Herstellungs- und Wirkungsbereich von Design, der in diesem Zusammenhang behandelt wird, umfasst dabei keineswegs nur industriell erzeugte Konsumgüter. Vielmehr sind sämtliche artifiziellen und bisweilen auch ›natürlichen‹ Artefakte, mit denen wir uns umgeben, die wir benutzen, umnutzen, aufbewahren oder entsorgen, auf die eine oder andere Weise geplant, entworfen und gestaltet – und somit potenzieller Gegenstand von Theorien des Designs. Der Technikphilosoph Bruno Latour konstatierte unlängst, dass sich das Wort ›Design‹ auf immer größere Produktionsgefüge anwenden lasse und längst nicht mehr auf Gebrauchs- oder Luxusgüter beschränkt sei (Latour 2009: 357). Der Designbegriff taucht zunehmend auch in ungewöhnlich anmutenden Wortkompositionen auf – wie Service-Design, System-Design, Gen-Design oder Neuro-Design.[2]

Neben den zahlreichen Anwendungsfeldern von Design ist die Art und Weise, *wie* Dinge geplant, entworfen, konstruiert und gestaltet werden, also die Ebene der Entwurfsprozesse und -praktiken selbst, von großer designtheoretischer Relevanz. Hier entscheidet sich nicht nur, welches Wissen, welche Interessen und Präferenzen in den Entwurf eines Designartefakts einfließen, sondern auch, ob daraus – wissentlich oder unwissentlich – Hindernisse und Hürden im späteren Umgang mit den Dingen resultieren. Denken wir dabei etwa an die Bedienbarkeit von technischen Apparaten und digitalen Kommunikationsgeräten, die Lesbarkeit von Orientierungssystemen und Bedienungsanleitungen oder die symbolische Bedeutung von Markenartikeln – stets bestimmt das Design dieser Dinge mit, wie wir mit ihnen umgehen und wie wir uns an ihnen orientieren. Design eröffnet nicht nur Handlungsmöglichkeiten, sondern kann diese ebenso gut beschneiden oder ganz versperren. Der Soziologe Lucius Burckhardt spricht in diesem Zusammenhang davon, dass Design »unsichtbar« sei, da es sich um »unsichtbare Gesamtsysteme« handle, »bestehend aus Objekten und zwischenmenschlichen Beziehungen«, die es im Entwurf idealerweise zu berücksichtigen gelte (Burckhardt 1995: 24). Als Beispiel für unsichtbares Design nennt

Burckhardt die *Nacht*: »Die Nacht also, die ursprünglich wohl einmal etwas mit Dunkelheit zu tun hatte, ist ein menschengemachtes Gebilde, bestehend aus Öffnungszeiten, Schließzeiten, Tarifen, Fahrplänen, Gewohnheiten und auch aus Straßenlampen.« (Ebd.: 17) Gegenstand des Entwurfes sind so gesehen nicht Einzelobjekte, sondern ganze Infrastrukturen und Systeme, die im Hinblick auf ihre »mögliche Verwendung«, »Einsatzfähigkeit«, »vielfache Brauchbarkeit« und »Nicht-Verwendbarkeit« konzipiert werden (Burckhardt 2012: 11 f.). In einer verwandten Weise spricht die Kulturwissenschaftlerin Yana Milev davon, dass wir heutzutage Design in Begriffen wie »design of searches, knowledge, and behaviour« denken müssen (Milev 2013: 18). Durch die Brille eines derart weitreichenden Designbegriffs, der selbst Infrastrukturen und Verhaltensweisen einschließt, werden letztlich die politischen Dimensionen der Design- und Entwurfstätigkeit deutlich – und damit möglicherweise auch ihre Grenzen.

Unter dem programmatischen Stichwort eines *design turn* ist der Designbegriff mittlerweile auch in den Geistes-, Natur- und Technikwissenschaften angekommen und leitet dort die Erforschung von Herstellungs- und Fertigungsverfahren wissenschaftlicher Wissensproduktionen aus einer Entwurfs- und Gestaltungsperspektive an. Der Designbegriff wird im Kontext von »interdisziplinären Wissenslaboren«[3] ebenso intensiv diskutiert wie in Bezug auf rezente Entwicklungen in der Nanotechnologie oder der synthetischen Biologie. Er rückt damit von einem peripheren »Paradigma moderner Entwurfs- und Fertigungsverfahren [...] in den Kern der Forschung selbst«[4]. Mehr noch: Mit dem Designbegriff geht die Forderung nach einer Transformation kultur- und geisteswissenschaftlicher Methoden einher – hin zu den Materialien und Praktiken der Wissens*gestaltung* und zu einer Wissensproduktion *in the making*. Die mit Michel Foucault begonnene »Wende zu einer Analyse der Praktiken und materialen

Kultur des Wissens und der Kulturtechniken« müsse sich, so fordert Wolfgang Schäffner, »um einen weiteren Schritt verlängern zur Beteiligung an der Realisierung und Gestaltung neuer Praktiken« (Schäffner 2010: 37). In »der technisch hochgerüsteten Wissensgesellschaft« sollen gestalterische Prozesse als »genuine Forschungsleistung« begriffen und »Forschung ihrerseits als Gestaltungsprozess« ernst genommen werden.[5] Schäffner, der den Ausdruck *design turn* prägte, begründet das wachsende Interesse an Entwurfs- und Gestaltungsfragen mit einem tiefgreifenden Wandel, der sich derzeit in den Naturwissenschaften beobachten lasse:

> »Die Analyse der Natur ist an einen Punkt angelangt, an dem sich die Richtung der Forschung umkehrt. Nun handelt es sich nicht mehr darum, die Prozesse der Natur zu erforschen, sondern darum, wie man mit deren Basiselementen in anderer Weise verfahren kann. Und dabei geschieht etwas Eigentümliches: Denn man beginnt von ›Ziegelsteinen‹, von ›Fenstern‹ und ›Maschinen‹ zu reden, als befänden wir uns in der künstlichen Welt der Architektur und des Designs. Der Wissenschaftler als Beobachter und Analytiker der chemischen, physikalischen und biologischen Elemente der Natur verwandelt sich in einen Gestalter von etwas, das vorher nicht existierte.« (Schäffner 2010: 33)

Mit noch weiter reichender Bedeutung wurde diese Ansicht vor einigen Jahren bereits von dem Designtheoretiker Ranulph Glanville vertreten. Dieser postulierte, dass Forschung letztlich als eine Subkategorie des Entwerfens betrachtet werden müsse: »(Wissenschaftliche) Forschung (sei dies Experiment oder Theorie) ist eine Entwurfsaktivität. Wir entwerfen Experimente, wir sind aber auch Designer in der Art und Weise, wie wir innerhalb dieser Experimente agieren.« (Glanville 1999: 88) Forschung wird in diesem Zusammenhang als Aktivität verstanden, in der, wie Joseph Vogl sagt, »jeder epistemologischen Klärung« stets auch

»eine ästhetische Entscheidung« vorausgeht (Vogl 1999: 13 f.). »Mediale Praktiken, ästhetische Präferenzen, handwerkliche Fertigkeiten und implizites Erfahrungswissen konstituieren in dieser Lesart nicht nur auf entscheidende Weise das Design von Wissen, sondern Design und Wissen gehen dabei als analysierte und zugleich konstruierte Gegenstände ineinander auf.« (Mareis/Windgätter 2013: 12)

## 1.1 Nail-Design oder anthropologisches Prinzip?

Ob man einer so radikalen Sichtweise auf Design (und Wissenschaft), wie Glanville sie vertritt, folgen mag oder nicht, so wird an ihr doch deutlich, dass sich die Auffassungen und Konzepte von Design in den letzten Jahrzehnten massiv verändert und geöffnet haben. Designdiskurse haben sich weit von den traditionellen Ausbildungskontexten des Kunstgewerbes und von den kommerziellen Anwendungskontexten der Produkt- und Werbeindustrie entfernt. Sie werden in neuartigen Aufgaben- und Wirkungsbereichen erprobt und haben einen grundlegend inter- und transdisziplinären Charakter angenommen. Fraglich bleibt dennoch, welche Gegenstände und Aufgaben unter dem Begriff ›Design‹ sinnvollerweise subsummiert werden sollen, ohne dass dieser der völligen Beliebigkeit verfällt. Die Offenheit des Designbegriffs, mehr noch aber seine gegenwärtige Omnipräsenz in Gesellschaft und Medien, werden durchaus kritisch gesehen. Kritisiert wird ein »inflationärer Gebrauch« des Designbegriffs, der von »Hair-Design, Nail-Design, Drogen-Design bis hin zum Hundehütten-Design« alles umfassen will (Eisele/Bürdek 2011: 4).

Nichtsdestoweniger fassen Theorien des Designs den Designbegriff in der Regel viel weiter, als dies im umgangssprachlichen Gebrauch der Fall ist. Im Verlauf des 20. Jahrhunderts verfestigte sich durch Designtheorien und -methodologien ein Begriff von ›Design‹ – oft verstanden im Sinne von ›Entwurf‹ –, der die gesamte von Menschen geschaffene, artifizielle Welt als seinen Gegenstand postulierte. Otl Aicher spricht in diesem Zusammenhang von der »welt als entwurf«. Man könne die Welt als einen Prozess der Entwicklung verstehen, in den man hineingeboren sei, ebenso könne man die Welt aber auch als Entwurf sehen, »das heißt als produkt einer zivilisation, als eine von menschen gemachte und organisierte welt« (Aicher 1991: 185). Besonders in der Zeit nach dem Zweiten Weltkrieg wurde unter dem Einfluss von Kybernetik, Systemtheorie, Informatik, Ergonomie, Planungstheorie, aber auch Umwelt- und Gesellschaftsdiskursen eine Vielzahl neuartiger, erweiterter Designmodelle zur Debatte gestellt. Namentlich geschah dies durch Personen wie den bereits genannten Horst Rittel, der Design mit Konzepten aus der System- und Planungstheorie in Verbindung brachte, oder den ›Künstliche Intelligenz‹-Forscher und Sozialwissenschaftler Herbert A. Simon, der Design als einen Modus des Problemlösens im Kontext künstlicher Welten und in diesem Sinne als eine »allgemeine Wissenschaft des Künstlichen« beschrieb (vgl. Kapitel 5.4 und 5.5). Ebenso können die Versuche, Design als eine wissenschaftlich-theoretische Disziplin zu etablieren, auf die Nachkriegszeit datiert werden. Anfänge eines systematisch geführten Diskurses zu Designmethodologie und -theorie sind spätestens seit den 1960er und -70er Jahren zu beobachten – zur selben Zeit etwa, in der sich auch Fächer wie die Informatik oder die Medienwissenschaften an den Universitäten zu formieren begannen.[6] Unter dem Einfluss der Designmethodenbewegung der 1960er Jahre bildete sich ein Designbegriff heraus, der weit über das tradierte Verständnis von Design als kunstgewerbliche Tätigkeit, angewandte Kunst oder dekorative Oberflächenverschönerung hinausging und neue Methoden und

Konzepte, vor allem aber interdisziplinäre Anwendungsfelder umfasste (vgl. Kapitel 5.3).

Jüngere designtheoretische Beiträge – wie etwa Klaus Krippendorffs Arbeiten zur semantischen Wende im Design (Krippendorff 2006), Yana Milevs Grundlegung einer transdisziplinären Designanthropologie (Milev 2013) oder Tony Frys provokante Ausführungen zu *Design as Politics* (Fry 2011) –, verdeutlichen, wie weit sich das Forschungsfeld Design mittlerweile erstreckt und dass es sich kaum abschließend fixieren lässt. Design sei eine Disziplin, die sich nicht disziplinieren lasse, meint Krippendorff: Das Design »stellt neue unerwünschte Konventionen, zu Unrecht bestehende Regelmäßigkeiten und zweifelbare Autoritäten durch konkrete Vorschläge in Frage. Eine wichtige Aufgabe einer Wissenschaft für das Design besteht daher in der Suche nach Variabilität.« (Krippendorff 2013: 265) Zugespitzt formuliert, will Design nicht nur als Dienstleitung Artefakte für andere entwerfen, sondern auch seine eigenen Aufgabenstellungen und Inhalte immer wieder neu erfinden und transformieren: »Ein besonderes Potential des Entwerfens besteht in seiner Eigenart, sich selbst ständig mit und in unterschiedlichen Entwurfstechniken neu zu entwerfen«, so Daniel Gethmann und Susanne Hauser (2009: 10).

Vor dem Hintergrund der skizzierten Entwicklungen im 20. Jahrhundert können die Theorien des Designs heute vom handgefertigten Unikat bis zur seriellen Massenware, von »Design als Prozess bis zum menschlichen Tun allgemein« alles umfassen (Hirdina 2010: 44). Einen derart offenen, nachgerade universalistischen Designbegriff verwenden etwa Harold Nelson und Erik Stolterman. Sie sehen in der Entwurfspraxis eine zeitgemäße Form der *praktischen* Philosophie: »Als menschliche Wesen kreieren wir andauernd Dinge, die dabei helfen, die Welt, wie wir sie kennen, zu formen und zu gestalten. Wenn wir solche neuen Dinge kreieren – Werkzeuge, Organisationen, Prozesse, Symbole und Systeme – beschäftigen wir uns mit Design. Eine Idee zu entwickeln und dieser eine Form, Struktur und Funktion zu verleihen ist der Kern von Design als menschlicher Aktivität.« (Nelson/Stolterman 2003: 1) Auch Klaus Krippendorff versteht Design als »eine Praxis und Aktivität, die generell für alle menschlichen Lebewesen konstitutiv« sei (Krippendorff 2006: o.S.). Allerdings öffnen und nobilitieren solche Aussagen den Designbegriff nicht nur. Sie suggerieren auch auf problematische Weise, die Fähigkeit zum Entwerfen sei ein anthropologisches Prinzip, das Menschen ›von Natur‹ gegeben sei und sie kategorisch von ›Tieren‹ oder ›Maschinen‹ unterscheide (siehe Cross 2006: 100). Wie alle kategorischen Behauptungen und vermeintlichen anthropologischen Prinzipien, so sind auch diese mit Vorsicht zu behandeln. Zum einen führt ein derart weites Verständnis von Design zu Beliebigkeit und Unbestimmtheit. Es gehen wichtige »Differenzen zu den Begriffen Kunst, Plan, Arbeit oder Machen« verloren, wie Heinz Hirdina kritisiert (Hirdina 2010: 42). Zum anderen blenden universalistische Designmodelle aus, dass Entwerfen als *Kulturtechnik* nicht zu jeder Zeit, an jedem Ort und für jede Person auf die gleiche Weise ›funktioniert‹. Vielmehr hat sich das Entwerfen, wie jede andere kulturelle Praxis auch, erst im Rahmen spezifischer Lehr- und Lernprozesse, in unterschiedlichen gesellschaftlichen und ökonomischen Kontexten über die Jahrzehnte und Jahrhunderte hinweg herausgebildet. Insofern ist es auch nicht korrekt, von *dem* Entwerfen im Singular zu sprechen, da wir es stets mit einer Vielzahl von Entwurfspraktiken, -kulturen und -artefakten zu tun haben. Schließlich unterliegt auch deren Beurteilung sozial- und kulturhistorisch ausdifferenzierten Kriterien, die einem Verständnis von Design als einer universellen menschlichen Aktivität entgegenstehen. Heinz Hirdina zufolge kann in der Begriffsgeschichte des Designs, trotz konkurrierender Begriffe und Konzepte, allerdings ein semantischer »Kern« identifiziert werden, »um den sich Bedeutungen historisch angelagert haben«; nämlich »das ästhetisch bestimmte Entwerfen von industriell reproduzierbaren Gebrauchsgegenständen, die sich auch für symbolischen Gebrauch eignen« (Ebd.: 44).

Die industrielle Herstellung und die mit ihr einhergehenden Reproduktionsmöglichkeiten von Produkten der Gebrauchskultur sollen demnach die Besonderheit von Design im Unterschied zu handwerklichen oder künstlerischen Praxen kennzeichnen (vgl. Kapitel 2.3). Aber selbst wenn man diese (eher konventionelle) Sichtweise auf Design als gemeinsamen Ausgangspunkt von Designtheorien nehmen will, stellt sich auch hier die Erforschung industrieller Massenkultur als ein Desiderat dar. Wolfgang Ruppert etwa konstatiert, dass die Geschichte der industriellen Massenkultur bis heute paradoxerweise weitgehend unbeachtet geblieben sei (Ruppert 1993: 9). Die Gründe dafür sieht er erstens im Umstand, dass Wissenschaftler/innen oft zu sehr mit den »Selbstverständlichkeiten des eigenen Alltagslebens verflochten« seien, als dass sie genügend Distanz zu diesem Themenbereich herstellen könnten (ebd.). Ein zweiter Grund bestehe in der »Spezialisierung des Wissenschaftsbetriebs und den daraus resultierenden Begrenzungen der Gegenstandsfelder der Fächer«, welche die Komplexität im menschlichen Umgang mit den Dingen der industriellen Kultur nicht angemessen habe erfassen können (ebd.).

Womöglich erschweren aber auch Vorbehalte gegenüber dem kapitalistisch-industriellen Ursprung der professionellen Designpraxis und deren enge Verbindung zu Industrie und Wirtschaft, dass sich Forschende ernsthaft mit dem Thema ›Design‹ auseinandersetzen. Besonders bekannt ist in diesem Zusammenhang ein Einwand von Victor Papanek aus den 1970er Jahren. Dieser monierte, dass es nur wenige Berufsbilder gebe, die schädlicher und unnützer seien als diejenigen des Industriedesigners und des Werbegrafikers. Designer/innen versuchten, so Papanek, Menschen davon zu überzeugen, Konsumgüter zu kaufen, die sie weder bräuchten, noch sich leisten könnten (Papanek 2000: ix). Andere Autoren üben Kritik an einer »ästhetischen Ökonomie und einer ästhetisierten Politik« durch Design, der es nur noch um den bloßen »Inszenierungswert von Waren«, nicht jedoch um deren Gebrauchswert gehe (Böhme 2001: 160). Und Yana Milev problematisiert, dass selbst innovative Designverständnisse im Bereich der »Industrie, der Wissenschaft, der Informatik und im Entertainment-Management« bloße Neuinterpretationen konventioneller Konzepte seien: »Design ist auf der Schnittstelle von Wissenschaft, Industrie und Gesellschaft einem neobehavioristischen Forschungsverständnis, einem neokonservativen Gesellschaftsbegriff, einem neodarwinistischen Gesellschaftsbegriff und einem neoliberalen Wirtschaftsverständnis verpflichtet« (Milev 2011: 39). Diese kritischen Sichtweisen verunglimpfen jedoch nicht Design per se als Gegenstand der Forschung und Theoriebildung. Sie zeigen vielmehr auf, dass die gesellschaftlichen und technoökonomischen Produktionsverhältnisse und Strukturen, in denen sich Designpraktiken und -artefakte reproduzieren, auch im Nachdenken über Design ihren Niederschlag finden müssen. Im Hinblick auf die Theoriebildung zum Design gehen damit weitere interdisziplinäre Zusammenschlüsse sowie die Ausarbeitung neuartiger Forschungsfelder des Designs einher. In Zukunft werde, so Milev, »in zunehmendem Maße von einem Designbegriff im Untersuchungsfeld der Cultural Studies als auch der Ethnologie, Anthropologie und Lebenswissenschaften oder der Ökologie die Rede sein, so dass Begriffe wie Designsoziologie, Designethnographie, Designpolitik, Designökologie oder Designanthropologie relevant werden« (ebd.: 20).

Zusammenfassend zeichnet sich für Theorien des Designs heute die Problematik ab, dass ihr Gegenstand äußerst weit gefasst ist, einen inter- und transdisziplinären Geltungsbereich sowie einen hohen Anwendungsbezug hat. Die zunehmende Ausdifferenzierung bestehender Fächer erschwert es ihnen zudem, einen eigenständigen Platz im Gefüge der wissenschaftlichen Disziplinen zu finden und diesen zu behaupten. Während die Architektur, als vergleichbar praxisorientierte Entwurfsdisziplin, traditionell einen eigenen theoretisch-systematischen Diskurs pflegt, werden Designtheorien und -wissenschaft immer noch als Rand- oder besser *Zwischen*erscheinungen im wissenschaftlichen Fächerkanon aufgefasst. Theorien des Designs werden heute zwar an unterschiedlichen Orten unterrichtet und entwickelt, aber nur selten werden diese multidisziplinären Gegenstandsbereiche integrativ zusammengeführt und vernetzt. Namentlich werden sie an Kunst- und Designhochschulen gelehrt, daneben auch in der Architektur, im Ingenieurwesen oder in Fächern wie Kunst- und Kunstgewerbegeschichte, Kultur- und Medienwissenschaft, Informatik, Psychologie, Kognitionswissenschaft, Kommunikationswissenschaft, Arbeitswissenschaft, Ergonomie, Planungswissenschaft, Wissenschaftsgeschichte. Schließlich finden sich designtheoretische Ansätze auch in praktischen Anwendungsfeldern wie Werbung, Marketing oder Management. Susanne Hauser weist in diesem Zusammenhang darauf hin, Gestaltungsprozesse zeichneten sich gerade dadurch aus, »dass sie aus allen möglichen Wissensbereichen Elemente und Strukturen aufnehmen« und es »keine prinzipielle Abhängigkeit von einzelnen Wissenstypen oder Disziplinen« gebe (Hauser 2013: 372). Dieser Umstand spiegelt sich auch in der inter- und transdisziplinären Verfasstheit von Designtheorien wider, die, simplifizierend gesagt, überall und nirgends, irgendwo *dazwischen* verortet sind.

Klaus Krippendorff sieht eine Ursache der mangelnden akademischen Etablierung und Sichtbarkeit von Design in dem Umstand, dass der »Designdiskurs sich seiner eigenen Grenzen nicht sicher« sei (Krippendorff 2013: 63). »Ein Student der Physik oder der Medizin findet die Grenzen seiner Disziplin in vorgeschriebenen Lehrveranstaltungen und in offiziellen Lehrbüchern. Designer haben kaum Standardwerke, auf die sie zurückgreifen können«, so Krippendorff (ebd.). Auch Bernhard Bürdek problematisiert, dass die interdisziplinäre Verortung und Ausrichtung von Designtheorien für eine deutliche Konturierung und Abgrenzung des Faches hinderlich sei. Aus seiner Sicht kann »nur fundiertes Wissen über Gestaltung selbst, das Entwerfen, die Produkte, die Interfaces und die Services« dabei helfen, »Design als Disziplin inhaltlich voranzubringen« (Bürdek 2011: 20). Erst auf dieser Grundlage könne »die vielbeschworene Interdisziplinarität des Designs ernsthaft und fundiert praktiziert werden« und »die Leere«, die das interdisziplinäre »Dazwischen« bedeute, ausgefüllt werden (ebd.: 21). Bürdek sieht darin die »eigentliche Aufgabe von Designwissenschaft, Designtheorie und erst recht Designforschung« (ebd.).

Gerade das Fehlen einer eigenständigen Theoriebildung, die sich »aus dem Kern« des Designs heraus entwickeln soll, »so wie das bei jeder wissenschaftlichen Disziplin üblich und richtig« sei (Bürdek 2013: 18), wird heute von vielen Designtheoretiker/innen beklagt. Bemängelt wird, dass die aus anderen Fächern stammenden Untersuchungen *über* Design für die Designpraxis zu wenig Relevanz hätten und »losgelöst von der Realität« existierten (Findeli 2004: 43) oder dass sie dem »unscharfen, besonderen Gegenstand« Design, »der niemals vollständig greifbar« sei, nicht gerecht werden könnten (siehe Jonas 2004: 26 f.). In ambivalenter Manier kritisieren Designtheoretiker/innen deshalb einerseits den fehlenden Theorie- und Wissenskorpus zum Design, befürchten aber andererseits auch eine akademische ›Überfremdung‹ und ›Annexion‹ durch andere Disziplinen. Die »Gefahr einer ›feindlichen Übernahme‹ des Designdiskurses« sei »allgegenwärtig«, klagt Klaus Krippendorff (2013: 63). Vielleicht mag diese Befürchtung berechtigt sein, die Metaphern allerdings, die Feindbilder in Gestalt anderer Disziplinen oder gar der Wissenschaft als solcher evozieren, erscheinen für einen reflektierten Diskurs, der sich um Selbstkritik und Differenziertheit bemüht, nicht angemessen.

## 1.2 Zum Verhältnis von Designtheorien und -praxis

Wir haben gesehen, dass Designtheorien in der Wissenschaftslandschaft eher eine Rand- oder Zwischenstellung zugeschrieben wird. Diese Sichtweise vernachlässigt jedoch die Tatsache, dass innerhalb des Fachs Design schon seit vielen Jahrzehnten Debatten zur methodischen und inhaltlichen Ausrichtung von Designtheorien, -methodologien und -forschung geführt werden. Die nicht selten geäußerte Skepsis, es gebe kein konsistentes Fach ›Designtheorie‹, mag zwar im Hinblick auf die fehlende akademische Sichtbarkeit und eindeutige disziplinäre Verortung gelten. Aber gemessen daran, wie umfangreich das Korpus an designtheoretischen Ansätzen, Modellen, Studien und Projekten ist, die im Verlauf des 20. Jahrhunderts entwickelt wurden, ist diese Aussage schlicht falsch. Verkannt wird dabei auch der Umstand, dass Theorien des Designs in ihrem durchaus nicht unproblematischen Bemühen, Theorie und Praxis konsequent miteinander zu verzahnen, tradierte Vorstellungen von Wissenschaft und Forschung strapazieren und herausfordern. Dies mag – zusammen mit ihrem unerhört weiten Gegenstandsbereich – ein weiterer Grund sein, warum sich diese nur schwer in ein traditionelles Verständnis von Theorie, Forschung oder Wissenschaft fügen.

Theorien können bekanntlich auf viele Weisen definiert werden. Sie stellen Versuche der Strukturierung, Verallgemeinerung, Modellierung von Phänomenen und Gegenständen dar, die man besser verstehen und durchdringen möchte. Theorien sind aber auch Instrumente der Disziplinierung und Beherrschung, und nicht selten ist die Suche nach theoretischer Struktur und Ordnung mit dem Streben nach Idealisierung, Abstrahierung und Purifizierung verbunden.[7] Auch im Falle von Theorien des Designs werden ideale und erwünschte, in der Regel systematisch verlaufende Entwurfsprozesse und -artefakte theoretisch abgebildet. Weitaus seltener jedoch sind die Schattenseiten von Design, seine Brüche, Ambivalenzen, Tabus und Grenzüberschreitungen, Inhalt von designtheoretischen Überlegungen.

Daneben ist auch in Designtheorien das implizierte Verhältnis von Theorie und Praxis für das jeweilige Theorieverständnis zentral. Nach einer gängigen Definition, wie sie die *Brockhaus Enzyklopädie* anbietet, wird Theorie als »rein gedankliche Betrachtungs- und Erklärungsweise im Unterschied zur praktischen Anwendung beziehungsweise im Gegensatz zur Praxis als tätig veränderndem Bezug zur Wirklichkeit« verstanden.[8] Für die Theorien des Designs trifft eine solche Definition jedoch nur sehr bedingt zu. Vielmehr wird die strikte Trennung zwischen Theorie und Praxis von vielen designtheoretischen Autoren/innen abgelehnt. Sie vertreten nicht nur die Ansicht, Designtheorien seien vorrangig der Designpraxis verpflichtet, sondern sie verstehen die Praxis auch als eigenständigen Modus der Erkenntnisproduktion. Für Siegfried Maser dient Theorie im Wesentlichen »der Verbesserung von Praxis«, weshalb sich Designtheorien vornehmlich »an den Praktiker« richten sollen (Maser 1976: 42). Die Designpraxis sieht er als die eigentliche »Kontrollinstanz« von Designtheorie (ebd.). In dieser und ähnlich lautenden Aussagen manifestiert sich eine spezifische Sichtweise auf das Entwerfen, aber auch auf Theorie und Wissenschaft, die sich bereits im Kontext der Designmethodenbewegung in den 1960er Jahren herausbildete (vgl. Kapitel 5.3). Die Entwurfstätigkeit, verstanden als Methode der Konstruktion und *Synthese*, wurde in der Designmethodologie kategorisch von der wissenschaftlichen Tätigkeit der *Analyse* unterschieden und die wesentliche Differenz in den unterschiedlichen Zielsetzungen der beiden Bereiche gesehen (Cross 1993: 18). Man ging davon aus, dass die »wissenschaftliche Methode« dazu da sei, Dinge zu entdecken und zu analysieren, die es bereits gebe, »während die Methode des Entwerfens« dazu dienen sollte, Dinge »zu erfinden, die noch nicht existieren« (Gregory 1966: 6). Aus dieser Gegenüberstellung von Entwurf und Wissenschaft resultiert ein idealisierendes Bild des Entwerfens, das über Theorie und Praxis hinausgehen und durch den Entwurf »neue einsichten« eröffnen sollte (Aicher 1991: 196). Zugleich geht damit aber auch eine schier unauflösliche Verstrickung von Theorie- und Praxisverständnissen einher.

Aus heutiger Sicht muss ein solch stereotypes, verlockend einfaches Bild von Entwurf und Wissenschaft, wie es die Designmethodenbewegung zeitweise vertrat, in vielerlei Hinsicht als veraltet und überholt gelten. Mit dem heutigen Wissensstand ist davon auszugehen, dass es in der wissenschaftlichen Praxis gleichermaßen konstruktive und entwerferische Momente gibt, wie sich auch das Entwerfen intensiv mit der Analyse von Bestehendem auseinandersetzt. In diesem Sinne ist das Entwerfen vielmehr als Prozess des Redesigns, also der kontinuierlichen Verbesserung und Weiterentwicklung zu sehen statt als Prozess der radikalen Neuschöpfung. Nichtsdestoweniger haben sich viele Theorien des Designs in den letzten Jahrzehnten hartnäckig an den Idealen und Normen, aber auch den Mythen der wissenschaftlichen Wissensproduktion abgearbeitet. Auch spielt das Motiv des ›Neuen‹ dort bis heute eine wesentliche Rolle, um das

Entwerfen als projektive, auf die Zukunft gerichtete Praxis zu charakterisieren und so von anderen Praktiken abzugrenzen. Klaus Krippendorff sieht die wohl wichtigste Aufgabe von Designschaffenden in der Hervorbringung von bislang ungeahnten gestalterischen Möglichkeiten (Krippendorff 2007: 71). Wolfgang Schäffner führt in diesem Zusammenhang die Unterscheidung zwischen ›Objekt‹ und ›Projekt‹ ein: »Das Projekt oder der Entwurf ist noch kein Objekt und es ist unklar, ob und welches es werden wird. Das ›projicere‹, projizieren, Projektil, Projekt sind auf die Zukunft orientiert. Ganz im Unterschied zum Gegen-Stand, dem ›objicere‹, dem Objekt als etwas Gegenwärtigem und Widerständigem.« (Schäffner 2013: 56) Nur selten jedoch wird in designtheoretischen Texten auch die Ambivalenz und Problematik aufgegriffen, die dem Motiv des ›Neuen‹ innewohnt. Denn Neuerungen entstehen in den wenigsten Fällen voraussetzungs- und bedingungslos. Sie sind vielmehr Resultat komplexer Dynamiken, die sich zwischen Tradition, sozial verankerter Konvention und deren Bruch, zwischen Intention und Serendipität, zwischen bewussten und impliziten Handlungsformen entspinnen.

Mit der um 1970 einsetzenden Kritik an der Designmethodologie löste sich die beschriebene polarisierende Sichtweise auf Design und Wissenschaft keineswegs auf, sondern entwickelte sich vielmehr zu einem bis heute persistenten Topos der Designtheorie und -forschung. So schlug der Designtheoretiker Nigel Cross in den 1980er Jahren vor, man möge endlich von simplifizierenden Vergleichen zwischen Design und Wissenschaft absehen, denn vermutlich müsse nicht das Design von der Wissenschaft lernen, sondern umgekehrt die Wissenschaft vom Design (Cross 2001: 51). Doch auch dieses etwas prätentiös anmutende Ansinnen lässt die Frage offen, wie sich Design und Wissenschaft zueinander verhalten (sollen) und welchen Ort Designtheorien innerhalb dieses Verhältnisses beanspruchen. Zu beobachten ist freilich, dass alle Bemühungen der letzten Jahrzehnte, Design als eigenständige akademische Disziplin zu etablieren, mit einer schier unauflöslichen Verstrickung zwischen den Bereichen Theorie und Praxis, zwischen wissenschaftlicher Disziplin und praktischer Aktivität einhergingen.

Parallel zu dem gängigen Begriff ›Designtheorie‹ zirkuliert eine verwirrende Vielzahl weiterer Begriffe, die auf den ersten Blick dasselbe Themenfeld zu benennen scheinen, aber durchaus andere Geltungen beanspruchen. So existieren im deutschsprachigen Raum auch die Begriffe ›Designforschung‹ und ›Designwissenschaft‹. Im anglophonen Sprachraum wird zusätzlich zwischen *design science*, *science of design* und *design as a discipline* unterschieden. Ohne im Detail auf die damit verbundenen Argumente und Differenzierungen eingehen zu können, soll hier wenigstens kurz eine Begriffsauslegung von Nigel Cross vorgestellt werden (Cross 2001). Als *scientific design* bezeichnet Cross zunächst einmal den historischen Umstand, dass die professionelle Designpraxis bereits in der ersten Hälfte des 20. Jahrhunderts wissenschaftliches Wissen genutzt habe – zum Beispiel aus der Materialwissenschaft, dem Ingenieur- und Bauwesen oder der Verhaltenswissenschaft – und es auf diese Weise »sichtbar« gemacht habe (ebd.: 51 f.). Der Begriff *design science*, der auf Buckminster Fuller zurückgeführt wird, ist im Deutschen am ehesten als ›Konstruktionswissenschaft‹ zu verstehen und wäre somit im Feld des Ingenieurwesens anzusiedeln (ebd.: 52). Cross resümiert, dass *design science* auf einen »explizit organisierten, rationalen und durchwegs systematischen Zugang verweist, in dem nicht nur wissenschaftliches Wissen über Artefakte verwendet wird, sondern das Entwerfen selbst in gewissem Sinne als wissenschaftliche Aktivität« gesehen wird (ebd.: 53). Der Ausdruck ›*science of design*‹ hingegen ist laut Cross als eine metatheoretische Reflexion über das Design zu verstehen, in der die Methoden, Konzepte und Kriterien von Design definiert und bestimmt werden sollen (ebd.). Eine Wissenschaft des Designs entspricht demnach in etwa dem Verhältnis von Wissenschaftstheorie zu Wissenschaft.

Als Erweiterung der genannten Begriffe, oder vielmehr als Gegenprogramm, schlägt Nigel Cross schließlich seinerseits vor, Design als eigenständige Disziplin, *design as a discipline*, aufzufassen, die ihr Wissen aus einer »reflektierten Praxis« (Donald Schön) gewinne und nicht per se wissenschaftlich sein müsse: »Design as a discipline, therefore, can mean design studied on its own terms, and within its own rigorous culture. It can mean a science of design based on the reflective practice of design: design as a discipline, but not design as a science« (ebd.: 54). Die einer solchen Disziplin zugrunde liegende Annahme lautet, dass es unabhängig von den unterschiedlichen Berufsfeldern Wissensformen gebe, die spezifisch für die Erkenntnisse und Fähigkeiten von Designern/Designerinnen seien (ebd.). Dazu gehören für Cross ein besonderes Wissen über die menschgemachte ›artifizielle Welt‹ und die Fähigkeit, diese Welt zu erweitern und zu verändern (ebd.). Für dieses designspezifische Wissen prägt Cross den etwas sperrigen Ausdruck *designerly ways of knowing* (Cross 2001, 2006).

Das bis hierhin diskutierte Verhältnis von Design und Wissenschaft und die damit verbundenen, bisweilen verwirrenden (Begriffs-)Debatten machen deutlich, dass sich Design nicht einfach in eine praktische und in eine wissenschaftlich-theoretische ›Seite‹ unterteilen lässt, sondern dass diese beiden Perspektiven im Selbstverständnis der Disziplin untrennbar miteinander verflochten sind. Die Auffassung, dass Design- und Entwurfsprozesse genuine Formen des Wissens ausbilden, ist heute sowohl in Theorien des Designs wie auch in der Designforschung geläufig – wobei sich auch diese beiden Bereiche unscharf überlappen. Die Designforschung sieht sich, im Kontrast zu Theorien des Designs, expliziter noch einer projektbasierten Arbeitsweise verpflichtet.[9] Mit Bezeichnungen wie ›praxisbasierte‹ oder ›praxisgeleitete‹ Designforschung fordert sie zudem den Praxisbezug noch deutlicher ein. In diesem Sinne könnte die Designforschung gewissermaßen als konsequente, aber auch durchaus problematische Form einer zirkulären Designtheorie verstanden werden, deren Ausgangs- und Endpunkt in der Designpraxis liegt. Auch in jüngeren Texten zur Designforschung ist die Rede davon, Design als »autonome wissenschaftsanaloge«, »nicht wissenschaftliche/wissenschaftsbasierte« Disziplin zu verstehen (Jonas 2004: 32). Autoren/Autorinnen, die diese Sichtweise vertreten, sehen für die Untersuchung von Fragen der Designpraxis nicht vorrangig die Wissenschaften zuständig, sondern diese Praxis selbst – oder zumindest eine Designforschung, die eine so große Nähe zur Praxis aufweist, dass die Unterschiede zwischen den beiden Bereichen beinahe hinfällig werden.

Die skizzierten Charakteristiken und Befindlichkeiten von Designtheorien und -forschung machen die ganze Komplexität und Ambivalenz, aber auch das Potenzial und die Grundproblematik des Feldes sichtbar. Zum einen ermöglicht die ausgeprägte Orientierung an der Dimension der ›Praxis‹ eine durchaus auch für andere wissenschaftliche Disziplinen erwünschte Nähe zu konkreten gesellschaftlichen Fragestellungen und Problemen. Explizit an der Praxis ausgerichtete Designtheorien und -forschung machen es sich zur Aufgabe, ›reale‹ Bedürfnisse zu erkennen und der Theoriebildung einen konkreten Zweck und Nutzen zu geben. Sie zeigt sich in dieser Hinsicht als ein unverhohlen normatives und wertegeleitetes Unterfangen, als konsequenter, wenngleich schwieriger Versuch, Wissensproduktion im Zeitalter von Wissenschaftsskepsis und der Ökonomisierung von Wissen weiter zu betreiben.

Die geforderte Praxisnähe und der normative Anspruch, den sich Designtheorien und -forschung auf die Fahne schreiben, kann aber ebenso als ihr größter ›blinder Fleck‹ und ihre größte Schwachstelle gesehen werden. Durch die forcierte Verzahnung von Theorie und Praxis werden all diejenigen Fragen ausgeklammert oder ignoriert, die für die Praxis angeblich keinen Nutzen, Zweck oder Wert haben. Doch an wem ist es letzten Endes, über diese Frage zu entscheiden? Sind es nicht sehr unterschiedliche Perspektiven und Kriterien, die über den ›Nutzen‹ oder ›Wert‹ einer Theorie oder eines Wissens bestimmen – womöglich auch solche, die sich erst nach einer gewissen Zeit, im Nachhinein herausbilden? Fraglich ist auch, ob mit einem derart starken ›Praxiskorrektiv‹ nicht bloß der Status quo von Designpraxis unhinterfragt in Theorien des Designs weitergeführt wird und ob damit womöglich einseitige, marktwirtschaftliche Interessen der Designpraxis bedient werden. Schließlich fehlt durch den Praxisbezug vielfach auch jene Distanz und Objektivität, die es – ebenso wie die Nähe und subjektive Erfahrung – braucht, um eine theoretische, vor allem kritische und distanzierte Sichtweise auf Phänomene und Gegenstände zu entwickeln. Aus Sicht des Designtheoretikers Clive Dilnot leidet die Designtheorie nicht nur an einem »generellen Widerstand der Kultur«, die dem Design den Wert als eigenständige Disziplin und Wissenskultur abspricht, sondern auch »am Widerstand der Designpraktiker« selbst, die Design lediglich als das verstanden wissen wollen, »was Designer tun« (Dilnot 1989: 233).

## 1.3 *Theorien* des Designs statt Designtheorie

Die vorliegende Einführung bezieht aus gutem Grund keine Stellung für oder gegen eine disziplinär oder interdisziplinär orientierte Designtheorie. Beide Modelle weisen Vor- und Nachteile auf und sollten weder gegeneinander ausgespielt noch in absoluter Weise voneinander abgegrenzt werden. Ebenfalls widerspricht sie der Vorgabe, Designtheorien seien nur das, was die Designpraxis brauche. Diese Sichtweise verhindert meines Erachtens ein wissenschaftliches Denken, das nicht durch Vorgaben und Einschränkungen, sondern durch Neugier, Offenheit und Kritikfähigkeit angeleitet werden soll. In dieser Einführung wird versucht, Theorien des Designs als eigenständigen Gegenstand aus dem Design heraus zu denken und zu entwickeln, ohne dabei Einflüsse und Einwände anderer Disziplinen auszublenden. ›Aus dem Design heraus‹ bedeutet, dass in den folgenden Kapiteln bevorzugt solche Positionen und Autoren/Autorinnen vorgestellt werden, die spezifisch zum Bereich der Designtheorie gearbeitet haben oder – und oft fallen diese beiden Punkte zusammen – die von ihrem Ausbildungs- und Berufshintergrund her als Designer/innen tätig waren oder sind. Damit wird der engen Verschränkung von Theorie und Praxis Rechnung getragen, die für viele Theorien des Designs konstitutiv ist, ohne sie aber als deren notwendige Bedingung zu sehen.

Bewusst wurde beim Titel dieses Bandes der Plural *Theorien* des Designs gewählt, um zu verdeutlichen, dass der geläufige Ausdruck ›Designtheorie‹ kein abgeschlossenes, in sich konsistentes Theoriegebilde bezeichnet. Vielmehr geht es um eine Bündelung verschiedener theoretischer, analytischer und systematischer (auch irrationaler, unsystematischer) Sichtweisen auf Designartefakte, -prozesse und -praktiken – die stets als historische Gegenstände behandelt werden müssen. Anders formuliert, kann keine Theorie, kein Modell, keine Analyse der kulturellen, sozio-materiellen Produktion für sich beanspruchen, allgemeingültig oder zeitlos zu sein. Theorien können nur punktuell, an bestimmten Orten und Zeiten, vor allem aber jeweils nur für bestimmte Personen oder soziale Gruppen Gültigkeit beanspruchen. Im Sinne des griechischen Wortes *theorein*, das ›betrachten‹

oder ›beobachten‹ meint, sind Theorien als Verfahren des Innehaltens und Distanznehmens und als Raum der Betrachtung zu sehen, die zumindest zeitweise von Handlungs- und Zeitdruck entlastet sind.

Behandelt werden in den folgenden Kapiteln zentrale designtheoretische Schlüsselthemen und Leitmotive anhand von exemplarisch ausgewählten Positionen. Dabei geht es weder um eine Kanonisierung einzelner Autoren/Autorinnen noch um eine Vollständigkeit der dargestellten Perspektiven. Dies würde sowohl den Umfang dieses Buches sprengen als auch der eigentlichen Zielsetzung einer Einführung widersprechen. Stattdessen musste zwangsläufig eine Auswahl getroffen werden, die bestimmte subjektive Akzente setzt, andere durchaus relevante und interessante Aspekte hingegen vernachlässigt. Es soll auch nicht verschwiegen werden, dass das Feld der Designtheorien, wie andere Wissensbereiche, kein konsistentes Programm darstellt, sondern dass unterschiedliche Ansätze und Protagonisten im Wettstreit um die Deutungshoheit liegen. Die dargestellten Theorien haben mithin weder Anspruch auf ›Richtigkeit‹ oder ›Allgemeingültigkeit‹ – sie zeugen vielmehr vom Diskussionstand eines Faches zu einer bestimmten Zeit –, noch wurden sie im Hinblick auf ihren konkreten ›Nutzen‹ für die Designpraxis ausgewählt. Statt nach Allgemeingültigkeit und einer umfassenden Systematik zu streben, soll anhand der dargestellten Positionen ein Überblick und Umriss des designtheoretischen Diskurses gegeben werden – mitsamt den Lücken und Schwächen, die ein solches Vorhaben zwangsläufig mit sich bringt.

Im Gegensatz zu designhistorischen Darstellungen ist das vorliegende Buch nicht chronologisch aufgebaut, sondern bündelt zentrale designtheoretische Leitfragen und Schlüsselkonzepte als *thematische Komplexe*. Dennoch wird aus der Anordnung der Kapitel durchaus eine zeitliche Ordnung sichtbar, die mit den Form-/

Funktionsdebatten im frühen 20. Jahrhundert beginnt und in einem Epilog zur Zukunft von Designtheorien mündet. Die zeitliche Rahmung des Bandes umfasst, mit wenigen Ausnahmen, das ausgehende 19. Jahrhundert bis in die Gegenwart. Während Gestaltungs- und Designtheorien anfangs des 20. Jahrhunderts noch weitgehend von künstlerischen Stil- und Formfragen sowie von Funktionalitätsdebatten geprägt waren, erfuhren sie seit den 1960er und 1970er Jahren durch die Planungs- und Problemlösungsforschung sowie durch postmoderne strukturalistische Einflüsse eine interdisziplinäre Erweiterung. Der Designtheoretiker Victor Margolin spricht in diesem Zusammenhang von einer »postwar design literature« (sieh Margolin 1989). Gemeint ist damit, dass die Nachkriegszeit für das Design sowohl in gesellschaftlicher als auch in technologischer Hinsicht einen historischen Wendepunkt darstellte. Interdisziplinäre Auffassungen des Entwerfens interagierten zu der Zeit mit neu aufkommenden Entwurfsaufgaben und -feldern in Technologie und Gesellschaft, zugleich wurde die Beschränktheit einer rationalen Designmethodologie sichtbar. Da gerade der Designdiskurs der 1960er und 1970er Jahre für die Systematisierung von Theorien und Methoden des Designs sowie deren Verwissenschaftlichung konstitutiv war, bilden sie auch in der vorliegenden Einführung einen konzeptuellen und zeitlichen Schwerpunkt.

Die Kapitel sind zwar sukzessiv aufgebaut und verweisen aufeinander, können aber durchaus einzeln gelesen werden. Nach *Kapitel 1*, das eine Einleitung ins Thema gegeben hat, widmet sich *Kapitel 2* der Etymologie und Definition des Designbegriffs sowie damit eng verbundenen Begriffen wie ›Entwurf‹ und ›Gestaltung‹. Es wird gezeigt, dass designtheoretische Begriffsbestimmungen und Definitionen weder den Anspruch auf Allgemeingültigkeit haben noch das ›Wesen‹ oder den ›Kern‹ von Design abschließend fixieren können. Sie sind stattdessen als mehr oder weniger beschränkte Perspektiven zu sehen, die spezifische Charakteristiken, Eigenheiten und Ausschnitte von Design betonen, andere hingegen ausblenden. Auch sind sie, dieser Punkt ist zentral, nicht unabhängig von gesellschaftlichen, technischen und ökonomischen Entwicklungen zu sehen. In *Kapitel 3* werden Positionen vorgestellt, die sich der Frage nach dem Verhältnis von Form und Funktion widmen. Gerade der Aspekt der Funktionalität gilt bis heute als wesentliches Kriterium zur Bewertung von Designartefakten und wird zudem zur Unterscheidung von Kunst und Design herangezogen. Wir werden sehen, dass auch der Begriff der ›Funktionalität‹ keineswegs eindeutig zu bestimmen ist, sondern dass er im Verlauf des 20. Jahrhunderts auf unterschiedliche Weisen verwendet und problematisiert wurde und sich auf diese Weise weiterentwickelt hat. Wichtig ist hier zu verstehen, dass die Ebene der ›bloßen‹ technisch-praktischen Funktionalität stets mit einer symbolischen Dimension gepaart ist, in der Designartefakte über ihren Gebrauch hinausweisen und als Objekte der soziokulturellen Kommunikation, als Dinge mit Bedeutung fungieren. An diesen Punkt schließt *Kapitel 4* an. Es widmet sich dem Thema der Bedeutung von materieller Kultur sowie der ›Sprache‹ der Dinge. Die Kritik an den Funktionalismus-Konzepten der Moderne brachte es mit sich, dass sich in der Nachkriegszeit der Fokus von Theorien des Designs zunehmend von der Funktion auf die Bedeutung verschob. In den 1960er Jahren hatten strukturalistische Ansätze und Zeichentheorien aus den Sprachwissenschaften Konjunktur, mit deren Hilfe man kulturelle Phänomene als Text- und Zeichensysteme lesbar zu machen hoffte. Dies trifft auch auf Theorien des Designs zu. Während jedoch in anderen Fächern wie den Kunst-, Kultur- oder Bildwissenschaften die starke Fokussierung auf ›Sprache‹ als Ort der kulturellen Bedeutungsproduktion problematisiert und erweitert wurde, scheint dieser Paradigmenwechsel in den

Theorien des Designs bislang erst im Ansatz vollzogen. *Kapitel 5* thematisiert einen sehr aktuellen Bereich der Designtheorie, in dem neben der Sprache andere Medien und Materialien als Träger von Bedeutung erforscht werden. In diesem Kapitel geht es um designtheoretische Ansätze, die sich explizit dem Verhältnis von Design und Wissen widmen. Einige der Punkte, die hier bereits angedeutet wurden, werden in diesem Kapitel aufgegriffen und vertieft diskutiert. Dazu gehören namentlich das Aufkommen der Designmethodologie um 1960 und einige damit verbundene Prämissen zum Entwerfen, die bis in aktuelle Designdiskurse fortleben. *Kapitel 6* versteht sich als Epilog zu den in den vorangehenden Kapiteln behandelten Positionen und den dort aufgeworfenen Fragen. Adressiert werden in diesem Schlussteil Hoffnungen und Visionen zur gesellschaftlichen und politischen Transformationskraft von Design, die zugleich auf die Grenzen und das potenzielle Scheitern jeglicher Theorie und Praxis hinweisen, welche sich nicht weniger vornimmt als die Transformation von Welt und Gesellschaft. Was dennoch bleibt und bleiben muss, um mit Horst Rittel zu sprechen, ist ein »moderater Aktivismus und Optimismus« im Hinblick auf die Potenziale des Entwerfens (Rittel 2013: 53).

Punktuell wird in den einzelnen Kapiteln immer wieder versucht, Theorie und Geschichte des Designs miteinander zu verbinden, um so die notwendige Kontextualisierung von Diskursen und Praktiken zu gewährleisten. Indem Designtheorien vor dem Hintergrund ihres zeithistorischen Entstehungskontextes verortet werden, soll insgesamt ein Verständnis für die Historizität und Kulturalität von Theorien, Konzepten und Diskursen befördert werden. Auch wird auf diese Weise die – zumindest im Design nicht ausgestorbene – Idee problematisiert, Theorien hätten stets eine allgemeingültige Aussagekraft. Eröffnet wird mit der gewählten Herangehensweise und den präsentierten Positionen hoffentlich ein reicher Fundus an designtheoretischen Themen, Ansätzen und Fragestellungen, der sich nicht nur für das Design selbst, sondern auch für andere Fächer und Forschungsbereiche als anschlussfähig erweisen könnte. Und schließlich möchte dieses Buch dazu beitragen, die allzu lange unterschätzte Größe und Komplexität des Forschungsfeldes Design – »one of the mysteries of our civilization« – zu entmystifizieren und auf die schiere Fülle der Themen und Gegenstände hinzuweisen, die noch auf ihre designtheoretische und -wissenschaftliche Erschließung warten.

# 2. Design / Entwurf / Gestaltung

## 2.1 Definitionen und Perspektiven

Die neueren Debatten zu Theorien des Designs beschäftigen sich intensiv mit der Frage nach einer hinreichenden Definition ihres Gegenstands, dem Design. »Eine Theorie über Design muss zuerst erklären«, so Jochen Gros, »was ihr Gegenstand ist, also was sie unter Design versteht. Das ist gar nicht so leicht, weil seit Jahrzehnten darüber gestritten wird, was Design ist oder sein sollte, und weil jede Antwort im Lauf der Zeit zu überdenken ist.« (Gros 2000: 12) Auch dieses Kapitel will keine endgültigen Antworten auf diese Frage geben. Vielmehr soll es um einen Einblick in unterschiedliche systematische, etymologische und designhistorische Zugänge und Definitionen gehen – im Bewusstsein, dass manche dieser Zugänge aufgrund ihrer Normativität, Offenheit oder Enge durchaus problematisch sind. Obwohl sich in der einschlägigen Designliteratur zahlreiche Definitionen und Spezifizierungen für den Ausdruck ›Design‹ finden lassen, muss also die Frage, was damit sinnvollerweise alles bezeichnet werden kann und bezeichnet werden soll, letztlich offen bleiben. »Wie alle Wörter und Begriffe«, so konstatiert der Designhistoriker John Walker, »gewinnt auch ›Design‹ seine spezifische Bedeutung und seinen Wert nicht allein aus dem, was es bezeichnet, sondern auch durch kontrastierende Abgrenzungen von verwandten Begriffen, wie Kunst, Handwerk, Technik und Massenmedien. Daher bleiben Definitionen von Design, die auf eine einzige wesenhafte Bedeutung abstellen, so unbefriedigend.« (Walker 1992: 35)

Etymologisch betrachtet geht der Designbegriff auf das lateinische Wort *designare* (später ital. *disegnare*) zurück, das »bezeichnen, abgrenzen, angeben« bedeutet, im Weiteren auch »bestimmen, ernennen«, »andeuten«, »einrichten, anordnen«, »entwerfen«, »im Umriss darstellen, nachbilden«.[10] Seit dem 16. Jahrhundert war der Designbegriff in der englischen Sprache im Sinne des lateinischen *designare* sowohl als Verb wie auch als Substantiv geläufig, erwarb aber erst Mitte des 19. Jahrhunderts, im Zuge der industriellen Warenproduktion, den Grundgehalt seiner heutigen Bedeutung. Aktuell umfasst der Designbegriff gemäß *Oxford Dictionary* als Substantiv (*design*) die Bedeutungen:[11] »1) A plan or drawing produced to show the look and function or workings of a building, garment, or other object before it is made«; »2) A decorative pattern«, »3) Purpose or planning that exists behind an action, fact, or object«. Für das Verb (*to design*) wird angeführt: »Decide upon the look and functioning of (a building, garment, or other object), by making a detailed drawing of it; Do or plan (something) with a specific purpose in mind«. Deutschsprachige Wörterbücher geben für ›Design‹ u. a. die Synonyme und Nachbarwörter ›Entwurf‹, ›Entwurfszeichnung‹, ›Muster‹, ›Modell‹, ›Formgebung‹ oder ›Gestaltung‹ an.[12] Laut *Kluges Etymologischem Wörterbuch* wird Design als »Entwurf (von), Gestalt, Aussehen und Plan« definiert (Kluge 2002: 191). Der Gestaltbegriff, für den es bezeichnenderweise keine englische Übersetzung gibt, ergänzt und erweitert das Begriffsspektrum im Hinblick auf eine genuin deutschsprachige Begriffs- und Diskurstradition rund um den Komplex von ästhetischer Wahrnehmung und formgebender, schöpferischer Praxis. Der Gestaltbegriff war und ist, wie wir später noch sehen werden, Gegenstand von normativen, teils ideologisch geführten Debatten, die die ›korrekte‹ Deutung und Definition entwerfender, schöpferischer und formgebender Praxis jeweils für sich beanspruchen.

Mit dem Wort ›Design‹ wird insgesamt ein sehr weites Handlungs- und Diskursfeld aufgespannt. Dieses umfasst vom Entwurf industrieller Massenwaren über individuell gestaltete Unikate hin zu generalistischen Planungs- und Problemlösungsverfahren ein immenses Spektrum an Diskursen, Methoden, Tätigkeiten und Artefakten. Der Designhistoriker John Walker konstatiert:

»›Design‹ ist ein Wort, das in unterschiedlichen Kontexten anzutreffen ist: Design im Sinne von Entwurf, Kombinationen wie Grafikdesign, Modedesign, Innendesign, Konstruktionsdesign, Architekturdesign, Industriedesign, Produktdesign, Firmendesign, Designmethoden. Auf den ersten Blick ist nicht zu erkennen, dass sich alle Verwendungsmöglichkeiten auf etwas Gemeinsames beziehen.« (Walker 1992: 34f.)

Ähnlich verhält es sich mit dem deutschen Ausdruck ›Entwurf‹ bzw. ›Entwerfen‹, der oftmals synonym zum englischen Designbegriff verwendet wird. Auch ›Entwerfen‹ sei ein äußerst unscharfer Begriff, finden Lorenz Engell und Bernhard Siegert (2012: 5). »Mit ihm kann je nach Kontext ebenso Zeichnen, Planen, Modellieren, Projektieren oder Darstellen gemeint sein wie Erfinden, Entwickeln, Konzipieren, Komponieren und ähnliches.« (Ebd.) Und auch aus einer praxisorientierten Perspektive umfasst der Designbegriff schließlich eine Vielzahl an konzeptuellen, technischen und ästhetischen Entwurfs- und Gestaltungstechniken, Verfahren, Heuristiken, Zeichenpraktiken und spezifischen Material- und Werkzeuggebräuchen. Dazu gehören beispielsweise manuelle Techniken des Zeichnens und Skizzierens ebenso wie der Umgang mit digitalen Entwurfs- und Modellierungsprogrammen. Auf der Ebene der Heuristiken und Methoden finden sich Recherche- und Analysemethoden, Design- und Kreativitätsmethoden wie Brainstorming, Variantenbildung, Rapid Prototyping, Entwicklung von Szenarien, Fokusgruppen oder Personas (prototypische Nutzergruppen), Usability-testing, User-centered Design, partizipatorisches Design und vieles mehr.

Mit dem Ausdruck ›Design‹ werden aber nicht nur Prozesse des Entwerfens und Gestaltens bezeichnet, sondern ebenso die aus diesen Prozessen resultierenden Ergebnisse sowie das Aussehen und der »Gesamtentwurf eines Produkts« (Walker 1992: 35). Im Englischen ist ›Design‹, so führt Vilém Flusser aus, »sowohl Substantiv wie Verbum (ein Umstand, der den Geist der englischen Sprache überhaupt kennzeichnet)« (Flusser 1993: 9). Semantisch gesehen wird mit dieser Doppelbedeutung auf zwei unterschiedliche, zeitlich und durch Arbeitsteilung voneinander getrennte Ebenen verwiesen: einerseits auf eine vorbereitende, ästhetisch formgebende Prozessebene (*to design*), in der Dinge geplant, entworfen und gestaltet werden, andererseits auf die daraus resultierenden, in der Regel intentional entworfenen und gestalteten Artefakte und Dienstleistungen (*design*). Auch Theorien des Designs nehmen auf die Doppelbedeutung des Designbegriffs Bezug, wenn sie zwischen Entwurfstheorien einerseits und Theorien der gestalteten Artefakte andererseits unterscheiden.[13] Während in Entwurfstheorien Aspekte wie Ideenfindung, Konzeption, Formgebung, Verwendung von Entwurfswerkzeugen und -verfahren adressiert werden, untersuchen Artefakttheorien Designobjekte in ihrem alltäglichen Gebrauch oder in ihrer symbolischen, ästhetischen und ökonomischen Rezeptions- und Wirkungsgeschichte.

Obwohl die analytische Trennung zwischen Entwurfsprozessen und Artefakten nicht immer klar aufrechtzuerhalten ist, verweist sie dennoch auf eine spezifische Aufteilung von Arbeitsprozessen im Berufsbild von Designern/Designerinnen. Mit dem

Ausdruck des ›Entwurfs‹ (siehe Mattenklott/Weltzien 2003) kommt nämlich eine arbeitsteilige Organisation von Fertigungs- und Produktionsprozessen ins Spiel, wie sie für serielle und industrielle Arbeitsabläufe konstitutiv ist. Typischerweise geht die Phase des Entwerfens der Ausführung und industriellen Produktion voraus. Wolfgang Ruppert spricht davon, dass sich »Maschinenarbeit« in ihrer »Struktur scharf von handwerklicher Arbeit« unterscheide (Ruppert 1993: 15): »Während diese als eine weitgehend ganzheitliche Produktionsform der Fertigung mit Werkzeugen durch Handarbeit und darin eingeschlossen auch die Gestaltung des Gegenstandes umfasste, spaltete die arbeitsteilige Herstellung in der Industrie die ›geistigen‹ Vorgänge der Konstruktion und Gestaltung (Design) eines Objektes von der Produktion durch ausführende Arbeiter mit Hilfe von Maschinentechnik ab.« (Ebd.)

Freilich können auch solche Dinge als Entwurf bezeichnet werden, die nie konkret zur Ausführung kommen, aber dennoch im weitesten Sinne auf eine potenzielle Realisierung hinarbeiten. Durch materielle Entwurfsinstrumente und -objekte wie Pläne, Modelle, Schnittmuster, Prototypen und dergleichen werden Erkenntnisse, die im Entwurfsprozess erworben wurden, materiell fixiert und so für die Weitergabe an Dritte zugänglich gemacht. »Der Entwurf trennt sich von der Herstellung und kann später und/oder woanders wiederverwendet werden«, so beschreibt Heinz Hirdina diese Arbeitsteilung (Hirdina 2010: 41). Nach Bernd Meurer und Hartmut Vinçon ist der Aspekt des Sammelns und Aufbewahrens von Entwürfen zentral für die Systematisierung des Entwurfes: Durch das Sammeln wird der Entwurf nicht mehr als ein »selbstverständlicher Bestandteil des Herstellungsprozesses« angesehen, sondern externalisiert – und erlaubt es so, Gebrauchsgegenstände zu einem späteren Zeitpunkt, unabhängig vom Wissen ihres Urhebers, zu re-produzieren (Meurer/Vinçon 1983: 11). So lassen sich für das 14. Jahrhundert in der Gebrauchsgüterproduktion (etwa für Stickereien oder Pferdegeschirre) Zeugnisse für eine Verselbständigung und Systematisierung der Entwurfsarbeit in Form von überlieferten Skizzenbüchern finden (ebd.). Daneben lieferten Muster- und Modellbücher, in denen Ornamente, Zeichen, Pflanzen- und Tierdarstellungen abgebildet waren, seit dem Mittelalter stilbildende, verbindliche Vorlagen für die Produktion in den Handwerksbetrieben, später in den Manufakturen und Fabriken.[14] Ein Produkt wird demnach »in verschiedenen Arbeitsphasen von verschiedenen Personen mit unterschiedlich spezialisierten Qualifikationen bearbeitet« (Ruppert 1993: 15). Dieser Umstand sowie die damit verbundene »epochale Innovation« hatte großen Einfluss sowohl auf die Arbeitsvorgänge als auch auf die daraus resultierenden Objekte, wie Wolfgang Ruppert konstatiert (ebd.). Aus designtheoretischer Sicht ist die arbeitsteilige Ausdifferenzierung von Entwurf, Ausführung und Produktion insofern bedeutsam, als mit ihr eine Verschiebung von subjektivem Wissen hin zu transferier- und skalierbaren Vorbildern, Modellen und Technologien einhergeht (Hirdina 2010: 41). Auch wird mit dem Hinweis auf diese Arbeitsteilung bisweilen versucht, den Unterschied zwischen Kunst und Design zu verdeutlichen. So konstatiert Bruce Archer, dass ein Schlüsselmoment im Entwurfsprozess von Designern/Designerinnen die Formulierung einer Anleitung oder eines Modells sei, die dem ›Endprodukt‹ vorausgehen und dabei helfen, dieses zu realisieren (Archer 1965: 4).

Die Trennung von Entwurf und Produktion erfüllt damit nicht nur einen pragmatischen, arbeitsorganisatorischen Zweck, vielmehr realisiert sich mit ihr auch eine Ausdifferenzierung von Berufsbildern und professionellen Selbstverständnissen. Diese manifestieren sich nicht zuletzt in der unterschiedlichen Bewertung von genormten, standardisierten Fertigungsprozessen gegenüber kreativer handwerklicher oder geistig-konzeptueller Arbeit. Unterschiedliche Arbeitsbereiche unterliegen demnach auch unterschiedlichen kulturellen Wertzumessungen – ungeachtet ihrer tatsächlichen Effizienz und ihrem Nutzen in den entsprechenden Arbeitskontexten. So gilt das Skizzieren von Hand im Zeitalter des digitalen Entwerfens als besonders erhaltenswert oder erfahren handwerkliche Praktiken vor dem Hintergrund der industriellen Serienproduktion eine besondere kulturelle Wertschätzung. »Bis in die Gegenwart wird der serielle Charakter von Objekten als Gegenpol zur Wertschätzung des Individuellen und des Unikats kodiert«, schreibt Wolfgang Ruppert weiter (Ruppert 1993: 16). Wichtig scheint in diesem Zusammenhang also, ein Bewusstsein dafür zu entwickeln, dass nicht nur Artefakte, Praktiken und Technologien, sondern auch Diskurse und Wertevorstellungen, ja die Bewertung von Geschichte und Tradition selbst einem steten Wandel unterliegen. Ruppert führt in diesem Zusammenhang an, dass es nicht genüge, »sich auf die Dinge zu beschränken«, wenn man die »multivalente Bedeutung der Objekte der industriellen Massenkultur für die modernen Gesellschaften« erforschen wolle (ebd.: 10). Vielmehr müsse »das Erkenntnisinteresse der *kulturgeschichtlichen Konfiguration* gelten, als deren Teil ästhetische Wahrnehmungs- und Beziehungsmuster wirksam sind, die den Umgang mit ihnen strukturieren. Der naive Blick des Betrachters allein genügt nicht«, so seine Konklusion (ebd.).

## 2.2 Entgrenzung des Designbegriffs

Während der deutsche Ausdruck ›Gestaltung‹ eng an ästhetisch-künstlerische Konzepte und Diskurse gekoppelt ist (vgl. Kapitel 2.4), gewährt der englische Designbegriff eine weitaus größere Offenheit im Hinblick auf die von ihm erfassten Gegenstandsbereiche. Er schließt technische Entwurfsaktivitäten im Bereich der Ingenieurswissenschaften, Architektur und Konstruktion ebenso mit ein wie ein generelles Verständnis technischer und organisatorischer Planung, Konzeption und Problemlösung. Bezeichnend für dieses weite Designverständnis ist eine Definition des Sozial- und Wirtschaftswissenschaftlers Herbert Simon, der Ende der 1960er Jahre Design als intentionale Optimierung von Ist-Zuständen beschrieb: »Everyone designs who devises courses of action aimed at changing existing situations into preferred ones.« (Simon 1996: 111) Jeder Mensch, der bestehende Zustände zum Besseren verändert, ist demnach ein Designer. Design wird in dieser Lesart als Praxis der Transformation und Zukunftsgestaltung charakterisiert und nobilitiert (vgl. Kapitel 5.4).

Ähnlich wie Simon haben in der zweiten Hälfte des 20. Jahrhunderts zahlreiche Autoren offene Designdefinitionen vorgeschlagen, die weit über die tradierte Bedeutung von Design als professioneller kunstgewerblicher oder kunsthandwerklicher Tätigkeit hinausgehen. In dem Aufsatz *Design as ...: Thinking about what Design might be* führen Filippo Salustri und Nathan Eng einige solcher Definitionen an: Design kann demnach verstanden werden als: »A goal-directed problem-solving activity«, »the performing of a very complicated act of faith«, »the process of inventing physical things which display new physical order, organization, form, in response to function«, »a conversation with the materials of a situation« oder »the use of heuristics to cause the best change in a poorly understood situation within the available resources« (Salustri/Eng 2007: 19). Die Autoren selbst versuchen sich an einer Systematik von Denkmodellen, innerhalb deren die meisten Designdefinitionen ihres Erachtens anzusiedeln sind. Dazu zählen sie die folgenden: Design als Lösung von ›bösartigen‹, vertrackten Problemen (*wicked problems*), Design als Planungsprozess, Design als kreativer Akt, Design als Syntheseverfahren oder Design als ›naturgegebene‹ menschliche Eigenschaft (ebd.: 21–25).

An dieser Systematik wird erneut das weite Spektrum möglicher Designdefinitionen ersichtlich, das technizistische, kulturalistische und naturalisierende Modelle gleichermaßen umfasst. Offensichtlich manifestiert sich dabei aber auch ein Grundkonflikt zwischen solchen Deutungen, welche die Designpraxis als ein Set von erlernbaren, historisch gewachsenen Verfahren und Kulturtechniken verstehen, und solchen, welche die Fähigkeit zu entwerfen und zu gestalten als ›von Natur aus‹ gegeben ansehen, als *conditio humana* oder anthropologische Konstante. Der Designtheoretiker Nigel Cross behauptet in diesem Zusammenhang sogar, die Fähigkeit zu entwerfen sei eine »Form natürlicher Intelligenz« (Cross 1999: 31). Naturalisierende Definitionen wie diese sind jedoch mit Vorsicht zu behandeln, da sie auf einem simplifizierenden Verständnis von Design und der Entstehung kultureller Praxen überhaupt beruhen. Sie beziehen sich außerdem auf die problematische, von der Forschung weitgehend aufgegebene Vorstellung von vermeintlich naturgegebenen Fähigkeiten oder Talenten. In dieser Vorstellung wird ausgeblendet, dass und wie Techniken und Verfahren des Entwerfens und Gestaltens *kulturell* entwickelt, erlernt und weitergegeben werden und auf welche Weise sie sich in unterschiedlichen Kulturräumen manifestieren. Auf sie trifft zu, was Roland Barthes einst an der Naturalisierung der *conditio humana*, der vermeintlich naturgegebenen »›Beschaffenheit‹« des Menschens kritisieren konnte (Barthes 2013: 227), dass nämlich der Mythos ein naturalisiertes, entpolitisiertes Bild von Wirklichkeit suggeriert. »Der Mythos von der *conditio humana* stützt sich auf eine sehr alte Mystifikation, die seit jeher darin besteht, auf den Grund der Geschichte die Natur zu setzen«, so Barthes (ebd.). Der Mythos entziehe »dem Objekt, von dem er spricht, jede Geschichte« (ebd.: 306) und spiegelt stattdessen ein »natürliches Bild des Realen« vor (ebd.: 295). Für unseren Zusammenhang bedeutet dies, dass an die Stelle von differenzierten kultur- und designhistorischen Analysen vereinfachende, essenzialisierende Erzählungen treten, die nahelegen, Design sei eine ›natürliche‹ Kompetenz, die im Großen und Ganzen weder erlernbar noch transformierbar sei. Gerade im Hinblick auf diese immer noch weitverbreitete ›Mythologisierung‹ des Designs ist es ein besonderes Anliegen dieser Einführung, auf die Historizität und Kulturalität von Designpraktiken und -diskursen aufmerksam zu machen. Sowohl Theorien als auch Praktiken werden weder von den Genen diktiert, noch fallen sie vom Himmel. Sie haben im Gegenteil eine Geschichte, die sie zu dem macht, was wir heute in ihnen sehen. Diese Geschichten sind kontingent, hätten sich unter anderen Umständen also möglicherweise vollkommen anders entwickelt. Vielleicht trägt gerade diese Mythologisierung dazu bei, dass das Design über lange Zeit so wenig »scholarly attention« erhielt, wie der im Prolog zitierte Horst Rittel reklamiert hatte (Rittel 1988: 1).

## 2.3 Vom Disegno in die Fabriken des 19. Jahrhunderts

Ein Grund, weshalb Definitionsversuche des Designs so unzulänglich und vorläufig seien, so konstatiert John Walker, liege in der Historizität der Sprache – auch das Wort ›Design‹ habe im Verlauf der Zeit seine Bedeutung verändert (Walker 1992: 35). Im 19. Jahrhundert fand der französische Ausdruck *dessein* oder *dessin*, der »Absicht, Plan, Zweck«, aber auch »Stoffmusterung« bedeuten kann, mit dem Beruf des Dessinateurs oder Musterzeichners Eingang in die industrielle Textilproduktion in Europa. Der Brite Christopher Dresser, der Mitte des 19. Jahrhunderts Entwürfe für Unternehmen der Glas-, Keramik-, Möbel-, Metall-, Textil-, Tapeten- und Linoleumindustrie produzierte und mit dem Kürzel ›Designed by C. D.‹ signierte, gilt als einer der ersten professionellen Industriedesigner im heutigen Sinne (Hirdina 2010: 44). Von Großbritannien aus gelangte der Ausdruck ›Design‹ als englisches Lehnwort Mitte des 20. Jahrhunderts dann auch in den deutschen Sprachraum, wo bereits konkurrierende Begriffe wie ›Gestaltung‹ (um 1920) oder ›Formgebung‹ (um 1950) gebräuchlich waren (siehe Hirdina 2010: 52ff., 58). Im Folgenden soll dargestellt werden, welchen unterschiedlichen historischen Kontexten der Designbegriff aus heutiger Sicht zugerechnet wird und welch unterschiedliche Sichtweisen, Ideale und Motivationen daran geknüpft sind. Die Spannbreite reicht, räumlich-geografisch und zeitlich betrachtet, von den italienischen Kunstakademien der Renaissance bis zu den Manufakturen und Fabriken des 19. Jahrhunderts.

Der vom italienischen Wort *disegnare* abgeleitete Ausdruck *disegno*, mit dem der Designbegriff bis heute oft in Verbindung gebracht wird, bedeutet wörtlich übersetzt »Zeichnung, Skizze, Entwurf«. Der Disegno ist aber ebenso Gegenstand einer einflussreichen kunsttheoretischen Debatte der Renaissance, in welcher er als Grundlage aller bildenden Künste angesehen wurde. In dieser Debatte ging es, vereinfacht gesagt, um eine Bestimmung des Verhältnisses von *idea* und *forma*. Der Disegno wurde als geistig-künstlerisches, quasi religiöses Konzept des Entwurfes verstanden, das der Malerei, Bildhauerei und Architektur gleichermaßen zugrunde liegen sollte (Feser 2004: 194). Bereits um 1400 sprach der Maler Cennino Cennini vom »disegno entro la testa« (ebd.), also vom Entwurf, der »im Kopf« stattfindet, nicht auf dem Papier oder einem anderen materiellen Träger. Ähnlich wie Cennini konzipierte auch der Künstler und Kunsttheoretiker Giorgio Vasari im 16. Jahrhundert den Disegno als »anschauliche Gestaltung und Darlegung jenes Bildes, das man im Sinn hat, sich im Geist vorstellt und in der Idee hervorbringt« (ebd.). Doch ungeachtet der Betonung der geistig-ideellen Dimension des Entwurfes verwendeten Vasari und andere Kunsttheoretiker der Zeit das Wort ›Disegno‹ keineswegs eindeutig. So setzte Vasari die Konzepte von *disegno* und *invenzione* (Erfindung) »als voneinander abhängige Konterparte« zueinander in Bezug, wie Sabine Feser schreibt (ebd.: 195). Der Disegno sollte dabei »insbesondere den Entwurf der menschlichen Gestalt und deren Visualisierung im Bild« verkörpern, weswegen er »eng mit den technischen Fähigkeiten des Künstlers verknüpft« gewesen sei, während mit *invenzione* »das phantasievolle Einbringen einer Figur in einen erzählerischen Zusammenhang« gemeint war (ebd.). Wolfgang Kemp, von dem ein bis heute wegweisender Aufsatz über diese Begriffsdebatte stammt, weist in diesem Zusammenhang auf die Bandbreite der Positionen hin, die »von der anspruchslosen Gleichsetzung *Disegno-Lineamento* [Umrisszeichnung] bis hin zu einer Auffassung reicht, die dem heute gängigen Terminus Medium« entspreche (Kemp 1974: 224 f.). Eine ähnlich weite Definition führt Heinz Hirdina an:

> »Disegno ist mit wechselnder Bedeutung geistiges und formales Prinzip, Prinzip des Entwerfens und des Ausführens, Prinzip des Erfindens und der Naturnachahmung, der Ursprung von allem oder ein Ideal. Seine Funktion reicht von der Kommunikation zwischen Künstler und Auftraggeber über die Nobilitierung von Kunst (gegenüber dem Handwerk) bis zur Aufwertung des menschlichen Tuns durch ein allgemeines Prinzip – des bis zur Wissenschaftlichkeit reichenden Vordenkens für ein (gestaltendes) Tun. [...] Die Spanne von Bedeutungen und damit die Vieldeutigkeit des Begriffs sind bis heute geblieben.« (Hirdina 2010: 42)

Obwohl das Konzept des Disegno seine Konjunktur im Kontext kunsttheoretischer Debatten des 16. Jahrhunderts hatte, wird er bis heute in Theorien des Designs aufgerufen, um damit das Primat der geistigen Ideenfindung vor der materiellen Produktion zu verdeutlichen. Die Debatte um den Disegno trug im 16. Jahrhundert maßgeblich dazu bei, den bildenden Künsten ein theoretisches Fundament zu verschaffen, und kann in dieser Hinsicht als historischer Beginn von kunsttheoretischer Reflexion gesehen werden. Dementsprechend taucht das Konzept des Disegno heute oft in solchen Zusammenhängen auf, die den akademischen Status von Theorien des Designs bzw. das Verhältnis von gestalterischer Praxis und Theorie behandeln (siehe Buchanan 2001). Mit einer oftmals idealisierenden Bezugnahme auf den Disegno soll das disziplinübergreifende Potenzial des Entwerfens zwischen Kunst, Wissenschaft und Technik unterstrichen werden. Die bisweilen auch aus dem Disegno-Bezug resultierende Deutung, das Entwerfen sei vornehmlich eine ideelle, konzeptuelle Tätigkeit, ist jedoch zumindest darin zu kritisieren, dass sie die materiellen Grundlagen, technischen Verfahren und spezifischen Werkzeuge des Entwerfens marginalisiert. Lorenz Engell und Bernhard Siegert weisen darauf hin, dass gerade die materielle Dimension des Entwerfens konstitutiv für dieses sei: »Werkzeug und Entwurf bedingen einander [...]. Die Beschaffenheit und die Eigenschaften der Entwurfswerkzeuge prägen nicht nur das Entworfene, sondern auch das Nachdenken über das Entwerfen: den jeweiligen Entwurf des Entwerfens.« (Engell/Siegert 2012: 6)

Durch eine historische oder semantische Gleichsetzung der Begriffe ›Disegno‹ und ›Design‹ wird zudem verschleiert, dass sich das Berufsbild des Designers/der Designerin, wie wir es heute kennen, nicht bereits an den Kunstakademien der Renaissance etablierte, sondern erst im Zeitalter der Industrialisierung konturierte. »Designer im spezifischen Sinn traten erst später hervor im Zuge der wachsenden Arbeitsteilung, die sich in Europa und Amerika als Begleiterscheinung der Industriellen Revolution des 18. und 19. Jahrhunderts entwickelte«, erklärt John Walker (1992: 35). Folgt man der Sichtweise des Designhistorikers Gert Selle, dann beginnt die ›eigentliche‹ Geschichte des Designs, die für unser heutiges Designverständnis als substanziell gelten muss und »ohne deren Kenntnis die gegenwärtigen Erscheinungsformen kaum verstanden werden können« (Selle 1994: 8), erst mit den Anfängen und dem Fortschreiten der Industrialisierung. Es ist eine Geschichte, die anfänglich vom »Übergang von der feudalen zur kapitalistischen Produktion« geprägt war und die sich schließlich »durch das Wachstum der Industrie, der Technik und Technologie, der Massenproduktion und Massenkommunikation entscheidend veränderte« (Walker 1992: 36). Selle versteht das Berufsbild des Designers/der Designerin mithin als spezifisches »Elaborat der Moderne«, als »Folge jenes umwälzenden, in alle Lebens- und Kulturbereiche eingreifenden Prozesses der Industrialisierung« (Selle 1994: 10).

Entsprechend fordert er, dass bei der Betrachtung von Design eine deutliche Grenze zwischen vorindustrieller und industrieller Produktkultur und Gestaltungstätigkeit gezogen werden müsse: »Denn erst hier präzisiert sich das Berufsbild des Designers, beginnt die moderne Produktionsweise eine neue und eigene Ästhetik zu entfalten, verändert sich das kulturelle Gesamtverhalten gegenüber der Objektwelt grundsätzlich.« (Ebd.) Vor dem Hintergrund technisch-industrieller Produktionsverfahren und neuer Konstruktions- und Materialinnovationen kristallisierte sich das Berufsbild des Musterzeichners, des späteren Designers, für industriell hergestellte Massenwaren heraus. Auch Heinz Hirdina beschreibt, wie sich mit dem Aufkommen von Manufakturen und Fabriken im 19. Jahrhundert wesentliche Merkmale des heute bekannten Berufsbilds des Designers/der Designerin etablierten, nämlich »die räumliche, zeitliche und personelle Trennung von Entwurf und Ausführung« (Hirdina 2010: 43). Hirdina schreibt weiter:

> »Die Etablierung des Entwurfs in einem besonderen Raum (den Ateliers als französierende Werkstätten), in einer besonderen Zeit (vor der Produktion) und durch besondere Entwerfer (Zeichner oder Musterzeichner) führt zur Thematisierung der damit verbundenen Probleme einerseits und der Hoffnungen andererseits.« (Ebd.)

Das Berufsbild des Designers/der Designerin, wie wir es heute kennen, ist also keineswegs voraussetzungslos entstanden oder auf anthropologischen Konstanten gegründet, sondern es ist aufs Engste mit dem Aufkommen der industriellen Warenproduktion im 19. Jahrhundert verbunden. Die Neuerungen, welche die Industrialisierung mit sich brachte, hatten tiefgreifende Konsequenzen für die gesamte westliche Gesellschaft und deren soziale, kulturelle und ästhetische Lebenswelt. Gemäß Selle brachte der um die Jahrhundertmitte vollzogene Eintritt in das Industriezeitalter nicht nur einen Wechsel bei den Produktionsweisen und Massenprodukten hervor, sondern bewirkte auch tiefgreifende Umstellungen im »kulturellen Selbst« der Produzenten/innen und Konsumenten/innen (Selle 1994: 51): »Eine ganze Ästhetik des Lebens wälzt sich um, nicht nur für die sichtbare Gestalt der Dinge.« (Ebd.) Auf der einen Seite beginne nun, so Selle, »die große Zeit der Musterzeichner für die Kunstindustrie, der maschinellen Nachahmung von Handarbeit, der Surrogat-Materialien, die Formung des Dekors in allen historischen Stilarten und die Ausdifferenzierung des Design für neue Klassen von Gebrauchern«; auf der andern Seite überdeckten diese Neuerungen aber auch, »wie dramatisch sich das Verhältnis der Zeitgenossen zu den Werkzeugen und Dingen und über die Werkzeuge und Dinge zu sich selbst verändert« (ebd.). Standardisierte industrielle Produktionsverfahren wie Fließband- und Schichtarbeit veränderten Arbeitsprozesse und Arbeitszeiten, Körperhaltungen und Körpertechniken. Elektrisches Licht veränderte das Aussehen der Städte und ihr Straßenmobiliar genauso wie die Schlaf- und Arbeitsgewohnheiten ihrer Bewohner/innen. Die Industrialisierung veränderte insgesamt den Alltag mit seinen vertrauten Abläufen und Routinen, wobei am unmittelbarsten die Arbeitsroutinen betroffen waren.

Relevant im Hinblick auf die *ästhetische* und *symbolische* Gestaltung des Alltags im 19. Jahrhundert ist der Umstand, dass durch die Industrialisierung serienmäßig eine Vielzahl von erschwinglichen Waren – Geschirr, Möbel, Textilien und Zierrat – für eine neue bürgerliche Konsumentenschicht erzeugt und so insgesamt eine neuartige Waren- und Konsumkultur befördert wurde (Abb. 1). »Mit der industriellen Produktion von Waren beschleunigten sich Tempi und Rhythmen des Dingkreislaufs«, konstatiert Gudrun König (2009: 10). »Die intensive Diskussion ästhetischer Fragen in Zeitschriften, die zahlreichen Gschmacksratgeber für den Alltag, das Vorführen in Vorbildsammlungen sowie die organisatorischen Zusammenschlüsse von Konsumenten, Produzenten und Händlern konturierten diesen Warenprozess.« (Ebd.) Die neue Warenwelt verlangte nach innovativen Formen der ästhetischen Gestaltung und Inszenierung, nach neuen Strategien des Ausstellens sowie nach unverbrauchten Formensprachen. Um 1900 entstanden in Städten wie Paris oder Berlin große Warenhäuser, Einkaufspassagen und Schaufenster, in denen die Erzeugnisse der industriellen Produktion ausgestellt und angeboten wurden: »Die Glasfront der Schaufenster öffnete den Geschäftsraum nach außen und zog die Blicke der Passanten an«, so König (ebd.: 125). Diese neuen Schauflächen dienten als »Experimentierfeld des Zeigens« (ebd.).

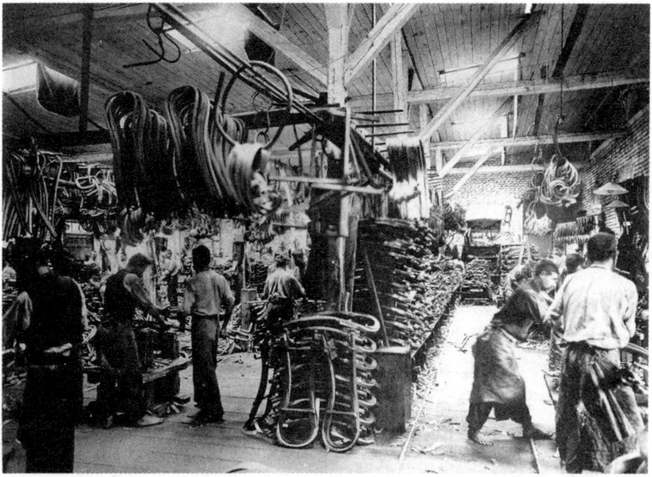

Abb. 1: Serielle Produktion Thonet-Stühle, Bistritz am Hostein (um 1930)

Ein weiteres wichtiges Instrument der Darbietung und Bewertung der Erzeugnisse der industriellen Produktion waren die ab Mitte des 19. Jahrhunderts regelmäßig durchgeführten Industrie- und Weltausstellungen (siehe Kretschmer 1999, Bosbach/Davis 2002). Sie bildeten die Grundlage für den internationalen Vergleich der industriellen Produktion der führenden Industrienationen und waren zugleich Ausgangspunkt für ästhetische, designtheoretische Debatten über die Qualität und das Aussehen der neuen Warenwelt. 1851 fand in dem von Joseph Paxton entworfenen *Crystal Palace* im Londoner Hyde Park erstmals eine solche Weltausstellung statt. Sie dauerte vom 1. Mai bis zum 11. Oktober desselben Jahres und wurde in dieser Zeit von rund sechs Millionen Personen besucht (Kretschmer 1999: 50 ff.). Gezeigt wurden eine bunt gemischte Palette industrieller und handwerklicher Produkte aus dem Bereich Manufakturen und schöne Künste, aber auch Rohmaterialien und Maschinen (Semper 1966: 29). Am Ende der Ausstellung wurden »wichtige Erfindungen, neue Verfahren oder besondere Originalität ›verbunden mit großer Schönheit und Form‹« ausgezeichnet (Kretschmer 1999: 48).

Der Architekt Gottfried Semper, der an der Konzeption der ersten Weltausstellung beteiligt war, analysierte und kommentierte die Veranstaltung in seinem Bericht *Wissenschaft, Industrie und Kunst* (1851). Dabei kam er zu dem vernichtenden Schluss, dass »die hohe Entwicklung der modernen praktischen Wissenschaft [...] kein Gegenstück in einem angemessenen Fortschritt der Künste, des allgemeinen künstlerischen Empfindens und Geschmacks« finde (Mrazek 1966: 117). Anders formuliert: Die ästhetische und funktionale Gestaltung der in Manufakturen und Industrien hergestellten Waren schienen das technische Potenzial der Zeit in keiner Weise auszunutzen. Historische Stile wie die Neoromanik, Neogotik oder Neorenaissance wurden in der Gestaltung von Geschirr, Möbeln oder Werkzeugen aufgegriffen; traditionelle handwerkliche Verfahren und kostbare Materialien wurden auf kostengünstige Weise mittels Pappe, Blech und Gusseisen imitiert (siehe Selle 1994: 63 ff.). Dies hatte sowohl für die Symbolik als auch für die Funktionalität der Gegenstände selbst Folgen: »Kaum ein Ding im privaten Gebrauch tritt in dieser Epoche als das in Erscheinung, was es ist und wozu es dient«, konstatiert Selle (ebd.: 65). Die Gründe dafür seien im veränderten »Interesse an der Ware« zu suchen, in veränderten »Erwartungshaltungen der Gebraucher gegenüber den Gegenständen und deren demonstrativen Funktionen, im Aufkommen von Ersatz- und Kunststoffen für billige Massenfabrikation, im Einsatz von Maschinen, die ›alles können‹ und Imitationen ›wertvoller‹ Handarbeit möglich machen« (ebd.). Für die neue industrielle Warenwelt gab es, zugespitzt formuliert, noch keine eigenständige Ästhetik. »Die Güter- und Geschmacksproduktion mussten«, so Gudrun König, »erst in Übereinstimmung gebracht, eine industrielle Ästhetik durchgesetzt und erlernt werden.« (König 2009: 123)

Die Unzufriedenheit mit der ästhetischen Qualität der industriellen Produkte führte »zur Suche nach neuen künstlerischen Ausdrucksformen beziehungsweise nach neuartigen, zeitgemäßen Gestaltungsweisen und -formen« (Iselin 2012: 487). Ende des 19. und Anfang des 20. Jahrhunderts versuchten Akteure aus der Kunstgewerbe- und Kunsterziehungsbewegung, darunter namentlich der 1907 gegründete *Deutsche Werkbund*, die neu entstandene industrielle Warenproduktion der Moderne nach ästhetischen Maßstäben und Vorgaben zu regulieren. Sinn und Zweck des Deutschen Werkbunds war laut Verfassung die »Veredelung der gewerblichen Arbeit im Zusammenwirken von Kunst, Industrie und Handwerk durch Erziehung, Propaganda und geschlossene Stellungnahmen zu einschlägigen Fragen«[15]. Im Werkbund fühlten sich, so bemerkt Gudrun König, »engagierte Geschäftsleute, Künstler, Architekten und Kunstpublizisten berufen, ›eine Art Kulturdiktatur über den Gebrauch der Dinge und den alltäglichen Geschmack auszuüben‹« (König 2009: 11, mit Bezug auf Selle 1994: 143). Daneben wurden auch Fragen zu den gesellschaftlichen Auswirkungen und sozialen Risiken der Industrialisierung behandelt sowie die Aufgabe und Vorbildfunktion des Designers/der Designerin in der industriellen Gesellschaft erörtert. Ein zentraler Diskussionspunkt des Werkbunds war der sogenannte ›Typenstreit‹, bei dem es um die Frage ging, ob es einen festen Kanon, eine Reduktion auf bestimmte Typen im Design von Gebrauchsgütern und Architektur geben sollte. Der Architekt und Mitbegründer des Deutschen Werkbundes Hermann Muthesius bezog 1914 in diesem Streit Position für eine Typisierung in der Produktgestaltung: »Nur mit Typisierung, die als Ergebnis einer heilsamen Konzentration aufzufassen ist, kann wieder ein allgemein geltender, sicherer Geschmack Eingang finden.« (Muthesius/van de Velde 1999: 36) Henry van de Velde, ein belgisch-flämischer Architekt und Designer, vertrat hingegen die These, dass sich der Künstler, »als glühender Individualist, freier spontaner Schöpfer«, niemals freiwillig einem Kanon unterordnen werde (ebd.: 37). Diskutiert wurde also die Frage nach verbindlichen Vorbildern und Anleitungen für das gestalterisch-künstlerische Werk »im Zeitalter seiner technischen Reproduzierbarkeit« (Benjamin 1963), und es ging in dieser Debatte um weitaus mehr als nur um die Kanonisierung des guten Geschmacks oder um die Festlegung verbindlicher Prototypen für die Industrie. Vielmehr war das zentrale Anliegen die Neudefinition und Neupositionierung von Kunst und Handwerk in einer zunehmend technisierten und normierten Lebens- und Arbeitswelt. Auf bezeichnende Weise wurde das problematische Verhältnis von industrieller Produktion und Kunst Anfang des 20. Jahrhunderts von einem französischen Zeitgenossen dargestellt:

> »Aber das industrielle System, wie es sich perfektioniert und sich zunehmend der Mechanisierung zuwendet, wie es die Rolle der menschlichen Arbeit verringert und den Arbeiter selbst zu einer Art Mechanismus werden lässt, unterschlägt die persönliche Note des Erzeugers und seinen schöpferischen Anteil. Massenproduktion ist unvereinbar mit Kunst.«[16]

Die Beförderung von Kreativität und künstlerischem Schaffen war also mit den Möglichkeiten und Bedingungen technischer Anschauungs- und Herstellungssysteme eng verflochten. Mit der berühmt gewordenen Formel »Kunst und Technik – eine neue Einheit« prägte der erste Direktor des Staatlichen Bauhauses (1919–1933) Walter Gropius ein zentrales Motiv für die Gestaltungsausbildung im 20. Jahrhundert (Wingler 2005: 15). Er tat dies jedoch, so die Kritik von Frederic Schwartz, ohne dabei die ideologische Verwurzelung der Industrialisierung innerhalb des frühkapitalistischen Produktionssystems zu problematisieren, das Kunst und Technik erst zusammenbrachte:

»Genaugenommen schreibt aber das Begriffspaar ›Kunst und Technik‹ eine merkwürdige Gedankenkonstellation fest. Während es zwischen Künstler und den Produktivkräften eine Verbindung schafft, sagt es zum Beispiel nichts über das politische System aus, unter dem sich dieses Verhältnis entfalten soll. Dies war aber immerhin [...] eine der wichtigsten Fragen, mit denen sich Künstler in der ersten Hälfte dieses Jahrhunderts konfrontiert sahen.« (Schwartz 1999: 17)

Das Aufkommen eines neuartigen Berufsbilds für die industrielle Produktion wurde in historischer Sicht von zahlreichen Begriffsdebatten flankiert, in denen das Verhältnis dieser neuen Profession zu Kunst, Handwerk, Technik und Massenproduktion ausgelotet und definitorisch abgegrenzt wurde. Die Begriffsgeschichte in der zweiten Hälfte des 19. Jahrhunderts konzentrierte sich dabei auf Vorschläge, in denen der Ausdruck ›Kunst‹ eine zentrale Rolle spielte – in der Hoffnung, »dass arbeitsteilig Getrenntes wieder vereint werden soll« (Hirdina 2010: 45). Vorgeschlagen wurden Begriffe wie »angewandte Kunst«, »dekorative Kunst«, »praktische Kunst«, »industrielle Kunst oder Industriekunst«, »Gewerb(e)kunst« oder »Kunstgewerbe« (ebd.: 44). Gottfried Semper sprach von »technischer Kunst« und »praktischer Ästhetik« (Semper 1860/1863). Parallel zu diesen Begriffsdebatten, die allesamt darauf hinausliefen, künstlerische Konzepte und Tätigkeiten mit industriellen und technischen Vorgaben (wieder) zu verbinden, entwickelte sich ein weiterer Begriff, der für die Designtheorien des deutschen Sprachraums prägend war, nämlich jener der ›Gestaltung‹.

## 2.4 Gestaltung: ein holistisches Prinzip

Mit dem Begriff der ›Gestalt‹ beziehungsweise ›Gestaltung‹ findet sich im deutschsprachigen Raum um 1920 eine eigenständige künstlerisch-ästhetische Diskurstradition, welche die Durchsetzung des englischen Designbegriffs lange erschwerte. Da eine angemessene Diskussion des Gestaltbegriffs den Rahmen dieses Bandes sprengen würde, werden im Folgenden nur einige wichtige Eckpunkte skizziert. Das Interesse am Gestaltbegriff geht im Wesentlichen auf das 19. Jahrhundert zurück, bevor der Begriff im 20. Jahrhundert von der künstlerischen Avantgarde aufgegriffen und für ihre Zwecke adaptiert wurde. Goethe verwendete den Ausdruck bereits 1773 in seiner Schrift *Von Deutscher Baukunst*, in der er seine – stark von nationalen Motiven – gefärbten Eindrücke zum Straßburger Münster festhielt: »Wie frisch leuchtet er im Morgendufftglanz mir entgegen, wie froh konnt ich ihm meine Arme entgegen strecken, schauen die großen, harmonischen Massen, zu unzählig kleinen Theilen belebt; wie in Werken der ewigen Natur, bis aufs geringste Zäserchen, alles Gestalt, und alles zweckend zum Ganzen.« (Goethe 1988: 100 f.) Goethes Beschäftigung mit dem Gestaltbegriff umfasste jedoch nicht allein die ästhetische Wahrnehmung, sondern fand sich um 1800 auch in seinen naturphilosophischen Überlegungen. Unter dem Titel ›Morphologie‹ (von griechisch *morphe* = Gestalt) versuchte er, einen vorgegebenen, ›inneren‹ Bauplan der Natur zu beschreiben, dem die Pflanzen in ihrem Wachstum angeblich folgten. Die Gestalt der Natur erschien ihm als Prozess der Metamorphose, in dem nicht Neues kreiert wird, sondern sich vielmehr etwas Präexistentes zeigt (Breidbach 2008: 14). In ihrem Buch zur Genealogie des Gestaltbegriffs erklärt Annette Simonis, dass Goethes anhaltende Faszination für den Gestaltbegriff auf die »Suggestion [seiner] Verallgemeinerungsfähigkeit« und »überindividuelle Reichweite und Gültigkeit« zurückzuführen sei (Simonis 2001: 37). Der Gestaltbegriff verspreche, so Simonis, »nicht weniger, als die universellen Regeln der Formgenese zu offenbaren« (ebd.). Von Interesse war dabei vor allem auch das Verhältnis vom Ganzen zu seinen Einzelteilen. In jedem »lebendigen Wesen« sah Goethe Teile des Ganzen enthalten, die so unteilbar mit diesem verbunden waren, »dass sie nur in und mit demselben begriffen werden können« (Harrington 2002: 37). Ende des 19. Jahrhunderts machte der Philosoph Christian von Ehrenfels den Gestaltbegriff in diesem ganzheitlichen Sinne mit der Abhandlung *Über Gestaltqualitäten* weiter populär. Am Beispiel von Melodie und Bewegung versuchte er spezifische Wahrnehmungsqualitäten zu beschreiben, die als Ganzes mehr darstellen als die Summe ihrer Einzelteile. So ist etwa eine Melodie mehr als die Summe ihrer Einzeltöne, weshalb sie in andere Tonarten transponiert werden kann und immer noch als Melodie erkennbar bleibt (Ehrenfels 1974: 106).

Resümierend lässt sich sagen, dass der Begriff ›Gestalt‹ also einerseits auf eine überzeitliche Kraft, anderseits auf ein holistisches Struktur- und Wahrnehmungsprinzip verweist. Genau diese Aspekte verleihen ihm eine Aura von universeller Gültigkeit, auf die sich in den 1920er Jahren auch zahlreiche Künstler der Avantgarde bezogen, welche den Gestaltbegriff in die Kunsttheorie einführten. In seiner Abhandlung zum Begriff der ›Gestaltung‹ schreibt etwa Paul Klee:

> »Die Lehre von der Gestaltung befasst sich mit den Wegen, die zur Gestalt (zur Form) führen. Es ist die Lehre von der Form, jedoch mit Betonung der dahin führenden Wege. Das Wort Gestaltung charakterisiert das eben Gesagte durch seine Endung. ›Formlehre‹, wie es meist heißt, berücksichtigt nicht die Betonung der Voraussetzungen und der Wege dahin. Formungslehre ist zu ungewohnt. [...] ›Gestalt‹ (gegenüber Form) besagt außerdem etwas Lebendigeres. Gestalt ist mehr eine Form mit zugrunde

liegenden lebendigen Funktionen. Sozusagen Funktion aus Funktionen. Die Funktionen sind rein geistiger Natur.« (Klee 1971: 17)

In dieser Suche nach der besten Bezeichnung spiegeln sich stark vergeistigte, idealisierende Vorstellungen wider, in denen Gestaltung sich letztlich als Enthüllung eines präexistenten ›Wesens‹, als ›Gestalt‹ der Dinge darstellt. Eine solche Vorstellung findet sich auch bei Walter Gropius, der schreibt: »Ein Ding ist bestimmt durch sein Wesen.« (Gropius 1999: 167) Damit verbunden war ein Anspruch auf Ganzheitlichkeit und universelle Gültigkeit, der sich für die gestalterische Praxis zu einem wichtigen Glaubenssatz und zu einem persistenten Mythos entwickelte. Im künstlerisch-ästhetischen Verständnis der 1920 Jahre sowie im Anschluss daran entfaltete der Ausdruck ›Gestaltung‹ seinen »utopischen Gehalt« umso mehr, »je weiter das Feld des Gestaltbaren und dessen Kontext« gefasst wurden (Hirdina 2010: 56). Folgt man Heinz Hirdina, so hatte der Gestaltbegriff um 1920 nicht nur die ästhetische Formung von konkreten Objekten zum Gegenstand, sondern umfasste vielmehr »das außerästhetische Ziel einer (praktischen) Funktion« und »das Leben allgemein, denen die Form zu dienen hat« (ebd.: 54). Ein derart holistischer Gestaltungsbegriff, der sich nicht zuletzt gegen die Zergliederung von Arbeitsprozessen durch die industrielle Produktion wendete, drückt sich auch in den Zielsetzungen des Bauhauses aus. Dessen Ziel war die Zusammenführung aller gestalterischen Disziplinen, von der Produktgestaltung bis zur Architektur, um auf diese Weise das »Einheitskunstwerk« – den architektonischen Bau – vermeintlich integrativ und ganzheitlich zu realisieren (Gropius 2005: 40). Auch nach dem Zweiten Weltkrieg wurde ein ganzheitliches Ideal von Gestaltung in der Ausbildung von Produkt- und Werbegestaltern fortgeführt, namentlich an der Hochschule für Gestaltung Ulm. Gestaltung habe »von der Kaffeetasse bis zur Wohnsiedlung« zu reichen,[17] forderte Max Bill, als er die HfG Ulm 1954 eröffnete. Die Suche nach dem ›Wesen‹ und der ›Gestalt‹ der Dinge führte jedoch nicht nur zu einem erweiterten Verständnis von Design, sondern war und ist bis heute Gegenstand von normativen, teils ideologisch geführten Debatten.

Nur zögerlich setzte sich nach dem Zweiten Weltkrieg das englische Lehnwort ›Design‹ im deutschen Sprachraum durch. Die Einführung des Designbegriffs wird dem Architekten Ludwig Mies van der Rohe zugeschrieben, der es in den 1930er Jahren als englische Übersetzung für das deutsche Wort ›Gestalt‹ verwendete (Reese 2005: 7). Während international gesehen der Designbegriff nach dem Zweiten Weltkrieg für viele »etwas völlig Neues« darstellte und für »Veränderung« und »einen revolutionären und optimistischen Neubeginn nach dem Krieg« stand (Hirdina 2010: 43), hafteten ihm in der deutschsprachigen Rezeption zumeist negative Konnotationen an. Der Ausdruck ›Design‹ wurde und wird hier oftmals mit ›überflüssigem Luxus‹ oder ›oberflächlichem Styling‹ gleichgesetzt, während der Ausdruck ›Gestaltung‹ einen ganzheitlicheren Zugang zu ästhetischer, formgebender Praxis und deren Integration in die Gestaltung von Lebenswelten suggeriert. Ungeachtet der Differenzen, die den Gestalt- vom Designbegriff unterscheiden, sollte jedoch nicht vergessen werden, dass beide Begriffe schlicht unterschiedliche kulturelle Diskurse, Traditionen und Wertvorstellungen widerspiegeln und als solche jeweils einer differenzierten Betrachtung bedürfen. Interessanter als die analytische Differenzierung von Begriffen und Konzepten untereinander scheint in diesem Kontext die empirische Beobachtung der Designpraxis selbst zu sein. Dabei zeigt sich, dass theoretische Konzepte und reale Praxen nur wenig gemein haben und dass ›Praxis‹ auch eigene, ambivalente Begriffe und Konzepte ausformt und hervorbringt.

## 2.5 Zum Wandel von Begriffen und Konzepten

Die Ausführungen in diesem Kapitel haben verdeutlicht, dass Begriffs- und Ideengeschichte in den seltensten Fällen linear und einheitlich verlaufen. Vielmehr ›reisen‹ Begriffe entlang von Praktiken und Diskursen durch verschiedene Sprachregionen und Handlungsfelder und verändern über die Zeit hinweg ihre Bedeutung teilweise grundlegend (Bal 2002). Darüber hinaus lassen sich selbst für ausdifferenzierte Praxis- und Handlungsfelder einander überschneidende oder miteinander konkurrierende Begriffs- und Diskurstraditionen finden. An der Begriffsgeschichte des Designs sowie den unterschiedlichen Designtheorien, die daraus bis heute resultieren, lassen sich die konstanten Bemühungen ablesen, in steter Veränderung befindliche handwerkliche, technische und künstlerische Praktiken des Entwerfens, Planens, Herstellens und Gestaltens zu bestimmen, sie semantisch zu fixieren und so voneinander abzugrenzen. Werner Busch zufolge sind Begriffsdefinitionen wie diese eng mit Fragen des sozialen Status verknüpft, sie formulierten Ansprüche, sorgten für Abgrenzungen und versuchten, »die gesellschaftliche Indienstnahme begrifflich zu überhöhen« (Busch 1997: 13). Solche Abgrenzungsversuche sind in unserem Zusammenhang namentlich in Hinblick auf die Unterscheidung von Design und Kunst zu finden. Sie betreffen aber auch die Beziehungen »zu Handwerk, Industrie, Wissenschaft, Technik und Architektur« (Hirdina 2010: 42). Flankiert werden sie durch Strategien der theoretischen Nobilitierung der Designpraxis, etwa indem die geistig-ideelle Dimension des Entwerfens besonders hervorgehoben oder das Wirkungsfeld des Designs weit über den Bereich des Kunstgewerbes oder der Massenproduktion hinaus erweitert wird. Trotz der Vielzahl und Offenheit der vorgeschlagenen Designdefinitionen scheint es dennoch eine Vorstellung zu geben, die sich gegenüber definitorischen und pragmatischen Eingrenzungen der Designtätigkeit relativ widerstandsfähig zeigt. Heinz Hirdina resümiert, dass sich in den Begriffen, mit denen sich der Designbegriff historisch verbindet, zwar stets »Prozesse gesellschaftlicher Arbeitsteilung« abbilden, aber gleichzeitig auch Versuche, diese Prozesse »oder deren Folgen zugunsten einer Gestaltung aufzuheben, die sich nicht nur auf ein Objekt richtet« (ebd.: 41).

Die Grenzen dessen, was mit Design, Entwurf oder Gestaltung gekennzeichnet werden soll, bleiben demnach Gegenstand virulenter sozialer und kultureller Aushandlungen sowie sowohl theoretischer als auch praktischer Vorschläge zur Erweiterung des Feldes. In diesem Sinne kann auch ein Vorschlag von Vilém Flusser verstanden werden, der den Ausdruck ›Design‹ auf sehr eigenwillige Weise interpretiert, damit aber zugleich eine völlig neue Perspektive eröffnet:[18]

> »Als Substantiv meint [Design] unter anderem ›Vorhaben‹, ›Plan‹, ›Absicht‹, ›Ziel‹, ›böswilliger Anschlag‹, ›Verschwörung‹, ›Gestalt‹, ›Grundstruktur‹, und all diese und andere Bedeutungen stehen mit ›List‹ und ›Hinterlist‹ in Verbindung. Als Verbum (›to design‹) meint es unter anderem ›etwas aushecken‹, ›vortäuschen‹, ›entwerfen‹, ›skizzieren‹, ›gestalten‹, ›strategisch verfahren‹. [...] Das Wort steht in einem Kontext, der mit List und Hinterlist zu tun hat. Ein Designer ist ein hinterlistiger, Fallen stellender Verschwörer.« (Flusser 1993: 9)

Darüber hinaus betont Vilém Flusser aber auch das Potenzial von Design, eine Brücke zwischen verschiedenen ausdifferenzierten Wissensgebieten zu schlagen. Seines Erachtens werden im Design nicht nur Kunst und Wissenschaft, sondern auch Technik miteinander in Beziehung gesetzt: Die Begriffe ›Design‹, ›Maschine‹, ›Technik‹, ›ars‹, und ›Kunst‹ stünden, so Flusser, in einem derart engen Verhältnis zueinander, dass sie ohne die jeweils anderen undenkbar seien (ebd.: 10). Dem Design spricht er mithin das Potenzial zu, auseinander driftende Wissensgebiete und spezialisierte Expertenkulturen wieder miteinander zu verbinden:

»Die neuzeitliche, bürgerliche Kultur stellte schroff die Welt der Künste jener der Technik und der Maschinen gegenüber, und daher zersprang die Kultur in zwei voneinander entfremdete Zweige: den wissenschaftlichen, quantifizierbaren, ›harten‹ und den schöngeistigen, qualifizierenden, ›weichen‹. Diese verderbliche Scheidung begann gegen Ende des neunzehnten Jahrhunderts unhaltbar zu werden. Das Wort Design sprang in die Bresche und bildete die Brücke. Dies konnte es tun, weil in ihm der innere Zusammenhang zwischen Technik und Kunst zu Wort kommt.« (Ebd.: 10f.)

Flussers Aussage führt auf prägnante Weise das Motiv der ›Synthese‹ vor Augen, das innerhalb von Theorien des Designs eine besonders produktive Denkfigur darstellt. Der griechische Ausdruck *synthesis* bedeutet die intentional herbeigeführte Kombination und Verknüpfung von zwei oder mehreren Elementen zu einer neuen Einheit. Flusser spitzt diesen Synthese-Gedanken im Hinblick auf das Design noch weiter zu, wenn er schreibt: »Daher meint Design gegenwärtig ungefähr jene Stelle, an welcher Kunst und Technik zur gegenseitigen Deckung kommen, um einer neuen Kultur den Weg zu ebnen.« (Ebd.: 11)

Folgt man diesem Gedanken, dann eröffnen sich für die Gestaltungsdisziplinen nicht nur neue Forschungsfragen und Anwendungsfelder. Vielmehr könnten Designtheorien und -forschung die praxeologische Basis sowie die methodischen Kompetenzen für zukunftsweisende interdisziplinäre Kooperationen bereitstellen. Ob sie diesen hochgesteckten Anspruch jedoch erfüllen können, wird sich zeigen müssen. Der Erfolg wird nicht zuletzt von der Frage abhängen, ob der Aspekt der Synthese mehr ist als nur ein griffiger Slogan. Designtheorien und -forschung werden stattdessen das Wagnis echter interdisziplinärer Zusammenarbeit sowie die fundierte Auseinandersetzung mit anderen Disziplinen tatsächlich eingehen und aushalten müssen. In einem anderen, für uns jedoch sehr passenden Zusammenhang stellte Horst Bredekamp fest, »in der Isolierung müssen die Disziplinen ihre Konturen schärfen, aber wenn sie in ihr verbleiben, werden sie verkümmern wie in Einzelhaft« (Bredekamp 2000: 104). Dieser Gedanke trifft auf Designtheorien und -forschung heute womöglich noch mehr zu als auf irgendein anderes Fach.

# 3. Form-Funktion-Relationen

## 3.1 Funktionalismus zwischen Stil und Doktrin

Form und Funktion sind zwei zentrale designtheoretische Begriffe, die oft in reziproker Weise aufeinander bezogen werden. Bereits Ende des 19. Jahrhundert prägte der Architekt Louis H. Sullivan die bis heute oft zitierte Formel ›form follows function‹, die Form folgt der Funktion (Sullivan 1896). Er war jedoch weder der Erste noch der Einzige, der sie verwendete, vielmehr hatte sich die Formel im Kontext der Chicagoer Schule, der Sullivan angehörte, zu jener Zeit schon zu einem »Allgemeingut« verfestigt (Geiger 2005: 55). Ein ähnliches, jedoch weitaus weniger bekanntes Postulat ist auch von Henri Labrouste überliefert, dem Architekten der Pariser Nationalbibliothek: »[...] la forme, en architecture, doit toujours être appropriée à la fonction qu'on lui destine.« (Labrouste 1928: 24)

Auf die mit der Formel ›form follows function‹ indizierte wechselseitige Abhängigkeit von Form und Funktion und auf die damit verwobenen Ideen haben sich in der sogenannten ›Funktionalismus-Debatte‹ im Verlauf des 20. Jahrhunderts zahlreiche Texte der Architektur- und Designtheorien bezogen. Aber auch für praktizierende Gestalterinnen und Gestalter gilt sie als programmatische Anleitung für ihre Entwürfe. Jahrzehntelang war das Verhältnis von Form und Funktion ein zentrales, jedoch auch umstrittenes Motiv von teils ideologisch geführten Auseinandersetzungen, in denen nach verbindlichen Regeln, Kriterien, Programmen und Methoden für ›gutes‹ Design und angemessene Gestaltung gesucht wurde. Dabei waren neben ›Funktionalität‹ noch weitere Konzepte wie ›Reduktion‹, ›Sachlichkeit‹, ›Nützlichkeit‹, ›Zweckmäßigkeit‹, ›Rationalität‹ oder ›Objektivität‹ Teil der Debatten. Die notorische Ornamentkritik, die Adolf Loos Anfang des 20. Jahrhunderts als »Antithese zum Historismus des 19. Jahrhunderts« (Seeger 1999: 216) formulierte, bildet ebenso einen Bestandteil der Funktionalismus-Debatte wie die Programmatik eines zweckmäßig-funktionalen Designs am Staatlichen Bauhaus der 1920er und 1930er Jahre oder wie die Wanderausstellungen des Schweizerischen Werkbunds zur ›guten Form‹ in den 1950er Jahren.

Als wichtiger Dreh- und Angelpunkt in der Funktionalismus-Debatte muss schließlich die postmoderne Kritik am Funktionalismus selbst gelten, die sich Ende der 1960er Jahre etablierte. Die Kritik am Funktionalismus war zu jener Zeit zwar vielfältig, jedoch wurde dieser auf oft simplifizierende Weise als wichtigstes Kennzeichen und zugleich größte Schwachstelle modernistischer Architektur und Produktgestaltung erkannt – oder missdeutet. Der Funktionalismus könne, so schreibt Hartmut Seeger in einer Kritik von 1968, auf eine Gestaltungsauffassung präzisiert werden, bei der die technisch-physikalischen und technisch-wirtschaftlichen Konstruktionsprinzipien im Vordergrund des Entwurfs stünden und sich ästhetische Kriterien unter dem Postulat der Identität von Form und Funktion auf eine formale Geometrisierung reduzierten (ebd.: 217). Diese Auffassung ziehe sich, so Seeger weiter, als roter Faden durch die Ausbildung sämtlicher Gestaltungsdisziplinen und durch die Praxis der Umweltgestaltung seit dem Bauhaus bis heute (ebd.). Die postmoderne Funktionalismuskritik der 1960er Jahre wandte sich jedoch nicht einfach nur *gegen* die Moderne, sondern verfolgte dabei auch ihre eigene Agenda, wie Karin Hirdina konstatiert: »In These und Antithese verbergen sich soziales Programm, ästhetische Konzeption, politische Standpunkte.« (Hirdina 1999: 225 f.) Mit simplifizierenden Definitionen, programmatischer Abgrenzung und Zurückweisung von modernistischen Gestaltungsidealen wirkte die postmoderne Funktionalismuskritik allerdings ihrerseits an der Etablierung jenes reduktionistischen Bildes der Moderne mit, das sie gerade zu verwerfen versuchte.

Deutlich wird hieran unter anderem, dass der Ausdruck ›Funktionalismus‹ auf ein komplexes Gefüge von ästhetischen, ökonomischen und politischen Kontexten, Theorien und Praktiken verweist, die nur schwer auf einen gemeinsamen Nenner zu bringen sind. »Die programmatische Schwäche des Funktionalismus« beginne schon, so wird bemängelt, bei »der Nicht-Definition des Begriffs ›Funktion‹« (Seeger 1999: 216). In der Tat kann Funktionalismus einfach als historischer Stil unter anderen gesehen werden – diese Lesart ist oft in Bezug auf das Bauhaus zu finden, wo sich der Funktionalismus zwar nicht ausschließlich entwickelt hatte, sich aber wohl am markantesten manifestierte (Müller-Krauspe 1999: 221). Funktionalismus kann aber auch, in einem überhöhten Sinne, als umfassendes Programm und Anleitung zur Gestaltung der artifiziellen Umwelt, ja sogar der Gesellschaft verstanden werden. Betrachtet man den Funktionalismus hingegen im Licht der Kritiken, die retrospektiv an ihm geübt wurden, so eröffnen sich ganz andere Bedeutungsmuster. Kritische Positionen bringen den Funktionalismus in Verbindung mit einer »Verabsolutierung geometrischer Gestaltungsprinzipien«, der »Fetischisierung von Technik, Material, Konstruktion«, »der Zweckrationalität huldigend, [...] im eigentlichen Sinne Herrschaftsarchitektur, Herrschaftsdesign« (Hirdina 1999: 226).

In einer stark verkürzten und vermutlich deshalb geläufigen Lesart, postuliert die Formel ›form follows function‹ (auf die sich das Phänomen ›Funktionalismus‹ jedoch keineswegs reduzieren lässt), dass sich gelungenes Design in seiner ästhetischen Formgebung vor allem von der praktischen Funktionalität und der Gebrauchsfähigkeit eines Gegenstandes leiten lassen solle. Umgekehrt soll von der Form eines Gegenstandes auch auf seine Funktion geschlossen werden können. Die Doktrin des Funktionalismus besage, so Abraham Moles, »dass die Gegenstände wesentlich durch ihre Funktion bestimmt sein sollen« (Moles 1999: 212). In diesem Zusammenhang führt er weiter aus:

> »Der Funktionalismus kämpft also gegen alles das, was über die bloße Funktion hinausgeht, insbesondere gegen die Dekoration. Der Gegenstand muss allen an ihn gestellten Anforderungen genügen, zum Beispiel eine bestimmte Lebensdauer haben, Betriebssicherheit garantieren, sich Störungen durch äußere Einflüsse widersetzen u.ä. Daraus ergibt sich die Magna Charta des Funktionalismus, das Nutzlose und Überflüssige zu reduzieren. [...] Funktionalismus ist wesentlich asketisch und Ausdruck einer bestimmten Lebensauffassung: der Sparsamkeit, der rationalen Verwendung vorhandener Mittel zu eindeutig bestimmten Zwecken.« (Ebd.)

Verbunden sind mit dem Funktionalismus also nicht nur Postulate zur Nützlichkeit und Gebrauchsfähigkeit von Designobjekten, sondern auch Semantiken des Verzichts, der Askese, der Sachlichkeit und der Reduktion auf das ›Wesentliche‹. Die Vielfalt und Verschiedenheit dieser Konzepte weist nicht allein auf die Breite der Diskussion hin, sondern auch auf das Konfliktpotenzial, das in ihr angelegt ist. Die Funktionalismus-Debatte des 20. Jahrhunderts ist von widerstrebenden Versuchen geprägt, ästhetische Praxis den disziplinierenden Vorgaben und Anforderungen der industrialisierten Welt anzupassen und unterzuordnen, sich ihnen zugleich aber auch zu widersetzen und über sie hinauszugehen. Theorien des Designs zeigen sich mithin als Bestandteil eines umfassenden Diskurses zum *social engineering* und zu den disziplinierenden Tendenzen der modernen Industriegesellschaft. Es ist dies ein Diskurs, der sich konkret durch das Design als Arbeit an der Normierung und Standardisierung von Alltags- und Dingkultur objektiviert und materialisiert.

Anfangs des 20. Jahrhunderts waren Vorstellungen von funktionaler Gestaltung eng mit Idealen von Wahrheit oder Wahrhaftigkeit verbunden und brachten sich etwa wie folgt zum Ausdruck: »›Design‹ [ist] das Streben danach, einen Gegenstand so darzustellen, dass er ganz augenscheinlich für seinen Zweck geeignet und wahr ist.« (Lethaby 1999: 35) Eine aktualisierte Version dieser Idee, wie sie der deutsche Produktdesigner Dieter Rams 2002 lieferte, klingt immer noch ähnlich, allerdings wird der Aspekt der Funktionalität nun auf differenziertere Weise aufgefasst:

> »Gutes Design macht ein Produkt brauchbar. Man kauft ein Produkt, um es zu benutzen. Es soll bestimmte Funktionen erfüllen – Primärfunktionen ebenso wie ergänzende psychologische und ästhetische Funktionen. Gutes Design optimiert die Brauchbarkeit und lässt alles unberücksichtigt, was nicht diesem Ziel dient oder gar entgegensteht.«[19]

Einem Großteil der Konzepte und Theorien zum Funktionalismus liegt eine idealistische Vorstellung von vermeintlich ›zeitloser‹ Gestaltung zugrunde. In diesen Zusammenhang einzuordnen sind beispielsweise Walter Gropius' bereits genannte Vorstellung, dass ein Ding durch sein ›Wesen‹ bestimmt sei (Gropius 1999: 167), Ludwig Mies van der Rohes Diktum »Less is more« oder Max Bills Formel »ein maximum an wirkung mit einem minimum an materie« (Bill 2010: 29). Designobjekte, auch Bauten in der Architektur, sollen demnach durch eine ›materialgerechte‹

Produktion, den Verzicht auf Überflüssiges und die Reduktion auf das ›Wesentliche‹ von kurzlebigen Trends und schnell wechselnden Moden unabhängig gemacht werden. Unausgesprochen bleibt dabei in der Regel jedoch, wie solche Kriterien zur Identifizierung von ›Überflüssigem‹ und ›Wesentlichem‹ eigentlich zustande kommen. Auch setzt die Vorstellung, dass das »Material seine adäquate Form in sich trage«, voraus, »dass es als solches bereits mit Sinn investiert ward«, wie Theodor Adorno nüchtern feststellte (Adorno 1999: 201).

Gerade im Aspekt der Funktionalität von Designobjekten wird gemeinhin auch ein substanzielles Unterscheidungsmerkmal von Design und Kunst gesehen. Designobjekte sollen sich demnach durch ihre Zweckmäßigkeit und Funktionalität im praktischen Gebrauch auszeichnen, während die Bedeutung von Kunst vielmehr in ihrer vermeintlichen Funktionslosigkeit und ihrer symbolisch-ästhetischen Wirkungsdimension gesehen wird. Tatsächlich aber sind solche Vorstellungen von Design wie auch die mit ihnen verbundenen Abgrenzungsversuche gegenüber der Kunst nur wenig aussagekräftig. Mitunter sind sie sogar schlichtweg irreführend. Sie gehen weder auf unterschiedliche Definitionen von Funktionalität noch auf die spezifischen – wohl normativen – Vorannahmen ein, die diesen Anschauungen zugrunde liegen. Mittlerweile dürfte weithin anerkannt sein, dass sich das ›Wesen‹ der Dinge nicht auf eine kategorische, widerspruchsfreie Weise bestimmen lässt, schon gar nicht im Sinne einer differenzierten Theoriebildung. Vielmehr werden Phänomene erst in der Bündelung zahlreicher korrelierender, sich bisweilen auch widersprechender Anschauungen und Perspektiven lesbar. Folgt man Martin Seel, so können nur die wenigsten Anschauungen bereits als Theorien gelten, bzw. sie werden erst zu solchen, »wenn aus ihnen Sätze werden, die sich sehen lassen können, weil in ihnen etwas Unbestimmtes schwingt« (Seel 2009: 5). Ungeachtet der Einsicht in die Komplexität und Inkommensurabilität der Dinge schwingt allerdings bis heute das Ideal einer ›wesensmäßigen‹ Gestaltung sowie ihrer funktionalen Überlegenheit als Mythos in zahlreichen Theorien des Designs mit. Im folgenden Abschnitt gilt das Interesse daher einer differenzierten Beschreibung der Funktionalismus-Debatte im 20. Jahrhundert, einigen ihrer exemplarischen Thesen und Motiven sowie einigen Kritikpunkten, mit denen sich der Funktionalismus konfrontiert sah. Dazu scheint es hilfreich, zunächst einen punktuellen Einblick in den zeithistorischen Ausgangspunkt dieser Debatte zu geben und danach – ohne Anspruch auf Vollständigkeit –, exemplarische Einflüsse nachzuzeichnen, die auf sie eingewirkt haben.

## 3.2 Von Apfelblüten und Hochhäusern

Beginnen wir im Chicago Ende des 19. Jahrhunderts, in einer rasant expandierenden amerikanischen Großstadt, die sich nach einem großen Brand im Jahr 1871 unter Architekten wie Frank Lloyd Wright und Louis H. Sullivan zu einem veritablen Experimentierfeld moderner Architektur und industrieller Konstruktionstechnik entwickelt hatte. Gemeinsam mit dem ursprünglich aus Deutschland stammenden Architekten Dankmar Adler leitete Sullivan in Chicago von 1879 bis 1895 das Architekturbüro *Adler & Sullivan*, das als wichtiger Vertreter der *Chicago School of Architecture* gilt. Sullivan verantwortete als künstlerischer Direktor eine Vielzahl von Hochhausbauten, die sogenannten ›*skyscrapers*‹, und gilt, wie wir gesehen haben, gemeinhin als Urheber der Formel ›form follows function‹. Die Kunst- und Designwissenschaftlerin Annette Geiger weist jedoch darauf hin, dass der Gedanke, die Form folge der Funktion, schon viel früher von dem Bildhauer Horatio Greenough (1805–1852) in den künstlerischen Diskurs eingeführt worden war und zu Sullivans Zeit durchaus bekannt war. Allerdings scheint Sullivan Greenoughs Schriften nicht gekannt zu haben (siehe Geiger 2005: 55).

Bei Sullivan taucht die Aussage ›form follows function‹ erstmals 1896 in einem Essay mit dem Titel *The Tall Office Building Artistically Considered* auf, in dem er über die Zeichenhaftigkeit und symbolische Aussagekraft von Bürohochhäusern sinnierte. »Jedes Ding in der Natur hat eine Gestalt«, schreibt Sullivan, »eine Form, eine äußere Erscheinung, durch die wir wissen, was es bedeutet, und die es von uns selbst und allen anderen Dingen unterscheidet.« (Sullivan 1999: 144) In diesem Sinne fordert er, dass auch der Entwurf von Bürohochhäusern eine eigenständige Formensprache innerhalb der amerikanischen Großstadtarchitektur, ja innerhalb der Architekturgeschichte selbst ausbilden müsse. Als neuartiger, charakteristischer Gebäudetyp der industriellen Moderne sollte das Bürohochhaus einen angemessenen »Platz neben allen anderen Entwürfen« in der Architektur einnehmen, neben dem »griechischen Tempel«, dem »gotischen Dom« oder der »mittelalterlichen Burg« (ebd.: 145). In der einschlägigen Textpassage, in der die Formel ›form follows function‹ auftaucht, sucht Sullivan Funktionalitätsanalogien aus der Natur, um sie auf den Bereich der Baukunst zu übertragen:

> »Ob wir an den im Flug gleitenden Adler, die geöffnete Apfelblüte, das schwer sich abmühende Zugpferd, den majestätischen Schwan, die weit ihre Äste breitende Eiche, den Grund des sich windenden Stroms, die ziehenden Wolken oder die über alles strahlende Sonne denken: immer folgt die Form der Funktion – und das ist das Gesetz. Wo die Funktion sich nicht ändert, ändert sich auch die Form nicht.« (ebd.: 144)

»Dürfen wir also«, so fragt Sullivan weiter, »dieses Gesetz täglich in unserer Kunst übertreten?« (ebd.: 145) Seine Antwort fällt erwartungsgemäß eindeutig aus, dass nämlich auch in der Baukunst vergleichbare Gesetzmäßigkeiten gelten sollten. Beim Bau von modernen Bürohochhäusern müssten demnach, so Sullivan, alle Stockwerke mit gleichen Funktionen auch im Hinblick auf ihre Gestaltung (er meint besonders die Gestaltung der Außenfassade) identisch sein (ebd.). Daraus ergab sich für ihn eine dreigliedrige Gebäudestruktur: Eingangsbereich mit Ladennutzung, Büroetagen und ein abschließendes, mit Ornamenten reich dekoriertes Dachgeschoss (Abb. 2).

Stilistisch betrachtet sind die Bürohochhäuser, die Sullivan mit Adler zusammen entwarf, in ihrer vergleichsweise schlichten Anmutung und mit ihrer Ornamentik an der obersten Fassadenzone von Elementen des Jugendstils und der architektonischen Moderne geprägt. Die Dreiteilung der Fassaden nimmt jedoch auch Bezug auf die Gliederung von griechischen Säulen in Schaft, Basis und Kapitell. Nicht zuletzt aufgrund dieser stilistischen Differenzierung, die Sullivans Interesse an der Ornamentik offenbart, kann er nur bedingt als »›Pionier‹ des Funktionalismus« gelten (Moravánszky 2013: 398). Ihn interessierte weniger die praktische Funktionalität eines Gebäudes als vielmehr »Fragen der Ornamentik als Ausdruck einer inhärenten Vitalität« von Architektur auf einer semantischen und symbolischen Ebene (ebd.).

An Sullivans Ausführungen zum Verhältnis von Form und Funktion werden indes unterschiedliche zeithistorische Einflüsse lesbar, die im 19. Jahrhundert auf die Architekturtheorie einwirkten. Ohne auf sämtliche dieser Einflüsse eingehen zu können, werden in der »metaphorische[n] Gleichsetzung von Gebäuden und Körpern« offenkundig Referenzen an naturphilosophische und biologische Theorien sichtbar (siehe Geiger 2005: 52). Von Sullivan ist bekannt, dass er »versuchte in seinen Theorien die Naturphilosophien von Ralph Waldo Emerson, Henry David

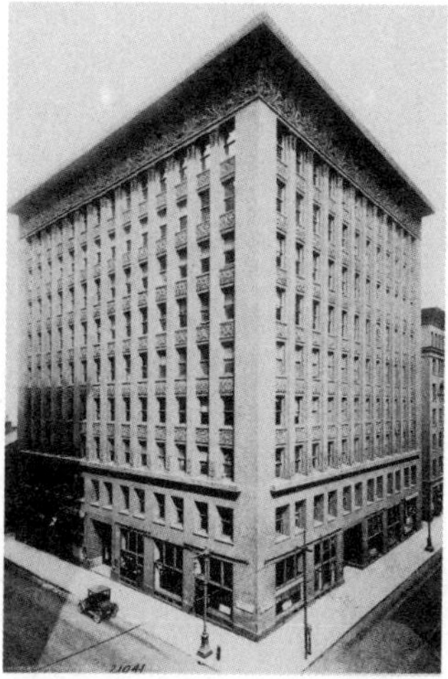

Abb. 2: Wainwright Building in Chicago von Adler & Sullivan (1891)

Thoreau und vor allem Walt Whitmans auf die Architektur zu übertragen« (ebd.: 61). Naheliegend, wenngleich spekulativ, ist auch der Vergleich mit der aufsehenerregenden Evolutionstheorie, die Charles Darwin in *On the Origin of Species* im Jahr 1859 entwickelte. Vergleichbar mit Darwin, der die Entwicklungs- und Selektionsprozesse von Lebewesen in eine Abhängigkeit zu äußeren strukturellen Einflüssen setzte, glaubte auch Sullivan an einen dynamischen, veränderlichen Zusammenhang zwischen der ›inneren‹ Funktion eines architektonischen Gebäudes und seiner ›äußeren‹ formalen Gestalt. Diese Sichtweise bezog sich jedoch nicht allein auf die formale Ausgestaltung eines Gebäudes, sondern gab vielmehr Auskunft über die Art und Weise, wie sich der Architekt als Teil einer umfassenden Natur verstehen sollte. Dazu erläutert Annette Geiger: »Inspiriert durch die neue

Entwicklungstheorie seiner Zeit fasste Sullivan den Gestalter zwar auch als Teil einer dynamischen Evolution auf, aber diese ist zu verstehen als eine persönliche Entwicklung hin zu den Quellen der Natur, als ein ›Aufnehmen von der Welt in sich‹ bis hin zum vollkommenen Gleichgewicht.« (Ebd.)

Daneben verweisen Sullivans Überlegungen zum Form-/Funktionsverhältnis in der Architektur auf weitere naturphilosophische Vorstellungen von einer ›naturgegebenen‹, ›wesensmäßigen‹ Gestalt der Dinge, wie sie im deutschsprachigen Diskurs um 1800 Johann Wolfgang von Goethe mit seiner Lehre der Morphologie vertrat (vgl. Kapitel 2.4). Über Autoren wie Friedrich Nietzsche, Ernst Haeckel oder Raoul Francé fand die konzeptuelle Verquickung (oder auch Verklärung) von Biologie und Naturromantik in Form eines »biomorphen Modernismus« (Botar 1998) zu Beginn des 20. Jahrhunderts Eingang in die Kunst- und Architekturtheorie der Moderne. Ein idealisiertes Bild von Naturgesetzesmäßigkeit stand Künstlern und Gestaltern wie zum Beispiel dem Bauhaus-Lehrer László Moholy-Nagy Pate, der mit ihm sowohl technische und gestalterische Entwicklungen als auch pädagogische Modelle begründete. So übte der Text *Die Pflanze als Erfinder* (1920) des theosophischen Biologen Raoul Francé, der Konstruktionsweisen der Natur als Vorbild für technische Entwicklungen behandelte, eine anhaltende Faszination auf Moholy-Nagys gestalterisches Denken aus (Findeli 1995).

Auf andere Weise als Sullivan und in einem anderen, nämlich europäischen Kontext setzte sich der Architekt Gottfried Semper bereits einige Jahrzehnte zuvor mit der Funktionsweise der Architektur in Abhängigkeit von den Naturgesetzen auseinander. In einem Essay von 1854 hielt Semper fest, dass die Architektur ihre kreative Freiheit erst im Rahmen jener Regeln und Gesetzmäßigkeiten entfalten könne, welche die Natur ihr vorgibt:

Die Architektur ist eine reine Kunst der Erfindung, denn für ihre Formen gibt es keine fertigen Prototypen in der Natur, sie sind freie Schöpfungen der menschlichen Phantasie und Vernunft. Mit Rücksicht hierauf könnte man sie für die freieste aller Künste der Darstellung ansehen, wenn sie nicht von den allgemeinen Naturgesetzen und den mechanischen Gesetzen des Materials im einzelnen durchaus abhängig wäre: Denn welchen Gegenstand der architektonischen Kunst wir auch betrachten mögen, die erste und ursprüngliche Konzeption derselben wird immer aus der Befriedigung irgendeines materiellen Bedürfnisses [...] entstanden sein [...].« (Semper 1966: 104)

Semper hatte hier überzeitliche Funktionen vor Augen, wie den Schutz vor Kälte, Wind oder Regen, den ein Gebäude seinen Benutzerinnen und Benutzern bieten sollte. Hinzu kommen mechanische Vorgaben, die sich aus bestimmten Materialeigenschaften ergeben. Nichtsdestoweniger unterstrich Semper – im Unterschied zu Sullivan – die schöpferische Überlegenheit des Menschen, der »selbst wenn er dem ›natürlichen‹ Geist seiner Zeit unterliegt, doch ein von Natur aus emanzipierter Schöpfer« sei (Geiger 2005: 60). Beide Anschauungen werden indes, trotz ihrer unterschiedlichen Ausprägungen und Verortungen, geeint durch die scheinbar unabdingbare Dringlichkeit und die eherne, naturwissenschaftliche Gesetzmäßigkeit, die mit der Appellation an die Natur und das ›Naturhafte‹ einhergeht und die sich in beiden Fällen zu einem Apriori der Gestaltung verdichtet. Entgegen anderslautenden Einsichten zum Verlauf der Geschichte wolle sich, so Geiger, »das Leitbild der Natur vor dem menschlichen Geist offenbar nicht so leicht beugen, geschweige denn sich überwinden lassen« (ebd.: 67).

## 3.3 Ornament und Verbrechen

Über die Referenz biologistischer Modelle hinaus sind die Formel ›form follows function‹ sowie funktionalistische Designtheorien vor allem vor dem Hintergrund der industriellen Moderne und ihrer neuartigen technischen Konstruktionsmöglichkeiten zu verorten. Die Konstruktion der ersten Wolkenkratzer im Amerika des 19. Jahrhunderts ging mit einer Reihe von technischen und das Baumaterial betreffenden Neuerungen einher, wie der Erfindung des Stahlskelettbaus, dem Einsatz von Stahlbeton oder der Konstruktion von Liften. In formal-ästhetischer Hinsicht führten diese Neuerungen dazu, dass sich Architekten und Ingenieure um 1900 zunehmend Gedanken über Form und Aussehen der neuen Gebäudetypen machten. Sie suchten nach neuen, möglichst eigenständigen und vorbildfreien Formensprachen, welche die Neuerungen des industriellen Zeitalters auch auf einer symbolisch-zeichenhaften und formal-ästhetischen Ebene zum Ausdruck bringen konnten. Die Frage nach einer Integration von Kunst und Technik im Kontext der industriellen Produktion war, nicht zuletzt unter wirtschaftlichen Gesichtspunkten, ein virulenter Gegenstand zahlreicher kunst-, architektur- und designtheoretischer Abhandlungen. Peter Behrens etwa, wegweisender Vertreter der modernen sachlichen Architektur und des Industriedesigns, erörtert in seinem Essay *Kunst und Technik* von 1910 die Rolle der künstlerisch-ästhetischen Formgebung im Bereich des Industriedesigns, aber ebenso die stilbildende Rolle der Industrie im Prozess der Kulturerziehung. Die Industrie habe es in der Hand, so Behrens, »durch das Zusammenführen von Kunst und Technik Kultur zu schaffen« (Behrens 2010: 27). Behrens erhoffte sich, dass durch die massenhafte Produktion und Distribution »von Gebrauchsgegenständen, die einer ästhetisch verfeinerten Anordnung« entsprächen, auch »Geschmack und Anstand in die weitesten Schichten der Bevölkerung getragen« würden (ebd.). Ein zentrales Postulat im Nachdenken über eine neuartige Formensprache für die industrielle Produktion war der Verzicht auf Ornamentik sowie, damit verbunden, der Ruf nach einer funktionalen, reduziert-sachlichen Gestaltung, die selbst eine moralisch-ethische Funktion in der Gesellschaft einnehmen sollte.

In diesem Zusammenhang erlangte namentlich die Streitschrift *Ornament und Verbrechen* (1908) des österreichischen Architekten und Kunstgewerbekritikers Adolf Loos Berühmtheit innerhalb der Design- und Architekturtheorie. Adolf Loos, ein begeisterter Anhänger von Sullivans Diktum ›form follows function‹, provozierte seine Zeitgenossen sowohl durch aufsehenerregende Bauten als auch durch scharfe Kritiken am zeitgenössischen Kunstgewerbewesen. Sein wohl bekanntestes Gebäude, das nach ihm benannte ›Looshaus‹ von 1910 am Michaelerplatz in Wien, sorgte aufgrund seiner neuartigen schmucklosen Fassadengestaltung bereits während seiner Bauzeit für Empörung bei der Wiener Bevölkerung. Es handelt sich dabei um ein repräsentatives Geschäftshaus, dessen elegantes Interieur mit edlen Materialen ausgestattet war, das jedoch inmitten des historistischen Gebäudeensembles des Michaelerplatzes eine für die Zeit ungewöhnlich sachliche, ornamentlose Außenfassade aufwies. Bei ihrem Entwurf ließ Loos sich zweifellos von der Skelettbauweise amerikanischer Hochhäuser und Fabriken inspirieren, wie er sie als junger Mann auf seinen Reisen in die USA und nach Großbritannien gesehen hatte. Doch nicht nur das ›Looshaus‹ demonstrierte einen Verzicht auf Ornamentik, wie sie noch für den Jugendstil und Historismus des 19. Jahrhundert typisch gewesen war, sondern auch in seinen Texten zur zeitgenössischen Kunstgewerbekultur forderte Loos die Ornamentlosigkeit programmatisch ein.

In dem Text *Ornament und Verbrechen*, der vor dem Hintergrund von Evolutionstheorie und Psychoanalyse entstand (Tietenberg 2010: 80), prangert Adolf Loos die Herstellung von Ornamenten, besonders von maschinell erzeugten, als Verfallsymptom der modernen Kultur an und resümiert: *»[E]volution der kultur ist gleichbedeutend mit dem entfernen des ornaments aus dem gebrauchsgegenstande.«* (Loos 1999: 115) Aus seiner Sicht gehörten Ornamente in die Welt von Kindern und »Primitiven«, nicht jedoch zur Geschmacksdisposition eines gebildeten, kultivierten Bürgertum des 20. Jahrhunderts (ebd.: 117). Die Herstellung von ornamentierten Dingen diskreditierte er mithin als »vergeudete arbeitskraft«, »vergeudetes material« und »vergeudetes kapital« (ebd.). Allein im Verzicht auf Ornamentik im Bereich von Kunstgewerbe und Architektur erkannte er »zeichen geistiger kraft« (ebd.: 120) und brachte auf diese Weise ästhetische Verfeinerung und Versachlichung der Material- und Produktkultur mit kulturellem und geistigem Fortschritt sowie mit gesellschaftlicher Geschmackserziehung in Verbindung.

Auch hier zeigen sich direkte Verbindungen zu der im vorherigen Abschnitt zu Louis Sullivan diskutierten Naturbezogenheit funktionaler Gestaltung. Adolf Loos stehe mit seiner Forderung nach Ornamentverzicht, so Annette Geiger, »klar in dieser Linie«: »Zum einen lehre die Natur, mit Arbeitskräften und Rohstoffen sparsam umzugehen, und zum anderen habe der Mensch nach den Gesetzen der kulturellen Evolution das Alte stets zu überwinden.« (Geiger 2005: 60) Loos' Essay wird zudem als ein »historische[r] Wendepunkt« gesehen, da er moralisch-ethische Grundsätze von produktionsästhetischen und ökonomischen Gegebenheiten ableite (Tietenberg 2010: 80). Theodor Adorno erkannte in dem Text von Loos schließlich etwas »erstaunlich Bürgerliches« und »Puritanisches«, konkret eine »bürgerliche Arbeitsmoral« und Ökonomie, in der die Lust am

Ornament als »vergeudete Energie« missbilligt werde (Adorno 1999: 202f.).

Die Einlassungen von Adolf Loos zum Ornament sowie jene von Louis H. Sullivan zum Verhältnis von Form und Funktion haben sich in der Theorie des Designs zu Gemeinplätzen verfestigt und werden stets bemüht, wenn es darum geht, Funktionalität als Wesens- und Qualitätsmerkmal von Design zu bestimmen. Umso mehr sind diese Texte sowie auch andere Manifeste zum Design mit Bedacht zu behandeln und auf differenzierte Weise zu lesen: Zum einen entsprechen unsere heutigen Vorstellungen von ›Funktionalität‹, ›Reduktion‹ oder ›Sachlichkeit‹ nicht mehr jenen um 1900, zum anderen wurden gestalterische Positionen, wie sie Sullivan oder Loos repräsentieren, über die Jahrzehnte hindurch formelhaft verdichtet und haben so zunehmend an Prägnanz gewonnen. Derart gebündelt geben sie aber letztlich ein unzulängliches Bild der komplexen zeithistorischen Zusammenhänge, in denen diese Aussagen entstanden sind. Ohnehin lassen sich Zuordnungen von gestalterischen Positionen zur Kategorie des ›Funktionalismus‹ (oder zu jeder anderen Kategorie) nur um den Preis einer starken Vereinfachung und Stereotypisierung vornehmen. Tatsächlich spiegeln sich darin unterschiedliche, teilweise opponierende Denkmodelle, Handlungsmotive sowie individuelle und kollektive Einflüsse, die je nach Perspektive als funktionalistisch oder antifunktionalistisch gelesen werden können. Diese Beobachtung gilt nicht nur für die Verfasser designtheoretischer Abhandlungen, sondern auch für die Rezipienten, die diese Texte lesen und für ihre Belange (um-)deuten.

### 3.4 Bauhaus-Funktionalismus und Semantik des Industriellen

Die Diskussionen über formal-ästhetische Schlichtheit und die Reduktion auf das ›Wesentliche‹ setzten sich in den 1920er Jahren in Architektur, Kunst und Design mit Stilrichtungen wie der Neuen Sachlichkeit oder dem sogenannten ›Bauhaustil‹ weiter fort. Das Staatliche Bauhaus, das zwischen 1919 und 1933 in Weimar, Dessau und Berlin existierte, gilt heute als wegweisende Ausbildungsstätte für Architektur, Kunst und Design in der Moderne, als stilbildender Versuch, ästhetische Praxis mit den technischen und ökonomischen Anforderungen der industriellen Welt in Konvergenz zu bringen. Vor allem gilt es als der paradigmatische Ort, an dem der Funktionalismus sich als Praxis und Ideologie realisieren konnte. Der Funktionalismus sei vor allem durch die Bemühungen der Bauhausmitglieder zu einer einflussreichen Doktrin der modernen Gestaltung geworden, konstatiert etwa Abraham Moles rückblickend (Moles 1999: 211). Am Bauhaus war die Ausformung einer eigenständigen, reduzierten, funktional anmutenden Formensprache ebenso handlungsanleitend wie der Verzicht auf Ornamentik. Unter dem Einfluss der konstruktivistischen Kunst kamen ein geometrisches Formenvokabular, die Verwendung der Grundfarben Rot, Gelb, Blau sowie ein Vokabular der Gegenstandslosigkeit und Vergeistigung hinzu. »Der moderne Mensch, der sein modernes, kein historisches Gewand trägt«, schreibt Walter Gropius 1926, »braucht auch moderne, ihm und seiner Zeit gemäße Wohngehäuse mit allen der Gegenwart entsprechenden Dingen des täglichen Gebrauchs.« (Gropius 1999: 167) Mit dieser Sichtweise verbunden war der Anspruch auf die zweckmäßige, ökonomische Gestaltung von Alltagsgegenständen – wobei sich dieser rückblickend eher hinsichtlich der Produktion als mit Rücksicht auf die Verbraucher realisierte. Für viele zeigt sich gerade hier der »ideologische Gehalt« des

Bauhaus-Funktionalismus, der sich in der Projektion eigenen Verhaltens und ästhetischer Präferenzen auf den Verbraucher zu offenbaren scheint (Müller-Krauspe 1999: 224).

Während am Bauhaus zu Beginn noch die Zusammenführung und die Integration von Kunst, Architektur und Handwerk im Mittelpunkt standen, drängte sich bald schon die Frage nach der konkreten Rolle dieser Herstellungsbereiche im Kontext der industriellen Warenproduktion auf. Unter der Ägide des ersten Bauhausrektors Walter Gropius wurde am Bauhaus nach lediglich vier Jahren eine Neuorientierung eingeleitet. Der Schwerpunkt der Ausbildung sollte fortan kein kunsthandwerklicher, sondern ein technischer sein. Den Richtungswechsel brachte Gropius 1923 mit der Formel »Kunst und Technik – eine neue Einheit« auf einen prägnanten Nenner (Wingler 2005: 15). Er bezog damit Position in der Frage nach dem Zusammenwirken von Kunst und Industrie – eine Frage, die zu dieser Zeit auch innerhalb des Deutschen Werkbundes sowie in anderen Reformkreisen des Kunstgewerbes hitzig diskutiert wurde (vgl. Kapitel 2.3). Im Hinblick auf das Funktionalismus-Motiv und das Form-/Funktionsverhältnis, um das es in diesem Kapitel geht, ist Gropius' Position besonders aufgrund ihrer produktionsästhetischen Prämissen interessant, die er aus der programmatischen Vereinigung von Kunst und Technik ableitete. Erst durch die Kooperation mit der Industrie und »durch dauernde Berührung mit der fortschreitenden Technik, mit der Erfindung neuer Materialien und neuer Konstruktionen« konnte sich seines Erachtens eine »neue Werkgesinnung« für die Gestaltung moderner Alltagskultur herausbilden (Gropius 1999: 168). Diese sollte sich nicht nur durch ihre Reduktion auf das ›Wesentliche‹ auszeichnen, sondern auch durch einen ökonomischen, sparsamen Materialgebrauch und niedrige Produktionskosten:

»– Entschlossene Bejahung der lebendigen Umwelt der Maschinen und Fahrzeuge.
– Organische Gesetze der Dinge aus ihrem eigenen gegenwartsgebundenen Gesetz heraus, ohne romantische Beschönigung und Verspieltheiten.
– Beschränkung auf typische, jedem verständliche Grundformen und -farben.
– Einfachheit im Vielfachen, knappe Ausnutzung von Raum, Stoff, Zeit und Geld.« (Ebd.)

Der Zusammenschluss der Künste und des Kunstgewerbes mit der industriellen Produktion war für Gropius sehr grundlegend mit der Suche nach dem ›Wesen‹ der Dinge und mit einer funktionalen Versachlichung ihrer Gestaltung verbunden. Nicht zuletzt sollte damit für die neuen technischen Erfindungen wie Heizung oder elektrisches Licht, welche die Industrialisierung hervorbrachte, der Zeit entsprechende Objekte entworfen werden. Ein Ding sei bestimmt durch sein Wesen, so lautete Gropius' bereits mehrfach angeführte Vorstellung in dieser Sache (ebd.: 167).

»Um [ein Ding] so zu gestalten, dass es richtig funktioniert, – ein Gefäß, ein Stuhl, ein Haus – muss sein Wesen zuerst erforscht werden; denn es soll seinem Zwecke vollendet dienen, das heißt, seine Funktionen praktisch erfüllen, haltbar, billig und ›schön‹ sein. Diese Wesensforschung führt zu dem Ergebnis, dass durch die entschlossene Berücksichtigung aller modernen Herstellungsmethoden, Konstruktionen und Materialien Formen entstehen, die von der Überlieferung abweichend, oft ungewohnt und überraschend wirken (vergleiche Beispielsweise den Gestaltwandel von Heizung und Beleuchtung.« (Ebd.: 167 f.)

Durch den Umzug des Bauhauses von Weimar nach Dessau im Jahr 1925 intensivierte sich die angestrebte Zusammenarbeit mit der Industrie. Es bildete sich ein reduzierter, sachlich-funktional anmutender Gestaltungstil heraus, der auf jegliche Repräsentationsrhetorik durch Ornamentik und architektonisches Dekorum

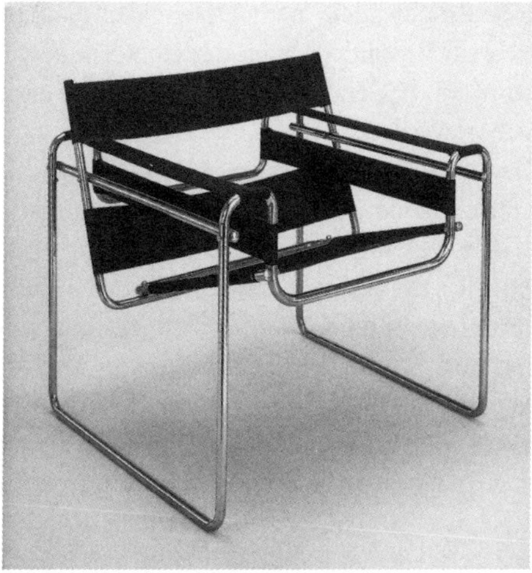

Abb. 3: Stahlclubsessel B3 (Wassily) von Marcel Breuer (1925)

verzichten wollte und sich an einer nüchternen, pragmatischen ›Semantik des Industriellen‹ orientierte. Zugleich evozierte dieser Entwurfsstil aber auch Konnotationen mit Prinzipien wie ›Nützlichkeit‹, ›Sparsamkeit‹ oder ›Disziplinierung‹. Die von Walter Gropius für den Standort Dessau entworfenen Bauten, namentlich das neue Bauhausgebäude mit der komplett verglasten Seitenfassade sowie die schlichten weißen ›Meisterhäuser‹, die den Lehrenden als Unterkunft dienten, zeugen vom Verzicht auf Ornamentik und erinnern in ihrer Formgebung an schmucklose Nutzbauten. Stühle aus Stahlrohr, wie sie Marcel Breuer, Mart Stam oder Ludwig Mies van der Rohe entwarfen, griffen typische Industriematerialien der Zeit auf und (re-)produzierten so Semantiken bzw. Ästhetiken der industriellen Moderne, die bis heute als stilbildend und ›zeitlos‹ gelten (Abb. 3). Diese Bewertung ist freilich nicht allein dem Design der Bauhausprodukte allein zuzuschreiben, sondern auch der Rhetorik geschuldet, welche die Produktion begleitete, und dem Mythos, mit dem sie bis heute umwoben werden.

Das Aufgreifen von industrieller Materialsemantik und Formensprache im Bauhaus-Funktionalismus kann als Ausdruck einer ästhetischen ›Askese‹ verstanden werden – oder aber als Ausdruck von Disziplinierung im Kontext der industriellen Gesellschaftsordnung und Ökonomie. Aufgegriffen wurden Formensprachen und Symboliken von Industrie- und Nutzbauten, technischen Maschinen und Apparaturen. Sowohl in den gestalteten Objekten des Bauhaus-Funktionalismus als auch in den flankierenden designtheoretischen Abhandlungen wird das disziplinierende Register industrieller Standardisierung und Normierung lesbar. Der niederländische Architekt und Produktdesigner Mart Stam dachte in diesem Zusammenhang beispielsweise über Fragen des richtigen Maßes nach. Das richtige Maß sei, so formulierte es Stam in einem Essay von 1929, »gleichzeitig das Minimum« (Stam 1999: 184). In dem Text geht es teils um eine Humanisierung des Maßes und um den »Kampf der modernen Architektur [...] gegen die Repräsentation« (ebd.: 185). Zum großen Teil sind Stams Überlegungen zum Minimal-Maß jedoch durchzogen von Vorgaben industrieller Normierung und der Regulierung der Lebenswelt durch die Industriearbeit. Er thematisiert die Formalisierung und Rationalisierung von Arbeitsvorgängen, die Zentralisierung von Arbeitskraft und den ökonomischen Umgang mit Geld und Zeit – also überhaupt die Vergesellschaftung und Objektivierung von individueller Gestaltungs-, aber auch der Alltagskultur.

Der Wissenschaftshistoriker Peter Galison resümiert, dass Lehrende und Studierende am Bauhaus versucht hätten, sich mit ihrer Ausdrucksweise an »das Einfache und Funktionale« zu halten und ihr Tun mit den »modernen Produktionsmethoden in Einklang zu bringen« (Galison 2001: 78). Erst durch die Verzahnung von gestalterischer Praxis, ästhetischer Formgebung und idealisierendem und normierendem Diskurs jedoch wurden die Entwurfsobjekte des Bauhauses zu den Klassikern der Moderne, wie wir sie heute kennen. Dass der minimalistische Stil, der am Bauhaus sowie in der Architektur der Neuen Sachlichkeit gepflegt wurde, selbst nicht frei von einer gewissen formal-ästhetischen, symbolischen Ornamentik ist, sollte dabei nicht vergessen werden. Und paradoxerweise ist dies gerade dort am meisten der Fall, wo sich Funktionalität nicht im praktischen Gebrauch, sondern im formal-ästhetischen Verzicht auf Ornamentik manifestiert. Auch der Anspruch an praktische Alltagstauglichkeit, den das Bauhaus wiederholt und mit Nachdruck postuliert hat, stellte sich bisweilen als bloßes Wunschdenken heraus. Einige der für den Alltagsgebrauch produzierten Gegenstände zeichneten sich ausgerechnet durch hohe Produktionskosten und ihre Ungeeignetheit für die Massenproduktion aus.

Dass sich der »Mythos Bauhaus« (Baumhoff/Droste 2009) so nachhaltig ins kulturelle Gedächtnis einschreiben konnte, ist neben der intensiven Medienpräsenz des Bauhauses nicht zuletzt auch Walter Gropius' aktiver Beteiligung an dessen Geschichtsschreibung zuzuschreiben (Baumhoff 2003: 586). In dem von ihm und anderen gelenkten Bild des Bauhauses werden Differenzen und Widersprüche zugunsten eines einheitlichen Begriffs der Moderne ausgeblendet und in dieser Form auch in aktuellen Designdebatten reproduziert (siehe Schade 2009). Das verführerische Potenzial eines ›wesensmäßig‹ reduzierten, funktionalistischen Designs mag dazu beigetragen haben, dass in einigen Designtheorien bis heute ein idealisiertes und überhöhtes Bild des Bauhauses nachwirkt.

## 3.5 Schönheit aus der Funktion

In der Nachkriegszeit wurde die Debatte um das Verhältnis von Form und Funktion fortgeführt. Einerseits lässt sich dabei eine Erweiterung und Ausdifferenzierung des Funktionalitätsbegriffs beobachten, andererseits wurde aber zunehmend auch Kritik an der Funktionalismusgläubigkeit der Moderne laut. Eine Fortführung der Debatte fand namentlich in den Aktivitäten des Schweizerischen Werkbundes zur ›guten Form‹ statt (siehe Hünerwadel 2013), in Deutschland wurde sie unter anderem an der Hochschule für Gestaltung Ulm fortgesetzt, der Nachfolgeinstitution des Bauhauses nach dem Zweiten Weltkrieg.

Das Label ›die gute Form‹, das in der Nachkriegszeit durch den Schweizer Architekten und Designer Max Bill Verbreitung fand, steht für den normativen Versuch, überzeitlich gültige Kriterien und Standardformen für ›gute‹, vorbildliche Formgebung festzulegen. Zwischen 1952 und 1968 vergab der Schweizerische Werkbund unter dem Namen ›Die gute Form‹ regelmäßig Auszeichnungen für vorbildliches Design von Gebrauchsgegenständen und folgte damit einem »Kernanliegen« des Vereins: »Es ist der Wunsch und das Ziel des Schweizerischen Werkbundes, dass den Menschen für ihr tägliches Leben gut geformte, zweckmässige und preiswerte Dinge zur Verfügung stehen.« (zit. nach Noseda 2007: 179) Die Aktivitäten des Schweizerischen Werkbundes zur ›guten Form‹ umfassten Ausstellungen und Publikationen, welche für die Produktgestaltung der Zeit prägend waren (Hünerwadel 2013: 285). Sie bildeten »praktisch das gesamte Spektrum der Konsumgüterindustrie« ab und strebten »nach einer unaufdringlichen, soliden Gestaltung unter einer ökonomischen Zusammenführung von Zweck, Material und Form« (ebd.). Ähnlich wie schon in den Diskussionen, die anfangs des 20. Jahrhunderts vor dem Hintergrund von Kunstgewerbe und industrieller

Warenproduktion geführt wurden, ging es auch in dieser Diskussion um eine normative Erziehung der Gesellschaft zum ›guten Geschmack‹. Der Schwerpunkt lag dabei auf der symbolischen und politischen Bedeutung, die in der seriellen Gestaltung von Objekten des täglichen Gebrauchs zum Ausdruck kam. Wiederum zeitigt der Aspekt der Funktionalität in dieser Diskussion seine Wirkung, allerdings mit einem heute überholt wirkenden Akzent auf ästhetischen Kriterien. Max Bill, Bauhaus-Schüler und erster Rektor der Hochschule in Ulm, propagierte ein funktionales Verständnis von Gestaltung, in dem der Begriff der ›Schönheit‹ eine zentrale Rolle spielen sollte. *Schönheit aus Funktion und als Funktion*, lautet der Titel eines Essays von Bill aus dem Jahr 1949. Darin postulierte er, stellvertretend auch für den Werkbund, dass Schönheit »ebenbürtig der funktion« sei (Bill 2010: 30), »im sinne einer schönheit, die aus der funktion heraus entwickelt ist und durch ihre schönheit eine eigene funktion erfüllt« (ebd.: 35). Seine Ausführungen in dem Text zielen vor allem auf eine Kritik am zeitgenössischen Design von Massenkonsumgütern ab, das sich für Bill oft nur als reine Oberflächenverschönerung und »schöne fassade« darstellte (ebd.: 32). Besonders war dies nach seiner Auffassung in der sogenannten ›Streamline-Moderne‹ der Fall, die etwa zwischen 1920 und 1950 stromlinienartige Formen für die Gestaltung von Gebäuden, Eisenbahnen, Autos, aber auch für Haushaltsgeräte wie Bügeleisen verwendete, ohne dabei allerdings tatsächlich aerodynamische Gesetzmäßigkeiten zu berücksichtigen. Im Katalog zur Wanderausstellung *Die gute Form* von 1949 schreibt Bill in Absetzung zum ›Streamlining‹, dass die vom Werkbund angestrebte Schönheit der Dinge sich dadurch realisiere, »›den Schein‹ möglichst wegzulassen und das Schlichte, das Echte – eben das Gute – zu zeigen« (Bill 1949: o.S.). Gerade bei tradierten Gebrauchsgegenständen wie Tischen oder Stühlen, deren Funktionalität über die Jahrhunderte hindurch erprobt wurde, ging es Bill um die Treue zum Althergebrachten sowie um eine gestalterische Qualität, die sich sowohl in materieller als auch in ästhetischer Sparsamkeit und Bescheidenheit ausdrücken sollte.

Die Funktionalismus-Debatte, die zu Beginn des 20. Jahrhunderts mit Protagonisten wie Adolf Loos bereits eine dezidiert moralisch-ethische Komponente hatte, erneuerte sich in der Nachkriegszeit als ein erzieherischer Diskurs. In diesem verband sich die Sehnsucht nach Ursprünglichkeit und Konstanz mit der zeitgenössischen Aufmerksamkeit für die zunehmende Veränderung der westlichen Lebenswelt durch Industrialisierung und Technisierung. Ab den 1960er Jahren kann zudem eine zunehmende Verwissenschaftlichung der Designausbildung beobachtet werden, in deren Folge das Konzept des Funktionalismus an neuer Bedeutung gewann (vgl. Kapitel 5.3). Dieser Kontext trug dazu bei, dass Begriffe wie ›Objektivität‹ oder ›Rationalität‹, die für das Wissenschaftsbild der Zeit relevant waren, auch für den Designdiskurs produktiv wurden. Dem Design und mit ihm dem Ideal der ›guten Form‹ sollte mittels wissenschaftlicher Methodik und Rhetorik zu einer als zeitgemäß erachteten Objektivität und Funktionalität verholfen werden.

Im deutschsprachigen Raum wurde namentlich an der Hochschule für Gestaltung Ulm (1953–1968) versucht, Design und Wissenschaft miteinander zu verbinden. Wolf Reuter hält fest, dass die Gestalter zu der Zeit mit der Wissenschaft sympathisierten, »weil Fehlplanungen bei den hohen Auflagen der industriellen Fertigung katastrophale Folgen für alle Beteiligten gehabt hätten – Wissenschaft versprach Sicherheit« (Reuter 2003: 94). Die Anforderungen und Aufgaben von Industrie, Technik und Gesellschaft, mit denen sich Designschaffende in der Nachkriegszeit konfrontiert sahen, schienen zunehmend komplexer zu werden. Man ging nun davon aus, dass sich diese Designaufgaben nicht mehr allein durch ›intuitives‹ Wissen, sondern erst durch den Einbezug wissenschaftlich-systematischer Methoden lösen ließen. Darüber hinaus richteten sich nach der Katastrophe des Zweiten Weltkriegs auch politische und ethische Ansprüche an das Design. An der Hochschule für Gestaltung (Hfg) Ulm wurde um 1960 die Ansicht vertreten, dass die Aufgaben des Designs all »jene Gestaltungsgebiete« umfassen sollten, »welche die Lebensform unseres technischen und industriellen Zeitalters weitgehend bestimmen«[20]. Ein Exposé, das die Geschwister-Scholl-Stiftung anlässlich der Gründung der Hochschule erstellte, hält dies fest: »Die Form der Geräte, mit denen wir umgehen, die Wohnung, die Anlage einer Siedlungseinheit, einer Stadt oder Region, das gedruckte und gesprochene Wort in Presse und Rundfunk, die Wirkung des Bildes in Publikationen, in der Werbung, in Ausstellungen und im Film bilden für die geistige Mentalität der Gesellschaft entscheidende Grundlagen.«[21] Und gerade in der verantwortungsvollen Gestaltung dieser Grundlagen sah die HfG Ulm das Aufgabengebiet des Designs.

Der ehemalige Ulmer Student Klaus Krippendorff erinnert sich, dass die Debatten um funktionales Design an der HfG Ulm von einer »Verachtung von Willkür und intuitivem Vorgehen« begleitet gewesen seien und Max Bill sich »mathematischer Rechtfertigungen« bedient habe (Krippendorff 2013: 367). »Der Funktionalismus war an der Ulmer Hochschule für Gestaltung der wahrscheinlich am tiefsten verwurzelte Diskurs«, so Krippendorff (ebd.: 364). Allerdings sei diese Orientierung am »funktionalistischen Diktum« der Moderne und dessen Weiterführung letztlich ohne kritische Distanz geschehen (ebd.: 364 f.). Unter Bills Einfluss wurde das »Vokabular des Funktionalismus« zunehmend ausdifferenziert und umfasste schließlich vier Funktionen: »Technik, Material, Produktion und Ästhetik« (ebd.: 365). »In Bills Vision für das Design sollten die Formen alltäglicher Gebrauchsgegenstände nicht nur im industriellen-kulturellen Kontext, sondern auch ästhetisch funktionieren«, ästhetische Funktionalität sei damit aber auch »innerhalb eines funktionalistischen Diskurses« verblieben, so Krippendorffs Fazit und Kritik (ebd.: 366).

Mit der Diagnose einer zunehmenden Komplexität der technisierten Lebenswelt und mit dem Nexus von Design und Wissenschaft erweiterte sich das Handlungsfeld des Designs in der Nachkriegszeit massiv. Hinzu kamen beispielsweise neue, technische Designkonzepte und -methoden aus dem Bereich der Planungstheorie und der ›Künstliche Intelligenz‹-Forschung (vgl. Kapitel 5.4 und 5.5). Zugleich aber geriet das Leitbild der Funktionalität, wie es sich erst am Bauhaus, dann an der HfG Ulm herausgebildet hatte, aufgrund seiner eindimensionalen Ausrichtung an Nützlichkeit und Industrie zunehmend in die Kritik. Eine derart sachliche oder funktionalistische Auffassung des Designs sei restlos überholt, resümierte etwa Werner Nehls in einem Text Ende der 1960er Jahre (Nehls 1999: 213). Mit der These des Zusammenhangs von *Ornament und Verbrechen* habe Adolf Loos in den 1920er Jahren die Epoche der Neuen Sachlichkeit eingeleitet, so Nehls, mit der Anklage ›Sachlichkeit und Verbrechen‹ werde die Formel von Loos nun umgekehrt (ebd.).

## 3.6 Postmoderne Kritik am Funktionalismus

Die Reihe design- und architekturtheoretischer Positionen, die in den 1960er Jahren Kritik am Funktionalismus zu üben begannen, ist beachtlich, und dennoch war die Stimmungslage keineswegs eindeutig. »So umstritten und vieldeutig der Begriff ›Funktionalismus‹, so vielfältig sind die Argumente und Konzepte gegen ihn«, konstatiert Karin Hirdina (1999: 225). Bereits der Begriff der ›Postmoderne‹, der als unscharfe epochale Rahmung für die Funktionalismuskritik in Architektur und Design in der Nachkriegszeit gilt, verweist auf eine höchst ambivalente Abgrenzung zur Moderne. ›Postmoderne‹ steht gleichermaßen für den Bruch mit der Moderne wie für die andauernde Auseinandersetzung und Reibung mit ihr. Als symptomatisch für postmodernes Bewusstsein gilt, wie Jean-François Lyotard in seinem kanonischen Text zum postmodernen Wissen Ende der 1970er Jahre herausgearbeitet hat, unter anderem die Verabschiedung vom Glauben an übergeordnete, sinnstiftende »Meta-Erzählungen« in Wissenschaft, Kultur und Gesellschaft (siehe Lyotard 1979).

Der Verabschiedung folgte die Einsicht in die Existenz und Inkommensurabilität verschiedenster koexistierender Narrative und Sinnzusammenhänge, die sich jedoch nicht mehr zu einem einheitlichen Ganzen zusammenfügen lassen. »Die Postmoderne beginnt dort, wo das Ganze aufhört«, konstatiert Wolfgang Welsch (2008: 39). »Das postmoderne Interesse richtet sich«, so Welsch weiter, »auf Grenzen und Konfliktzonen, auf die Reibungen, aus denen Unbekanntes und der gewohnten Vernunft Widerstreitendes hervorgeht.« (Ebd.: 34) Für die Bereiche Architektur und Design, in denen sich der Begriff ›postmodern‹ zunächst am prominentesten etablieren konnte, führte die Auseinandersetzung mit den Leiterzählungen der Moderne zu einer umfassenden Kritik eines Funktionalismus, wie ihn vor allem das Bauhaus betrieben und propagiert hatte. Die nüchternen, schmuck- und ornamentlosen Fassaden der im Bauhaus-Stil gebauten Gebäude erschienen nun als abweisend, die Architektur der Moderne galt als »weitgehend intellektuell und elitär« und schien »die Herzen und Wünsche der Mehrzahl der Bevölkerung« nicht mehr zu erreichen (ebd.: 19). Die Kritik am Funktionalismus erschöpfte sich jedoch nicht in einem ästhetischen Unbehagen, sondern schloss gesellschaftliche, politische und moralisch-ethische Aspekte mit ein.

Als ein thematischer Schwerpunkt postmoderner Funktionalismuskritik lässt sich das Fehlen einer über den Entwurf und die Produktion hinausgehenden Reflexion gesellschaftspolitischer Produktions- und Machtverhältnisse in der funktionalistischen Doktrin benennen. Vor dem Hintergrund kritisch-marxistischer Theorien, welche die kapitalistischen Produktionsverhältnisse als Ausdruck hegemonialer Herrschafts- und Machtverhältnisse kritisieren, erhielt die Idee, die Form solle der Funktion folgen, eine problematische Sprengkraft. »Im Stande der Freiheit«, schreibt beispielsweise Theodor W. Adorno, »würden die Menschen sich nicht nach der Technik richten, die für sie da ist, sondern die Technik nach ihnen. In der gegenwärtigen Epoche jedoch sind die Menschen in die Technik eingegangen und, als hätten sie ihr besseres Teil an sie vererbt, gleich Hülsen hinter ihr zurückgeblieben.« (Adorno 1999: 209) Die Autoren der Frankfurter Schule problematisieren darüber hinaus den Umstand, dass mit dem Fortschreiten des kapitalistischen Produktionssystems im 20. Jahrhundert sämtliche kulturelle Produktion fast zwangsläufig einen warenförmigen Charakter angenommen habe. In der sogenannten ›Kulturindustrie‹ würden der ökonomische Waren- und Tauschwert eines Kulturproduktes und seine ästhetische Bedeutung unterschiedslos ineinander übergehen (Horkheimer/Adorno 2003: 128–176). Diese Problematik mag für das Design in besonderem Maß zutreffen, da das Berufsbild des Designers/der Designerin und ihre Berufspraxis in der Regel direkt an die industrielle Produktion und den Massenkonsum gebunden sind. Für Adorno, der 1965 in Berlin auf einer Tagung des Deutschen Werkbundes zum Thema Funktionalismus vortrug, kommt mit der Frage nach dem Funktionalismus ganz grundlegend die Frage »nach der Subordination unter die Nützlichkeit« ans Licht (Adorno 1999: 209).

Genau in diesem Sinne beklagten Kritiker des Funktionalismus auch dessen Tendenz zur Simplifizierung des Form-/Funktionsverhältnisses sowie eine technokratische Sichtweise auf funktionales Design und Architektur. Hartmut Seeger etwa glaubt, dass »die Faszination und die Tragik des Funktionalismus« in einer Überhöhung ingenieurwissenschaftlicher Konstruktionsprinzipien liegen dürfte (Seeger 1999: 217). Der Funktionalismus kranke, so lautet eine andere Kritik, »an formalen und mechanischen Simplifizierungen« und besonders daran, »dass er keine angemessene Reflexion auf Funktions- und Zweckzusammenhänge einschließt, auf die hin funktional zu produzieren und zu bauen wäre« (Wellmer 1999: 232). In der Nachkriegszeit bildeten die kriegszerstörten Städte Europas mit ihren hastig und in Anlehnung an den Stil der klassischen Moderne erbauten Wohnsiedlungen und Mietkasernen den Hintergrund und die Bühne für derartige Klagen. Serielle, standardisierte Wohngebäude, wie sie durch Le Corbusiers funktionalistische »Wohnmaschine« *par excellence* repräsentiert werden (siehe Le Corbusier 1930), standen nicht länger nur für gesellschaftlichen Fortschritt, sondern zunehmend auch für kulturelle Uniformierung, Verstädterung, soziale Isolation, für eine ›kalte‹, unmenschliche und totalitäre Stadtplanung schlechthin. »Was bei dieser Modernisierung weithin verloren ging«, stellt Albrecht Wellmer fest, »war die Stadt als öffentlicher Raum, als Durchdringung einer Mannigfaltigkeit von Funktionen und Kommunikationsformen«, »die Stadt im Sinne einer organisierten Komplexität« (Wellmer 1999: 233). Ähnlich argumentiert Jürgen Habermas, dass sich die Utopie einer vorgedachten Lebensform nicht einfach so mit Leben füllen lasse (Habermas 2010: 232):

»Und dies nicht nur wegen einer hoffnungslosen Unterschätzung der Vielfalt, Komplexität und Veränderlichkeit moderner Lebenswelten, sondern auch weil modernisierte Gesellschaften mit ihren Systemzusammenhängen über Dimensionen einer Lebenswelt, die der Planer mit seiner Phantasie ausmessen konnte, hinausreichen. Die heute sichtbar gewordenen Krisenerscheinungen der modernen Architektur gehen weniger auf eine Krise der Architektur zurück als vielmehr darauf, dass diese sich breitwillig hat überfordern lassen.« (Ebd.)

Am Konzept des Funktionalismus wurde schließlich kritisiert, dass die Gestaltung darin zu sehr rationalistischen Prinzipien von Konstruktion und Technik gefolgt sei und es zu wenig Raum für Emotionalität, Subjektivität und Irrationalität gegeben habe. »Der Preis, den der rationale Funktionalismus für seine zivilisatorisch-materiellen und ökonomischen Errungenschaften bezahlte«, so die Lesart Werner Nehls', »war die Ausschaltung der Humanität, mangelhafte Bildung der Massen und Neurosen, entstehend aus einer widernatürlichen Unterdrückung des Emotionalen.« (Nehls 1999: 215) Aus dieser Art von Kritik erwuchsen in der postmodernen Architektur und im Design zahlreiche Versuche, neuartige, an der Populärkultur orientierte narrative Formensprachen und Materialsemantiken zu kreieren. Charles Jencks, Architekturtheoretiker der Postmoderne, etwa bemerkte: »Die Postmoderne versucht, den Anspruch des Elitären zu überwinden, nicht durch die Aufgabe desselben, sondern durch Erweiterung der Sprache der Architektur in verschiedene Richtungen – zum Bodenständigen, zur Überlieferung und zum kommerziellen Jargon der Straße.« (Jencks 1977, zit. nach Welsch 2008: 19) Auch die notorische Formel ›form follows function‹ zirkulierte nun in immer neuen Varianten und wurde zu ›form follows emotion‹ oder ›form follows fun‹ modifiziert.

Als typische Beispiele für postmodernes Design gelten die Entwürfe der italienischen Gruppe *Memphis*, die sich in den 1980er Jahren um den Produktdesigner Ettore Sottsass bildete.

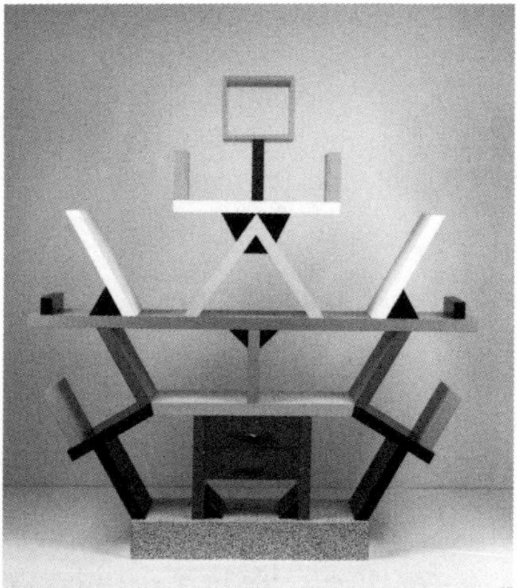

Abb. 4: Raumteiler Carlton von Ettore Sottsass/Memphis (1981)

Die Arbeiten von *Memphis* zeichnen sich durch unkonventionelle Materialsemantiken und Formensprachen sowie durch den Einsatz plakativer Farb- und Musterkombinationen aus (Abb. 4). Die Dimension der Zeichenhaftigkeit von Designartefakten wurde hier als wichtiges Leitkriterium für den Entwurf betont. Design sollte »niemals ›die Lösung‹ eines Problems sein«, vielmehr wollte *Memphis* »Strukturen und Bedingungen« lesbar machen und Designartefakte als »Zeichensystem einsetzen« (Radice 1988: 173). Ziel sei es gewesen, so Barbara Radice, »neue Erfahrungen und neue sprachliche Ausdrucksmöglichkeiten zu entwickeln« (ebd.: 174) und zu zeigen, »wie man mit industriellen Materialen und Produktionsmethoden individuelles, linguistisch anspruchsvolles Design realisieren und den Begriff ›funktional‹ neu auslegen kann« (ebd.: 173). Am Beispiel der Gruppe *Memphis* wird auch deutlich, wie sich Theorien des Designs sowie generell die Reflexion über Design im Medium eines *gestalteten Objekts* manifestieren können. Theorie und Praxis, Texte und Objekte werden hier als sich gegenseitig beeinflussende Elemente, als ein ineinander gewobener Diskurs les- und sichtbar.

## 3.7 Erweiterung des Funktionsbegriffs

In der Form eines erweiterten, semiotisch ausdifferenzierten Funktionsbegriffs, der auf die Kritik der 1960er Jahre reagiert, hat der Funktionalismus in einigen Designtheorien bis heute überdauert. Mit dem sogenannten Offenbacher Ansatz der Produktsprache haben Jochen Gros und mit ihm weitere Autoren aus dem Umfeld der Hochschule für Gestaltung Offenbach seit den 1970er Jahren an einem erweiterten Funktionsbegriff im Kontext einer Theorie der Produktsprache gearbeitet.[22] Ihr Ansatz konzentriert sich nicht mehr auf die praktischen, sondern auf die zeichenhaften Funktionen, auf die »*Zeichen in ihrer Wirkung* auf den Betrachter« (Gros, zit. nach Steffen 2000a: 11). Der Offenbacher Ansatz der Produktsprache versteht sich als Reaktion auf »das Leitbild des Funktionalismus, den sogenannten ›Stummen Diener‹«, in dem das Ideal eines ›zeitlosen‹ Designs sich nur auf der Basis einer »Verdrängung der Zeichen« habe realisieren können (Gros 2000: 12). Das Denkgebäude des Funktionalismus beruhe, so Jochen Gros' Kritik, »über das Ornamentverbot hinaus, auf der Negation zeichenhafter Funktionen« (ebd.).

Der Offenbacher Ansatz markiert einen Paradigmenwechsel innerhalb der Geschichte der Designtheorien der Nachkriegszeit und steht für eine Verschiebung des Interesses von der Funktionalität von Designartefakten zu ihrer Zeichenhaftigkeit und Bedeutungsdimension. Diesem Aspekt widmet sich das nachfol-

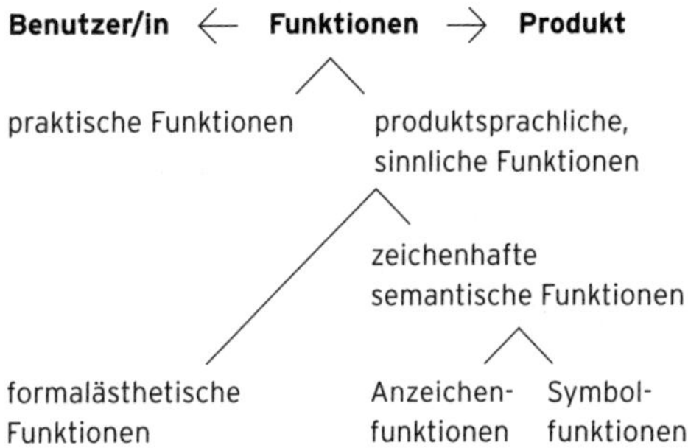


Abb. 5: Funktionen im Offenbacher Ansatz der Produktsprache

gende vierte Kapitel ausführlich, es wird an dieser Stelle jedoch bereits deutlich, wie sehr sich die beiden designtheoretischen Diskurse zu Funktionalität und Bedeutung überlappen, einander sogar bedingen. Das Erkenntnisinteresse des Offenbacher Ansatzes beschäftigt sich zwar immer noch mit dem Aspekt der Funktionalität, konzentriert sich jedoch nunmehr auf »diejenigen Produktfunktionen, die sich über die sinnliche Wahrnehmung entwickeln und auf Betrachter eine psychische Wirkung entfalten« (Steffen 2000b: 34). Begründet wird dieser Fokus von den Vertretern des Ansatzes nicht zuletzt mit der arbeitsteiligen Organisation und Ausdifferenzierung der Praxis des Produktdesigns: Während die Optimierung praktischer Produkteigenschaften in den Aufgabenbereich von Ingenieuren, Ergonomen, Programmierern oder Fertigungstechnikern falle, seien »die sinnlichen Produktfunktionen« hingegen »die eigentliche Domäne des Designs« (Gros 2000: 10). Aus heutiger Sicht mutet es jedoch wiederum seltsam an, dass nun ausgerechnet der zentrale Bereich der praktisch-technischen Funktionalität aus der Produktanalyse ausgeklammert wird.

Ohne hier auf die Details einzugehen, lassen sich die produktsprachlich-sinnlichen Funktionen, die für den Ansatz wesentlich sind, wie folgt darstellen (Abb. 5): Zunächst werden diese aufgeteilt in »formalästhetische[n] Funktionen« und »zeichenhafte[n]/semantische[n] Funktionen«, wobei die letztere Kategorie ihrerseits noch in »Anzeichenfunktionen« und »Symbolfunktionen« unterteilt wird (Steffen 2000: 34). *Formalästhetische Funktionen*, die auch als »›Grammatik‹ der Produktsprache« (ebd.: 62) bezeichnet werden, beziehen sich auf die »unabhängig von ihrer zeichenhaften Bedeutung« wahrnehmbaren Gestaltqualitäten von Produkten (ebd.: 34). Dazu gehören formale Qualitäten wie ›Ordnung‹ und ›Komplexität‹, ›Offenheit‹ und ›Geschlossenheit‹, ›Symmetrie‹ und ›Asymmetrie‹ (ebd.). Die Grundlagen für die Bestimmung solcher formalästhetischer Funktionen stammen aus der Wahrnehmungspsychologie, namentlich aus der Gestaltpsychologie, die sich gegen Ende des 19. Jahrhunderts formierte und sich an dem Nachweis versuchte, »dass unsere Wahrnehmung nicht alleine durch die Eigenschaften der wahrgenommenen Objekte bestimmt wird«, sondern »psychologischen Gesetzmäßigkeiten unterliegt«, die »überindividuell und unabhängig von Erfahrungseinflüssen« wirksam werden (ebd.: 94 f.). Diese Sichtweise ist heute, zumindest aus kulturwissenschaftlicher Sicht, umstritten, da sie gerade die individuellen Erwartungshaltungen und kulturspezifischen Erfahrungen vernachlässigt, die für die Wahrnehmung und Interpretation von Dingen als fundamental gelten.

Innerhalb der Kategorie der *zeichenhaft-semantischen* Funktionen werden »diejenigen Zeichen an einem Produkt« als *Anzeichen* verstanden, »die direkt und unmittelbar seine praktische Funktion wahrnehmbar und verständlich machen, während *Symbole* indirekt und mittelbar auf übergeordnete gesellschaftliche Kontexte verweisen« (ebd.: 62). Der Definition entsprechend besitzt etwa das leuchtende Lämpchen eines Gerätes eine Anzeichenfunktion, indem es über den Betriebszustand informiert. Es zeigt an, ob ein Bügeleisen für den Gebrauch bereit ist oder ein mobiles Telefon gerade aufgeladen wird. Symbolfunktionen hingegen »erklären nicht das Produkt und seine Handhabung, sondern verweisen auf die Vielfalt der Kontexte«, auf die »kulturellen, sozialen, technologischen, ökonomischen und ökologischen Bedeutungen und Vorstellungen, die mit Produkten verbunden werden« (ebd.: 82). Bei diesen Funktionen geht es um stilistische Präferenzen, aber auch um die soziale Zugehörigkeit zu gesellschaftlichen Gruppen, die eine Person zum Kauf einer bestimmten Automarke, eines bestimmten Turnschuhs oder eines bestimmten Sofas veranlassen. Die Beobachtung, dass Geschmack und ästhetische Vorliebe keine »Naturgabe«, sondern Ausdruck sozialer Differenzierung sind, machte auch der französische Soziologe Pierre Bourdieu in seiner wegweisenden Studie *Die feinen Unterschiede*, die Ende der 1970er Jahre erschien (Bourdieu 1982: 17). »Die sozialen Subjekte [...] unterscheiden sich voneinander durch die Unterschiede, die sie zwischen schön und hässlich, fein und vulgär machen«, so Bourdieu (ebd.: 25). In diesen geschmacklichen Unterschieden und Präferenzen, die sich im Hinblick auf Essen, Filme, Mode, Einrichtung oder Kunst manifestieren, zeigt oder besser verrät sich laut Bourdieu die soziale Position einer Person. Debatten zu Geschmack und Ästhetik würden sich gerade aus diesem Grund »so glänzend eignen zur Erfüllung einer gesellschaftlichen Funktion der Legitimierung sozialer Unterschiede« (ebd.: 27). Diese Sichtweise verdeutlicht, dass die Facetten und Aspekte dessen, was als ›funktional‹ gelten kann, den Bereich des Gebrauchs bei weitem übersteigen. Sie weist darauf hin, dass Designartefakte immer auch Träger und Vermittler von symbolischer Bedeutung sind und in diesem Sinne als Agenten der sozialen Unterscheidung und Identifikation fungieren.

Mit seinem ausdefinierten Ordnungsinstrumentarium bietet der Offenbacher Ansatz der Produktsprache eine solide Anleitung, um sich auf der Ebene von Zeichenhaftigkeit und sinnlicher Wahrnehmung der ›Sprache der Dinge‹ anzunähern. Vor allem die Ausdifferenzierung verschiedener Arten von Funktionalität kann für designtheoretische Überlegungen hilfreich sein. Zugleich bleibt die interkulturelle und individuelle Gültigkeit und Übertragbarkeit solcher semiotischer ›Leseübungen‹ allerdings recht begrenzt. So sind viele der verwendeten Kategorien und Qualitäten nur im Hinblick auf die westliche Gegenwartskultur nachvollziehbar, sie gelten jedoch nicht, oder nur sehr bedingt, für andere Kulturräume und historische Kontexte. Vor dem Hintergrund der in diesem Kapitel skizzierten Funktionalismus-Debatte ist zudem fraglich, inwiefern die Ausklammerung von praktischer Funktionalität sowie die Trennung von Technologie und ästhetischer Formgebung sinnvoll ist, will man das Design in seiner ganzen Komplexität begreifen: nicht nur als formalästhetisches, sondern als mehr denn je technisches Phänomen.

Womöglich war und ist die Funktionalismus-Debatte im 20. Jahrhundert gerade deswegen von einer solchen Virulenz und Sprengkraft gekennzeichnet und wurde von derart großen Hoffnungen und Enttäuschungen getragen, weil in ihr – über den (Um-)Weg der Ästhetik – die zutiefst ambivalente menschliche Beziehung zu Technik und die Skepsis gegenüber der »Existenzweise technischer Objekte« (Simondon 2012) zum Ausdruck kommt. Es ist lohnenswert, sich an dieser Stelle zu vergegenwärtigen, dass gerade die Technik konstitutiver Bereich kultureller und symbolischer Produktion ebenso wie Ausdruck von ästhetischen Präferenzen und gestalterischen Entscheidungen ist. Dies gilt umso mehr, wenn man sich heute die umfassende Durchdringung und den enormen Einfluss digitaler Technologien nicht nur auf das Design, sondern auf sämtliche Lebensbereiche vergegenwärtigt.[23] Der französische Technikphilosoph Gilbert Simondon plädiert deshalb für eine kulturelle Neubewertung von Technik: »Um der Kultur den wahrhaft umfassenden Charakter zurückzugeben, der ihr abhandengekommen ist, muss man in der Lage sein, das Bewusstsein von der Natur der Maschinen, das Bewusstsein ihrer wechselseitigen Beziehungen und ihre Beziehungen zum Menschen sowie der in diesen Beziehungen implizierten Werte wieder in sie einzuführen.« (Ebd.: 13) Technik bzw. die Dimension des Technischen stellt demnach nicht das ›Andere‹ der Kultur oder einen Randbereich des Designs dar, sondern ist in deren Mitte angesiedelt. Auf genau diesen Umstand weisen Designtheorien hin, die das Verhältnis von Form und Funktion auszuloten versuchen.

# 4. Zur Bedeutung gestalteter Dinge

## 4.1 Von der Funktion zur Bedeutung

Wie am Ende des letzten Kapitels dargelegt wurde, traten mit der Abkehr von der »funktionalistischen Doktrin« der Moderne zunehmend Überlegungen zur Bedeutung und Sinnhaftigkeit von Designartefakten auf den Plan. Das designtheoretische Interesse verschob sich seit den 1960er Jahren programmatisch *from function to meaning* (Bürdek 2008). Über Kategorien wie ›Funktionalität‹ oder ›Nützlichkeit‹ hinaus begannen sich Theorien des Designs verstärkt für soziokulturelle Prozesse der Bedeutungs- und Sinnerzeugung zu interessieren. Diese Prozesse betreffen weniger die Herstellungsperspektive, sondern vor allem die Nutzung und Rezeption von Designartefakten, ihre Rolle als Träger und Vermittler von Bedeutungen. »Kaum eine praktische Form, die nicht, neben ihrer Angemessenheit an den Gebrauch, auch Symbol wäre«, kommentiert Theodor W. Adorno diese Sichtweise auf Design (Adorno 1999: 202f.). Im Begriff ›Design‹ selbst ist diese Bedeutungsdimension schon angelegt: Seine Etymologie gehe, so schreibt Klaus Krippendorff, auf das lateinische *»de + signare«* zurück, was bedeutet, »einen Gegenstand herzustellen, ihn durch ein Zeichen zu unterscheiden, ihm Bedeutung zu verleihen und sein Verhältnis zu anderen Gegenständen, Besitzern und Benutzern festzulegen« (Krippendorff 1989: 9). Pointiert ausgedrückt: »design is making sense (of things)« (ebd.).

Sowohl in analytischer als auch in methodischer Hinsicht kann hier von einem Paradigmenwechsel im Feld der Designtheorien gesprochen werden, durch den sich das Interesse von Fragen der Funktionalität und Produktion zu Fragen der Rezeption und des Gebrauchs von Designartefakten verschiebt. Der Designer Bruce Archer spricht gar von einem Bruch »mit funktionalistischen Traditionen im Design« (Archer 2013: 14). Menschen reagierten »nicht auf die physikalischen Eigenschaften von Dingen« wie etwa »Form, Struktur oder Funktion«, so Archer, »sondern auf deren individuelle oder kulturelle Bedeutungen« (ebd.). (Tatsächlich aber ist davon auszugehen, dass sich dieser »Bruch« mit dem Funktionalismus nicht vollends realisierte, sondern dass funktionalistische Ideen ihn in revidierter Form überdauerten). Volker Fischer verweist überdies auf die Vielfältigkeit und Komplexität der Narrative und der symbolischen Bedeutungen, die Designartefakte, ja Objekte der materiellen Kultur überhaupt mit sich führen (Fischer 2000: 17). Diese erzählten, so Fischer, »induktive und deduktive, objektive und subjektive, funktionale und dysfunktionale, physische und psychische, rationale und emotionale, soziale und kulturelle, syntaktische und semantische, reale und fiktionale Geschichten« (ebd.). Ein Stuhl zum Beispiel dient demnach nicht nur zum Sitzen oder »als Kleiderständer oder Leiter«, vielmehr wird durch ihn eine Vielzahl symbolischer und semantischer Bedeutungen (re-)produziert (ebd.). Als Erbstück, Gegenstand der Erinnerung oder der sozialen Repräsentation kann er neue Lesarten eröffnen, die über den alltagspraktischen Gebrauch hinausgehen: Er kann »an bestimmte Lebenssituationen gemahnen«, »soziale Stellung, ästhetischen Wert« oder »ökonomischen Reichtum dokumentieren« (ebd.). Die Soziologin Sherry Turkle prägte für diesen Zusammenhang den Ausdruck

»evocative objects« (Turkle 2007). Er besagt, dass der menschliche Umgang mit Objekten wesentlich von Emotionen und subjektiven Empfindungen geprägt wird, die diese auslösen und aufrufen. Die Idee, dass der Umgang mit Objekten mehr sei »als ein bloßes Bedienen«, teilt auch der Technik- und Designsoziologe Lars Fers (2010: 200):

»Die bloßen Objekte, diese vermeintlichen Diener, haben eine eigene Wirkungsmacht. Im konkreten zeitlichen Ablauf zeigt sich, dass die Annahme eines denkend-rational handelnden Subjekts, welches einer von ihm getrennten empirischen Welt gegenübersteht und diese seinen Ideen, Absichten und Vorstellungen anpasst, dem Geschehen nicht angemessen ist. Denn der konkrete Umgang mit den Dingen ist voller Kontingenzen – so wie die Interaktion mit einem *alter ego* es auch wäre. Doch was ist die Sprache dieses anderen *ego*, das doch bloß ein Ding und kein selbstreflexiver Mensch ist?« (Ebd.)

Wenn materielle Dinge und Gebrauchsgegenstände tatsächlich – wenn auch im übertragenen Sinne – zu uns ›sprechen‹ und eigene Geschichten ›erzählen‹, stellen sich aus designtheoretischer Sicht einige Fragen: Welchen Regeln und Strukturen folgen diese Narrative? Welcher Codes, Zeichensysteme oder Medien bedienen sie sich? Von wem werden sie codiert und decodiert; von wem konstruiert und dekonstruiert? Und wie verhalten sie sich schließlich zur Struktur der Sprache oder zur Regelhaftigkeit des Sprechens? Nicht zuletzt stellt sich die Frage, wie sich Sprache – als gängigstes Medium der Analyse – selbst in die Deutung und Bedeutung von materiell-visueller Kultur einschreibt und welche Implikationen sich dadurch ergeben. Zu genau diesem Fragekomplex veröffentlichte der französische Medientheoretiker Jean Baudrillard 1968 das Buch *Das System der Dinge*.[24] Darin stellt er die Frage, wie sich das Analysemedium ›Sprache‹ zur

Bedeutungsdimension der materiellen Kultur verhält (Baudrillard 2007: 18). Baudrillards Überlegungen legen nahe, dass die Analyse einer ›Sprache der Dinge‹ sich zwar auf verbal-sprachliche Systeme gründen kann, dass damit aber die besonderen (haptischen, visuellen, räumlichen, akustischen) Eigenheiten von Dingen und materieller Kultur nicht abschließend erfasst werden können. Diese ›sprechen‹ gewissermaßen ihre eigene Sprache. Schon Walter Benjamin schrieb zu Beginn des 20. Jahrhunderts vor dem Hintergrund der aufkommenden Waren- und Konsumkultur von eigenständigen »Dingsprachen«, die sich nur schwer in die gesprochene Sprache übersetzen ließen: »Es gibt kein Geschehen oder Ding weder in der belebten noch in der unbelebten Natur, das nicht in gewisser Weise an der Sprache teilhätte«, so Benjamin (1991: 140 f.).

> »Es gibt eine Sprache der Plastik, der Malerei, der Poesie. So wie die Sprache der Poesie in der Namensprache des Menschen, wenn nicht allein, so doch jedenfalls mit fundiert ist, ebenso ist es sehr wohl denkbar, dass die Sprache der Plastik oder Malerei etwa in gewissen Arten von Dingsprachen fundiert sei [...]. Es handelt sich hier um namenlose, unakustische Sprachen, um Sprachen aus dem Material; dabei ist an die materiale Gemeinsamkeit der Dinge in ihrer Mitteilung zu denken.« (Ebd.: 156)

Benjamin nimmt mit dieser Spekulation über Artefakte und Dingsprachen eine Sichtweise vorweg, wie sie auch gegenwärtig in Theorien zur materiell-visuellen Kultur zu finden ist. Die Sichtweise nämlich, dass Artefakte wie Bilder, Kunstwerke, Gebäude oder Apparaturen eigene Formen der materiell-visuellen Kommunikation ausbilden und so menschliches Handeln beeinflussen (vgl. Kapitel 4.7). Besonders ausgeprägt ist diese Perspektive in der sogenannten Akteur-Netzwerk-Theorie, die davon ausgeht, dass menschliche und nicht-menschliche Akteure, wie »Maschinen, Tiere, Texte, Geld, Architekturen« (Law 2006: 432), gemeinsam interaktive Netzwerke ausbilden, in denen jenseits der gesprochenen Sprache (aber nicht unabhängig von ihr) Bedeutung und Wissen entsteht. Nichtsdestoweniger spielt in den Augen vieler Wissenschaftler/innen die Sprache bzw. sprachliche Vermittlung für unser Verständnis der Dinge eine zentrale Rolle. Menschliche Wahrnehmung sei »keine Darstellung von Objekten in einem kulturfreien Umfeld« oder »in abstrakten Begriffen«, argumentiert Klaus Krippendorff. Vielmehr seien das Begreifen von Dingen und das Sprechen über diese aufs Engste miteinander verwoben (Krippendorff 2013: 71). Die Vorstellung, dass Dinge oder Produkte ›sprechen‹, hält er für abwegig: »Produkte sprechen nicht, Menschen hingegen schon.« (Ebd.: 357)

Ungeachtet welcher dieser Positionen man nähersteht, gilt es hinsichtlich der Analyse materiell-visueller Kultur doch zu bedenken, dass sich hier verschiedenartige Zeichen- und Sprachsysteme überlagern und miteinander interferieren: Laute, Schriften, Gesten, Bilder, Materialien, Räume etc. Diese unterschiedlichen Systeme bilden komplexe, unabschließbare Prozesse der Bedeutungsproduktion (Semiose) heraus, aus denen Bedeutung als temporäres, veränderliches und oftmals uneindeutiges Konstrukt hervorgeht. Die Art und Weise, wie diese Prozesse vermittelt oder von wem sie interpretiert werden, ist zentral für die Entstehung von Bedeutung. Zudem kann materielle Kultur nicht auf ihre »Funktion als Bedeutungsträger« reduziert oder nur als »Verweis auf eine Werteinstellung oder einen Lebensstil« gesehen werden (Hahn/Eggert/Samida 2014: 8). Dinge sind vielmehr »Teil von komplexen Geschichten«, sie enthalten »verschiedene, zum Teil einander widersprechende Bedeutungen« und sind »ungeschützt gegen zufällige oder auch intendierte Missverständnisse« (ebd.). Diese mit der Bedeutungsproduktion verbundene Komplexität und Dynamik verunmöglichen es letztlich, ein materielles Objekt, ein Artefakt als fixierten, abgeschlossenen Zustand zu verstehen. Sie stehen vielmehr in konstanter Interaktion mit ihrer Umgebung, ihren Nutzungskontexten und Nutzern/Nutzerinnen sowie mit vergangenen, gegenwärtigen und zukünftigen Artefakten. Zu berücksichtigen sind mithin die sozialen, kulturellen, ökonomischen und ökologischen Kontexte, in die Artefakte und »Dingsprachen« eingebettet sind und die ihnen Bedeutung verleihen: »So wie Figuren nur vor einem Hintergrund erkennbar sind, sind die Bedeutungen von Artefakten nur in ihrem Kontext verständlich«, schreibt Krippendorff – und auch, dass Artefakte immer nur das bedeuten können, *»was ihr jeweiliger Kontext zulässt«* (Krippendorff 2013: 88 f.).

Aus designtheoretischer Sicht stellt sich hinsichtlich der Bedeutungsdimension von Designartefakten schließlich die Frage nach den Verhältnissen von Theorie und Praxis: Können designtheoretische Erkenntnisse, die aus dieser Frage resultieren, als Handlungsanleitung für die Entwurfspraxis dienen und in den Entwurf neuer Designartefakte einfließen? Und können umgekehrt Erkenntnisse, die aus den materiellen Entwurfs- und Fertigungsprozessen resultieren, die theoretischen Analysen zur Bedeutung von Designartefakten informieren? Alle bis hierhin skizzierten Frage- und Problemstellungen finden sich auch in Theorien des Designs wieder, die sich mit der Bedeutungsdimension von Designartefakten beschäftigen. Dazu gehören neben dem bereits im dritten Kapitel behandelten ›Offenbacher Ansatz‹ der Produktsprache namentlich der Ansatz der Produktsemantik und der Designrhetorik (auch visuell-verbale Rhetorik genannt). Sie werden im Anschluss an theoretisch-historische Erläuterungen weiter unten in diesem Kapitel behandelt (ab Kapitel 4.4). So unterschiedlich diese Ansätze im Detail auch sein mögen, gründen sie doch alle auf sprachbasierten Systemen wie der Semiotik, der Semantik oder der Rhetorik. Unter dem Begriff der ›semantischen Wende‹ skizziert Klaus Krippendorff darüber hinaus eine designtheoretische Programmatik, die sich von Ansätzen der semiotischen Produktsprache und Designrhetorik distanzieren will und eine umfassende analytisch-methodische Neuorientierung des Designs auf der Grundlage von Bedeutung (*meaning*) einfordert.

Mit der Wende hin zur Analyse und Praxis der Bedeutungskonstruktion soll sich die Zugänglichkeit von Designartefakten nicht erst im Gelingen von funktionalen Kriterien des Gebrauchs realisieren. Stattdessen sollen die Objekte ihre Bedeutung in individuellen Erfahrungs- und Gebrauchszusammenhängen und in der konkreten soziokulturellen Interaktion entfalten. Es bestehe kein Zweifel daran, schreibt Krippendorff, »dass Bedeutungen mehr zählen als die intendierten Funktionen« (ebd.: 77). Umgekehrt wird nach der semantischen Wende im Design von Designschaffenden ein Bewusstsein erwartet »für das Konstruieren und Rekonstruieren dauernd neu geschaffener Welten, deren einziger Zweck darin besteht, sinnvoll für deren Bewohner zu bleiben und ihnen einen vertrauten Umgang mit ihren Artefakten zu gewähren« (ebd.: 65f.). In der Ablehnung von funktionalistischen Idealen und über den Zugang des Konzepts der ›Bedeutung‹ entfalten sich für Krippendorff so Modell und Methodik eines den menschlichen Bedürfnissen angepassten *human-centered design*. Ob dieser vermeintlich so neue designtheoretische Fokus auf Bedeutung statt Funktion nicht selbst als ein revidierter Funktionalismus unter semiotisch-semantischen Vorzeichen zu lesen ist, sei allerdings dahingestellt.

## 4.2 Strukturalistische Einflüsse

Das eingangs beschriebene Interesse von Theorien des Designs an der Bedeutung und ›Sprache‹ von Designartefakten in der

Nachkriegszeit ist mehr als eine Revision des funktionalistischen Gedankenguts der Moderne. Es ist vielmehr Bestandteil einer umfassenden Systematisierung von Zeichensystemen, Diskursen und narrativen Strukturen der natürlichen und artifiziellen Welt im 20. Jahrhundert. Seit den 1950er Jahren hatten strukturalistische, später dann auch poststrukturalistische Theorien aus den Sprach- und Literaturwissenschaften, mit denen Kultur und Gesellschaft als Produkte von konventionalisierten Zeichenprozessen und kontextabhängigen »Sprachspielen« (Ludwig Wittgenstein) gedeutet wurden, Konjunktur. Insbesondere die aus der Linguistik stammende Semiotik (in der französischsprachigen Tradition ›Semiologie‹ genannt), die sich als »allgemeine Theorie der Zeichen, Zeichensysteme und Zeichenprozesse« (Schönrich 1999: 7) versteht, ist eng mit strukturalistischen Ideen und Traditionen verwoben (siehe Nöth 2000: 47). Mit der Semiotik rückte die Sprache als genuines Medium der Bedeutungsproduktion und -vermittlung ins Zentrum des geisteswissenschaftlichen Interesses.

Ohne hier die Semiotik auch nur in ihren Grundzügen beschreiben zu können,[25] sollen doch einige für unseren Zusammenhang relevanten Aspekte kurz benannt werden. Zunächst ist festzuhalten, dass das Interesse der Semiotik den Strukturen, Relationen und Konventionen aller (sprachlicher und außersprachlicher, natürlicher und künstlicher) Zeichensysteme und -prozesse gilt (Eco 1977: 37 ff.). Dazu zählen heterogene Dinge wie Schrift und Symbole, Begrüßungsrituale, Krankheitssymptome, Architekturstile, Klassenmerkmale, Duftspuren oder Rauchzeichen. Für den Zeichentheoretiker Umberto Eco ist die Semiotik »eine Disziplin, die die Zusammenhänge zwischen Kode und Botschaft und zwischen Zeichen und Diskurs untersucht« (ebd.: 23). Zeichen bilden die Basis aller menschlicher Kommunikation. Sie würden von der Gesellschaft benutzt, so Eco, »um zu kommunizieren, zu informieren, zu lügen, zu täuschen, zu beherrschen und zu befreien« (ebd.: 24).

Bezeichnend für strukturalistische Systeme wie die Semiotik ist die Idee, dass einzelne Objekte in Wechselwirkung mit übergeordneten, überindividuellen Strukturen stehen. Sie werden somit erst als Teil eines dynamischen Gesamtzusammenhangs und im Abgleich mit anderen Objekten sinnvoll lesbar. Den zugrunde liegenden Strukturen (von Gesellschaft, Kultur oder Sprache) wird im Strukturalismus überdies eine »Wesenhaftigkeit zugeschrieben, die dem Individuellen vorgegeben« zu sein scheint (Nünning 2004: 634). Als programmatisch gilt mithin die »Abstraktion vom Individuellen, Einmaligen und Kontingenten, das sich keiner Systematik fügt« (ebd.). Das bedeutet konkret, dass sich strukturalistische Theorien nicht für individuelle, einmalige historische Entwicklungen interessieren, sondern vielmehr für allgemeingültige, systematische und unbewusste Regelwerke. Anzumerken ist hierbei, dass genau diese verallgemeinernde, ahistorische Sichtweise des Strukturalismus, die den historischen Einzelfall vernachlässigt, bald schon durch die Strömung des Poststrukturalismus kritisiert und revidiert wurde. »Der Strukturalismus richtet seine analytische Aufmerksamkeit auf die Tiefenstrukturen der Kultur«, konstatiert Winfried Nöth (2000: 46). »Hinter der Fassade des Individuellen verbergen sich für den Strukturalisten kulturelle Tiefenstrukturen, die von den Konventionen und Kodes des Systems geprägt sind und die letztlich das semiotische Handeln des Individuums im Unterbewussten steuern.« (Ebd.) Laut Roland Barthes ist der Strukturalismus aber nicht nur als Theorie, sondern auch als Methode zu sehen, als »strukturalistische Tätigkeit«. Ihr Ziel liege darin, »ein Untersuchungsobjekt so zu rekonstruieren, dass die Regeln sichtbar werden, nach denen dieses Objekt funktioniert« (zit. nach Nöth 2000: 46). Mittels eines solchen strukturalistischen Zugriffs sol-

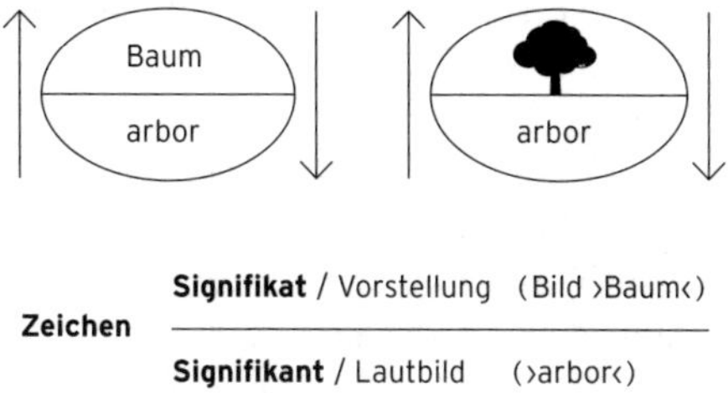


Abb. 6: Dyadisches Zeichenmodell von Ferdinand de Saussure

len »bestimmte Ausdrucksweisen menschlichen Denkens und Handelns als Manifestationen zugrunde liegender Strukturen« interpretiert werden (Münker/Roesler 2012: 28).

Als Begründer der strukturalistischen Semiotik, die Ende des 19. Jahrhunderts aufkam, gilt gemeinhin der Schweizer Sprachwissenschaftler Ferdinand de Saussure – wobei anzumerken ist, dass diese Engführung des Strukturalismus mit seinem Werk unlängst eine kritische Revision erfahren hat (siehe Jäger 2010: 12 ff.). Fast zeitgleich arbeitete auch der amerikanische Philosoph Charles Sanders Peirce an einer semiotischen Theorie, allerdings mit einem stärker philosophischen Schwerpunkt. Obwohl beide recht unterschiedliche Modelle der Zeichentheorie hervorbrachten, eint sie doch das Interesse an der Funktionsweise von Zeichensystemen und den Konventionen des Zeichengebrauchs. Im Zentrum aller Zeichentheorien steht der Begriff des ›Zeichens‹, das allerdings nicht als fixiertes Objekt, sondern als Resultat variabler mentaler und materieller Verknüpfungs- und Interpretationsprozesse zu denken ist. Saussure, dessen Werk in den 1950er und 1960er Jahren besonders französische Autoren wie Roland Barthes, Claude Lévi-Strauss oder Jacques Lacan nachhaltig beeinflusste, entwickelte dazu ein *dyadisches* Zeichenmodell, bei dem ein Zeichen »eine Vorstellung und ein Lautbild« umfasst (Saussure 1967: 77). In anderer Terminologie spricht er bei der »Vorstellung« auch vom Bezeichneten (*Signifikat*) und beim »Lautbild« vom Bezeichnenden (*Signifikant*). Vorstellung und Lautbild sind im Zeichen untrennbar miteinander verbunden (Abb. 6).

Zur Illustration dieser doppelten Konstruktion eines Zeichens zieht er die Metapher eines Papierblatts heran, wobei sich auf der einen Seite das Signifikat, auf der anderen der Signifikant befindet (ebd.: 134). Neben dem doppelseitigen Zeichenmodell prägte Saussure zudem die wegweisende Erkenntnis, dass es »keinerlei innere Beziehung« zwischen Signifikat und Signifikant gebe (ebd.: 79). Die Beziehung zwischen Bedeutung und Zeichen ist beliebig, zu einem gewissen Grad zufällig. »Im Zeichen verbindet das Signifikat sich aufgrund einer konventionshaften Entscheidung, also eines Kodes, mit dem Signifikanten«, schreibt Umberto Eco (Eco 1977: 170). Es ist also davon auszugehen, dass es »keinen außersprachlichen Grund gibt, der das Verhältnis von Signifikat und Signifikant bestimmen und so die Bedeutung eines Zeichens festlegen würde« (Münker/Roesler 2012: 4). Diese »wesentliche Beliebigkeit des Zeichens« bedeutet jedoch nicht, »dass die interne Beziehung von Signifikat und Signifikant gänzlich beliebig« wäre, vielmehr unterliegen Zeichenbeziehungen konventionellen Regeln oder einem Kode, der sie zusammenführt (ebd.: 3 f.). Durch Sprache und andere Zeichensysteme vermittelte Kommunikation entsteht folglich nicht auf ›natürliche‹ (und universelle) Weise, sondern erst durch die Etablierung sozialer und kultureller Konventionen, die – sofern sie einmal erlernt worden sind – Kommunikation ermöglichen und strukturieren. Dieses Phänomen kann besonders gut im Umgang mit fremden Kulturen beobachtet werden.

Charles Sanders Peirce entwickelte seinerseits ein *triadisches* Modell zur Bestimmung von Zeichenrelationen: »Anders als bei

Saussure, für den das Zeichen Element eines *Systems* ist, das sich durch seine bloße Opposition oder Differenz zu anderen Elementen des Zeichensystems konstituiert, ist das Zeichen bei Peirce als eine triadische Relation definiert, die einen dynamischen *Prozess* der Interpretation auslöst«, so Winfried Nöth (2000: 62). Damit seien für Peirce genau genommen nicht die Zeichen, sondern die Prozesse der *Semiose*, in denen etwas zum Zeichen wird oder als Zeichen fungiert, der eigentliche Untersuchungsgegenstand der Semiotik (ebd.). Gegen die Vorstellung, dass es sich bei Zeichen »um bestimmte Klassen von Objekten« handele, wandte sich auch der Semiotiker Charles W. Morris. Er betonte, dass jedes Objekt als ein Zeichen fungieren kann, sofern es in den Prozess der Semiose, der Bedeutungsproduktion eingebunden sei (ebd.: 133). Dazu Nöth: »Da letztlich alles zum Zeichen werden kann, d. h. als etwas betrachtet werden kann, das auf etwas anderes verweist, gibt es keinen ontologischen Unterschied zwischen zeichenhaften und nichtzeichenhaften Objekten, sondern nur den Unterschied zwischen Objekten, die aktuell (oder auch im allgemeinen) als Zeichen betrachtet werden, und solchen, die nicht als zeichenhaft rezipiert werden.« (Ebd.) Diese Einsicht leitet dazu über, dass Semioseprozesse in allen Bereichen des alltäglichen, kulturellen Lebens zu beobachten sind, jedoch nie abschließend und für alle eindeutig gedeutet werden können.

In den 1960er und 1970er Jahren untersuchten zahlreiche strukturalistisch-semiotisch fundierte Studien die Bedeutung von Objekten der Alltags- und Konsumkultur. Sie waren in den Literaturwissenschaften, der Philosophie, der Kultur- oder Architekturtheorie beheimatet. Der Strukturalismus, »vor allem in seiner französischen Prägung«, avancierte in den 1960er Jahren zu einem dominierenden Paradigma in den Geisteswissenschaften (ebd.: 45). Neben Objekten wie Werbung, Autos, Filmen, Kleidern oder Kunststoffmaterialien wurden auch die ›Lesbarkeit‹ und Zeichenhaftigkeit von komplexen materiellen Ensembles wie Wohnungseinrichtungen, Gebäudekomplexen oder ganzen Städten untersucht. In diesem Kontext sind im Besonderen die Analysen Roland Barthes' zur Konsumkultur hervorzuheben, Barthes hält dazu fest: »Ein Kleidungsstück, ein Auto, ein Fertiggericht, eine Geste, ein Film, ein Musikstück, ein Bild aus der Werbung, eine Wohnungseinrichtung, ein Zeitungstitel – offenbar lauter bunt zusammengewürfelte Gegenstände. Was können sie miteinander gemein haben? Zumindest dies: Sie alle sind Zeichen.« (Barthes 1988: 165) 1957 veröffentlichte Barthes unter dem französischen Titel *Mythologies* (deutsch: *Mythen des Alltags*) eine Reihe kurzer Essays über Objekte der Alltagskultur.[26] Den Begriff des ›Mythos‹ führte er in diesen Zusammenhang ein, um damit die vielschichtigen, meist impliziten Zeichenprozesse und Bedeutungszuschreibungen zu erfassen, die das Verständnis von materieller Kultur und Alltagskultur konstituieren. So schreibt er: »Was ist heute ein Mythos? [...] *Der Mythos ist eine Rede.*« (Barthes 2013: 251) Als besondere Eigenschaft von Mythen arbeitete er heraus, dass deren Verständnis oft auf ›Naturalisierungen‹ beruhe, also fälschlicherweise davon ausgegangen werde, die Dinge würden ›von Natur aus‹ schon etwas Bestimmtes bedeuten. Der Mythos werde »als Faktensystem gelesen, während er doch nur ein semiologisches System« sei, so Barthes (ebd.: 280). Genau diese naturalisierende Sichtweise steht jedoch in einem deutlichen Kontrast zu den Ansichten der Semiotik, die gerade nicht von einem ›natürlichen‹ Zusammenhang zwischen Zeichen und Bedeutung ausgeht, sondern die sozialen und kulturellen Konventionen des Zeichengebrauchs unterstreicht. Diese Erkenntnis ist für Theorien des Designs insofern relevant, als sie verdeutlicht, dass Designer/innen die Bedeutung von Zeichen

(-systemen) nur sehr begrenzt intentional gestalten und kontrollieren können.

## 4.3 Semiotik und Designtheorien um 1960

Ansätze aus Semiotik und Strukturalismus übten in der Nachkriegszeit auch auf den Bereich der Designtheorien eine starke Anziehungskraft aus. Sie wurden verwendet, um die Bedeutungsdimension von Designartefakten systematisch zu erschließen. Im deutschsprachigen Raum versuchte namentlich die Hochschule für Gestaltung (HfG) Ulm semiotisch-strukturalistische Ansätze für die Designausbildung fruchtbar zu machen. Viele der bis heute gebräuchlichen semiotisch fundierten Ansätze wie die Produktsprache, Produktsemantik oder Designrhetorik haben ihre Wurzeln in der Beschäftigung der HfG Ulm mit semiotisch-strukturalistischen Ansätzen und Methoden. Neben der Semiotik wurden im Designunterricht auch Kybernetik, Informationstheorie, Kombinatorik, Topologie, Entscheidungstheorie oder Ergonomie behandelt. In ihrem für die Designtheorie wegweisenden Text *Wissenschaft und Gestaltung* von 1964 konstatieren Tomás Maldonado und Gui Bonsiepe: »Den Ruf, die Hochburg der Methodolatrie zu sein, hat die HfG wahrlich verdient. Ein wichtiges Merkmal ihres Programms äußert sich in dem Nachdruck, der auf die Verwertung wissenschaftlicher Kenntnisse und Verfahren bei der Entwurfsarbeit gelegt wird.« (Maldonado/Bonsiepe 1964: 5) Auch international betrachtet, wurde die Designausbildung um 1960 von einem ausgeprägten Interesse an der Systematisierung von Entwurfsmethoden angeleitet (vgl. Kapitel 5.3). Obwohl die erhoffte Verwissenschaftlichung des Designs schon damals umstritten war, hat diese Phase doch die

Methoden und Theorien des Designs bis heute nachhaltig beeinflusst.

1957 wurde die Semiotik von Tomás Maldonado, dem damaligen Rektor der HfG, »offiziell in den Lehrplan eingefügt« (Krippendorff 2013: 372). Bereits zuvor war sie Gegenstand von Vorlesungen des Physikers und Philosophen Max Bense geworden. Bense versuchte, die von ihm begründete mathematisch-technische ›Informationsästhetik‹ durch den Einbezug von Semiotik und mit Blick auf die Zeichenhaftigkeit ästhetischer Zustände zu erweitern: »Die *Informationsästhetik*, die mit semiotischen und mathematischen Mitteln arbeitet, kennzeichnet die *ästhetischen Zustände*, die an Naturgegenständen, künstlerischen Objekten, Kunstwerken oder Design beobachtbar sind, durch Zahlenwerte und Zeichenklassen«, so Bense (1997: 257). Zeitgleich legte auch der Ingenieur und Akustiker Abraham Moles die Grundlagen zu einer semiotisch-mathematisch fundierten Informationsästhetik vor (Moles 1958). Beide Autoren nahmen Bezug auf Vorarbeiten des amerikanischen Mathematikers George David Birkhoff, der in den 1930er Jahren subjektive ästhetische Urteile mathematisch zu berechnen und dadurch zu objektivieren versuchte (Birkhoff 1933). Nach dem Zweiten Weltkrieg wurde der Birkhoff'sche Ansatz nunmehr durch Bense und Moles erweitert. Hinzu kamen mathematische Kommunikationstheorie aus der Nachrichtentechnik (Claude Shannon), der Kybernetik (Norbert Wiener) und eben der Semiotik. Anders als im Ansatz von Birkhoff sollte die Informationsästhetik nicht mehr *individuelles* ästhetisches Urteilen und Empfinden, sondern *transindividuelle* ästhetische Zustände berechenbar machen, das heißt »eine objektive Beschreibung der an künstlerischen Objekten sichtbarlich realisierten ästhetischen Zustände« geben (Bense 1997: 257). Bense hält in diesem Zusammenhang fest: »Wir sprechen von moderner Ästhetik, sofern sie mathematische und empirische Verfahrensweisen benutzt, sich abstrakter Vorstellungen und Modelle bedient und neben den numerisch-deskriptiven auch technologische Ziele verfolgt.« (Bense 2004: 209)

Sowohl Bense als auch Moles versuchten, mittels der Informationsästhetik das Sprechen über Kunst und Design zu formalisieren und ihm dadurch zu mehr Objektivität zu verhelfen. Dieses Bestreben hatte aber durchaus einen normativen Beigeschmack, da es sich gegen bestimmte künstlerische Leitbilder in der Gestaltungsausbildung wandte. Erklärtes Ziel von Max Bense war es, durch die Anwendung einer exakten, empirisch begründeten Theorie ästhetischer Zustände das »spekulative Kunstgeschwätz« und den »pädagogischen Irrationalismus« in der Gestaltungsausbildung »zum Verschwinden zu bringen« (Bense 1997: 258). Für den Semiotiker Bense spielte dabei besonders die *sprachliche* Konkretisierung und Vermittlung von Bedeutung eine zentrale Rolle. »Kein Welt-Bewusstsein-Verhältnis« konnte sich seiner Überzeugung nach *unmittelbar* realisieren, vielmehr wurde Bedeutung medial vermittelt, vorzugsweise durch Sprache (ebd.: 260). Auch im Hinblick auf die Gestaltungsausbildung ging es ihm um die Beförderung eines Sprachbewusstseins und einer besonderen Sprachfähigkeit.

Mit der Betonung der konstitutiven medialen Funktion von Sprache ist Bense freilich nicht allein, sie ist vielmehr bezeichnend für geistes- und sozialwissenschaftliche Positionen der 1960er Jahre. Richard Rorty prägte 1967 für ebendiese »Hinwendung zur Sprache als dem grundlegenden Erklärungsmodell« (Münker/Roesler 2012: 28) von sozialer und kultureller Bedeutung den Ausdruck des *linguistic turn* (Rorty 1967). Diesem liegt die These zugrunde, dass die Struktur der Sprache »der individuellen Praxis der Sinnstiftung und Bedeutungszuschreibung immer schon vorgängig« sei – was ›Sinn‹ letztlich zu einem »Effekt der Struktur« macht (Münker/Roesler 2012: 29).

Unter dem Einfluss semiotisch-strukturalistischer Annahmen rückten auch im Bereich Designtheorien den Designartefakten übergeordnete Strukturen, Kontexte und Rahmenbedingen ins Zentrum der Überlegungen. Bernhard Bürdek etwa führt aus, dass Kontexte »eben nicht auf die Fragen der Funktion der Gegenstände bezogen« seien, »sondern vielmehr auf soziale, psychologische, ökonomische, ökologische Rahmenbedingungen, die das Design zunehmend beeinflussen« (Bürdek 2013: 18). Durch eine solche Sichtweise wurden Designartefakte nicht mehr ›statisch‹ innerhalb bestimmter Kontexte verortet, sondern konnten als Teile von wechselwirksamen Gefügen und Systemen adressiert werden – etwa als Teil von Konsumkulturen oder ökologischen Kreisläufen. Die Abwendung von funktionalistischen Denkweisen der Moderne realisierte sich aus designtheoretischer Sicht also durch die Bezugnahme auf übergeordnete sinnstiftende Kontexte und Strukturen. Nichtsdestoweniger schwingt auch in diesem semiotischen Zugang zu Designartefakten *innerhalb* von übergeordneten Strukturen und Kontexten immer noch ein funktionalistisches Motiv mit: nämlich die Frage nach der Funktion des Einzelnen im Gesamtzusammenhang und umgekehrt nach der Funktion des Ganzen für das einzelne Artefakt.

Genau diese Frage, die – als Kritik gewendet – auf die Dekonstruktion von Strukturen und Systemgrenzen abzielt, war ein Gegenstand der poststrukturalistischen Kritik am Strukturalismus, die Ende der 1960er Jahre einsetzte. Strukturalistische Theorien wurden zu dieser Zeit auf so vielfältige Weise durch poststrukturalistische Theorien erweitert, problematisiert und revidiert, dass hier von *einem* einheitlichen Ansatz nicht die Rede sein kann. Obwohl Strukturalismus und Poststrukturalismus das Interesse an sprachlichen Strukturen teilten, standen das veränderungsresistente Geschichtsbild, dem der klassische Strukturalismus folgte, sowie seine persistente Fokussierung auf Sprache in der Kritik: »Die unhintergehbaren sprachlichen Strukturen gelten den Poststrukturalisten [...] nicht nur, wie bereits den Strukturalisten, als jedem individuellen Akt der Sinnstiftung immer schon *praktisch vorgängig*«, sondern auch »als *theoretisch uneinholbar* in dem Sinne, dass wir sie nie eindeutig und vollständig beschreiben können« (Münker/Roesler 2012: 32). Das strukturalistische Projekt gilt heute für viele als gescheitert, da »eine wissenschaftliche Beschreibung aller verschiedenen Bereiche der kulturellen Lebenswelt mit den Mitteln der linguistischen Theorie unmöglich geworden« sei (ebd.). »Struktur im Poststrukturalismus« wurde stattdessen aufgefasst als »offen, unkontrollierbar, immer in Bewegung«, als »ein Spiel der Differenzen, in dem in einer endlosen Kette von Signifikanten ein Zeichen auf ein anderes verweist« (ebd.). Der Philosoph Jean-François Lyotard diagnostizierte in diesem Zusammenhang einen Verlust der tradierten »Metaerzählungen« mit universellem Wahrheitsanspruch (wie etwa die Religion oder die Wissenschaften). Abgelöst würden diese einst sinnstiftenden Erzählungen durch eine Vielzahl heterogener, einander widersprechender und überlagernder Narrative und Bedeutungssplitter (Lyotard 1979). Anders formuliert, verfestigt sich mit dem Poststrukturalismus die paradoxe Erkenntnis, dass abschließende Erkenntnisse nicht möglich und Bedeutungen letztlich immer kontingent und flüchtig sind.

Mit dem Modell des *linguistic turn*, von dem oben die Rede war, wurde im Poststrukturalismus also eine kritische Selbstreflexion der Wissenschaften gegenüber der dominanten Rolle von Sprache bzw. Sprachanalyse initiiert (vgl. Kapitel 4.7). Zugleich wurde auch die Interpretationshoheit des individuellen Subjekts infrage gestellt. Was Poststrukturalisten (ähnlich wie Strukturalisten) interessierte, war die Macht von überindividuellen historischen Entwicklungen, die den Individuen vorausgehen, sie konstituieren, sich ihnen aber, da sie Teil jener Prozesse sind, auch entziehen. Interessant für den vorliegenden Zusammenhang ist, dass sich solche historischen Entwicklungen nicht allein durch *sprachliche* Diskurse formieren und stabilisieren, sondern ebenso durch Praktiken, Techniken, materielle, visuelle oder räumliche Ordnungen. Gemäß Michel Foucault, einem der wichtigsten poststrukturalistischen Denker, sind solche *Dispositive*, wie er sie nennt, als ein »heterogenes Ensemble« zu verstehen, das »Gesagtes ebensowohl wie Ungesagtes umfasst«. Dazu gehören »Diskurse, Institutionen, architekturale Einrichtungen, reglementierende Entscheidungen, Gesetze, administrative Maßnahmen, wissenschaftliche Aussagen, philosophische, moralische oder philanthropische Lehrsätze« (Foucault 1978: 119 f.). Der wohl wichtigste Effekt von Dispositiven besteht darin, dass sie spezifische Macht-/Wissensverhältnisse herausbilden und ein Wissen erzeugen, das Menschen dazu bringt, auf eine bestimmte Weise zu denken und zu agieren.

## 4.4 Produktsemantik und semantische Wende

Ansätze wie der des Strukturalismus bzw. der Semiotik waren zweifellos prägend für die Entwicklung postmoderner Designtheorien und ihrer Interessenverschiebung *from function to meaning*. Vielen gilt die Semiotik bis heute als wichtigstes designtheoretisches Instrumentarium. Weniger nachhaltig etabliert haben sich hingegen andere Erkenntnisse und Kritikpunkte des Poststrukturalismus. Während poststrukturalistische Ansätze radikale Kritik an Theorien üben, die einen allgemeinen Wahrheitsanspruch reklamieren, finden sich gerade im Bereich der Designtheorien immer noch zahlreiche Ansätze, die nach dem universellen ›Wesen‹ von Design, nach dem ›Kern‹ der Entwurfstätigkeit oder nach allgemeingültigen Entwurfsmodellen suchen.

Nichtsdestoweniger ist in vielen semiotisch fundierten Theorien des Designs aber auch der Versuch zu beobachten, den als zu starr empfundenen Formalismus der Semiotik aufzubrechen. Solche Ansätze wollen zum Beispiel das eingeschränkte Verständnis der Semiotik für nicht-intendierte Interpretationsprozesse korrigieren oder sie um die Ebene der Bedeutung, der *Semantik*, erweitern. Im Unterschied zur Semiotik, die sich definitionsgemäß für die Funktion und Struktur von Zeichensystemen zuständig sieht, beschäftigt sich die Semantik definitionsgemäß »mit der Bedeutung von sprachlichen Gebilden wie Wörtern, Phrasen, grammatischen Formen und Sätzen, nicht aber mit der Bedeutung von Handlungen und Phänomenen allgemein« (Löbner 2003: 3). Diese Definition besagt jedoch nicht, dass die Kontexte und Praktiken der Bedeutungsgenerierung in der Semantik unberücksichtigt bleiben müssten. Vielmehr könne man, so erläutert der Sprachwissenschaftler Sebastian Löbner, die Bedeutung von Wörtern und Sätzen nicht unabhängig davon untersuchen, wie sie im konkreten Sprachgebrauch (also durch Sprechen, Schreiben, Gebärden etc.) gebraucht werden (ebd.).

Mit Blick auf designtheoretische Fragestellungen beschränkt sich die Semantik nicht nur auf die Erzeugung von Bedeutung im Sprachgebrauch. Vielmehr reflektiert sie auch die Art und Weise, wie Designartefakte in der Nutzung und Interaktion Bedeutung generieren bzw. erhalten, und identifiziert das methodische Desiderat, Designer/innen mögen diese Bedeutungsebene bereits in ihren Entwürfen und Produkten berücksichtigen. Für Designtheorien, die traditionell ein ausgeprägtes Interesse am Wissenstransfer in die Praxis haben, stellt sich dabei besonders die Frage nach den Konsequenzen semantischer Konzepte für die Entwurfspraxis. Wie kann das Wissen über den Einfluss von Sprache nicht nur die theoretische Analyse von Designartefakten beeinflussen, sondern auch das konkrete gestalterische Handeln und die Designmethoden verändern? Diesem Fragekomplex widmen sich vornehmlich Klaus Krippendorffs Arbeiten zur Produktsemantik und zur semantischen Wende, die zu den umfassendsten dieser Art in der Designtheorie gehören. Aus diesem Grund werden sie im Folgenden ausführlicher behandelt, womit allerdings nicht gesagt werden soll, dass seine Ausführungen besonders konsistent oder thematisch ähnlichen Ansätzen aus den Sprach-, Kommunikations- oder Medienwissenschaften überlegen wären.

Der Design- und Kommunikationswissenschaftler Klaus Krippendorff, Absolvent der HfG Ulm und späterer Professor für Kybernetik, Sprache und Kultur an der University of Pennsylvania, prägte für die gesteigerte Aufmerksamkeit gegenüber den bedeutungsstiftenden Kontexten im Design den Ausdruck ›semantische Wende‹ (*semantic turn*). Im Jahr 2006 erschien seine gleichnamige Publikation *The Semantic Turn* in englischer Erstausgabe. Sie ist als Resultat von Krippendorffs anhaltender Beschäftigung mit Fragen der sprachlichen Bedeutungsproduktion im Design seit den 1960er Jahren zu sehen.[27] Ab den 1980er Jahren arbeitete er gemeinsam mit dem Produktdesigner Reinhart Butter den Ansatz der ›Produktsemantik‹ weiter aus, der eine wichtige Basis für Krippendorffs spätere Arbeiten zur semantischen Wende darstellt. Produktsemantik wird von Krippendorff und Butter wie folgt definiert:

– »Erstens als systematische Untersuchung der Frage, wie und unter welchen Umständen Gegenstände Bedeutung erwerben und deren Benutzer dementsprechend mit ihnen umgehen.
– Zweitens als Vokabular, Denkfiguren und Methoden, mit deren Hilfe sich Produkte gestalten lassen, im Bewusstsein von den Bedeutungen, die ihre Benutzer entweder für sie bereithalten oder im Umgang mit ihnen leicht erwerben können.« (Krippendorff 2013: 24)

Anders als herkömmliche semiotische Ansätze, deren Schwerpunkt auf der *Analyse* von Zeichensystemen liegt, möchte die Produktsemantik die Entwurfs- und Herstellungs*praxis* von Artefakten verändern. Sie geht somit über die Ebene der Analyse hinaus und versucht, Analyse und Synthese im Hinblick auf die Erzeugung von Bedeutung zusammenzuführen. Produktsemantik solle, so sehen es Krippendorff und Butter, »kein rein wissenschaftlich-deskriptives Unterfangen sein, sondern nützliche Begrifflichkeiten für Designer, also ein Vokabular, zur Verfügung stellen, das ihnen erlaubt, auf konstruktive Weise in Prozesse der Bedeutungserwerbung einzugreifen« (ebd. 25).

1989 erschien ein von Krippendorff und Butter herausgegebenes Themenheft der Zeitschrift *Design Issues* (5/2), das unterschiedliche Positionen zum Thema ›Produktsemantik‹ versammelte. Dazu zählen Texte zu Industrie- und Grafikdesign, Architektur, visueller Rhetorik, Kognitionswissenschaften, Marktforschung und Kulturanalyse. Bemerkenswert ist, dass neben der gewohnten westlichen Sicht auf das Thema auch Beiträge aus östlichen Kulturen zu finden sind. Diese weiten die Frage nach der Bedeutung von Artefakten auf die Analyse transkultureller Symbolproduktion und materieller Kultur aus. Der Beitrag von S. Balaram diskutiert zum Beispiel, wie sich Symbole und visuelle Metaphern der indischen Mythologie in zeitgenössische politische Diskurse des Landes, aber auch in die Gestaltung und Produktion von Alltagsobjekten einschreiben (Balaram 1989). Der Aufsatz von Martin Krampen hingegen, um ein anderes Beispiel zu nennen, untersucht Gemeinsamkeiten und Unterschiede in der Semantik von (westlicher) Architektur und Industriedesign (Krampen 1989). Krampens Ansatz ist es, Bedeutung nicht nur im Sinne von sprachlich-verbaler Bedeutung zu verstehen, sondern die gesamte von Menschen erzeugte artifizielle Umwelt als Träger von Bedeutung zu sehen. Dabei legt er besonderes Augenmerk auf die menschliche Interaktion mit architektonischen Gebäuden und Designprodukten. Gebäude und Produkte stünden den Menschen nicht als veräußerlichte, objektivierte Gegenstände gegenüber, sondern müssten als Bestandteil einer sinnstiftenden ›ökologischen Semiotik‹ verstanden werden:

»In der Tat könnte sich die Bedeutung von verbalen und anderen Zeichen der Kommunikation lediglich als Unterklasse jener Bedeutung erweisen, die menschliche Instrumente im Allgemeinen tragen, und zwar als Unterklasse der Instrumente, die der Kommunikation dienen. Um ihre Bedeutung zu untersuchen, greife ich aus der gesamten Ökologie menschlicher Instrumente diejenigen heraus, die mit Begriffen wie ›Gebäude‹ oder ›Artefakt‹ bezeichnet werden. Ich nenne diesen Ansatz ›ökologische Semiotik‹. Eine solche ökologische Sicht spiegelt die gegenseitige Beziehung zwischen Menschen und ihren gebauten und artifiziellen Umgebungen angemessener wider als die Betrachtung von Gebäuden und gestalteten Dingen als abstrakte, von unseren Körpern losgelöste Gegenstände.«[28] (Ebd.: 124)

Krippendorff entwickelte in seinem eigenen Text für die *Design Issues* eine konzeptuelle Rahmung für die Produktsemantik, die in seine späteren Überlegungen zur semantischen Wende miteinfließt. Er argumentiert, dass die Bedeutungsgenerierung im Umgang mit Designartefakten nicht kontextfrei vonstatten gehe, vielmehr gelte es, die unterschiedlichen Kontexte und Situationen zu berücksichtigen, in denen Menschen mit Designobjekten in Berührung kommen (Krippendorff 1989). Bedeutung ist mithin als eine »kognitiv konstruierte Beziehung« zu verstehen: »Sie verbindet auf selektive Weise die Beschaffenheit eines Artefakts und seiner (realen oder imaginierten) Umgebung zu einer kohärenten Einheit.« (Ebd.: 12) Die Idee, dass Bedeutung von Kontexten abhängt und Objekte immer in Kontexten existieren, ist zentral für Krippendorffs Denken (ebd.). Zu präzisieren ist hierbei, dass diese Kontexte nicht ›von Natur aus‹ vorgegeben oder universeller Art sind, sondern dass sie von den Individuen in der Interaktion mit Artefakten kognitiv hergestellt und laufend transformiert werden.

Konkret unterscheidet Krippendorff in diesem Zusammenhang zwischen einem »operativen Kontext«, in dem Menschen mit Artefakten interagieren, und einem »soziolinguistischen Kontext«, in dem Menschen über bestimmte Artefakte, ihre Nutzung und Nutzer/innen kommunizieren und dabei die Realität dieser Artefakte mitkonstituieren (ebd.: 16). Im Weiteren führt er einen »Kontext der Entstehung« an, in dem Individuen Artefakte gestalten, produzieren, distribuieren und konsumieren und sich so an der technischen Organisation von materieller Kultur und »Entropie« beteiligen (ebd.). Schließlich benennt Krippendorff einen »ökologischen Kontext«, in dem ganze ›Populationen‹ von Artefakten mit- und untereinander kommunizieren und auf diese Weise selbständig (»autopoietisch«) an der Produktion von Kultur und Technologie teilhaben (ebd.). In allen diesen unterschiedlichen Kontexten agieren Designartefakte (aber auch andere natürliche oder künstliche Artefakte) als *transitorische* Objekte. Das heißt, je nach Kontext und Situation, aber auch im Vergleich mit anderen existierenden oder zukünftigen Artefakten können sie unterschiedliche Bedeutungen und Funktionen erhalten: »Einerseits sind sie Resultate eines Prozesses, für andere Prozesse hingegen stellen sie einen Input dar, indem sie auf semantischer Ebene ihre eigene Geschichte in die Zukunft hineintragen.« (Ebd.: 29) Die Bedeutung von Objekten ist demnach ständig in Austausch und Bewegung: »Eine Form zu verändern könnte enorme Konsequenzen für andere Formen haben.« (Ebd.: 37)

Neben den skizzierten Kontexten arbeitet Krippendorff noch weitere »semantische Dimensionen« heraus, die er im Hinblick auf die operative Bedeutung von Designartefakten für entscheidend hält. Dazu gehören: Identitäten, Qualitäten, Orientierungen, Einsatzorte, Affordanz (Angebots- bzw. Aufforderungscharakter von Objekten), Beschaffenheiten, Dispositionen, Logiken, Motivationen und Redundanzen (ebd.: 16 f.). Bei der Affordanz etwa, ein Konzept das der Psychologe James Gibson in den 1970er Jahren entwickelte (Gibson 1979), geht es darum, dass Designartefakte mit ihrer Form, Ästhetik und Materialität von sich aus bestimmte Angebote für ihre Nutzung und die Interaktion mit ihnen machen (Krippendorff 1989: 19). Krippendorff kritisiert in diesem Zusammenhang, dass der Angebotscharakter, der von Designartefakten ausgehe, nicht immer mit ihren realen Nutzungsmöglichkeiten übereinstimme (ebd.: 20). Diese suggerierten auf formal-ästhetischer Ebene Möglichkeiten der Interaktion oder des Gebrauchs, die *de facto* gar nicht möglich seien. Aus diesem Widerspruch folgert er ein methodisches Desiderat für das Design: Das Wissen um die Diskrepanz zwischen intendierter Nutzung und tatsächlichen, auch nicht-intendierten Nutzungsmöglichkeiten sollte in die Entwurfsprozesse zurückwirken und dort berücksichtigt werden.

Ohne auf die anderen semantischen Dimensionen hier weiter eingehen zu können, wird doch ersichtlich, dass der Begriff des *sense making* im Design bei Krippendorff in ein sehr weites, über die Semiotik hinausgehendes theoretisch-analytisches Bezugsfeld eingebettet ist und sich auf eine Vielzahl von Theorien und Modellen aus der Psychologie, den Kognitions- und Sprachwissenschaften bezieht. Was Krippendorffs Überlegungen zu Kontexten, Systemen und Ökologien von Artefakten betrifft, so spielen besonders auch Modelle aus der Kybernetik und der Systemtheorie hinein. Aus sozial- und kulturwissenschaftlicher Sicht macht er zudem auch auf die herausragende Rolle aufmerksam, die Designartefakte in der Etablierung von sozialen Beziehungen, im Austausch von kulturellem Wissen sowie in der Ausbildung von Identität einnehmen. Die vielfältigen Aspekte, die Krippendorff in seinem Ansatz der Produktsemantik umreißt (und oft nur abstrakt ausführt), verdeutlichen, dass sich die Frage nach der Bedeutungsgenerierung im Design nicht auf die Betrachtung von Ästhetik oder Funktionalität beschränken lässt. Vielmehr müssen Artefakte in soziokulturellen, technologischen und politischen Belangen als zugleich kontextabhängige und -verändernde Akteure verstanden werden. Dies impliziert eine neuartige Sichtweise nicht nur auf die Objekte, sondern auch auf die Subjekte des Designs: Neben Designschaffenden werden nun nämlich weitere Stakeholder sichtbar, die im gesellschaftlichen Kontext an Designprozessen partizipieren – ohne dass sie dabei auf die übliche Rolle als ›Konsumenten‹ oder ›Benutzer‹ reduziert werden können. Der »Begriff *des* durchschnittlichen Benutzers« wird, so Krippendorffs Vorschlag, ersetzt durch »*Netzwerke von Stakeholdern*« (Krippendorff 2013: 94).

Die Produktsemantik, die hier ansatzweise skizziert wurde, leitete die Wende von einer *Semiotik* zu einer *Semantik* des Designs ein, von einer Analyse der Zeichenrelationen zu einer Analyse der Bedeutungsgenerierung. Gut zwanzig Jahre, nachdem die Produktsemantik in den 1980er Jahren Konjunktur hatte, legte Krippendorff 2006 mit dem Buch *The Semantic Turn* eine erweiterte Programmatik zur Bedeutungsgenerierung im Design vor. Er selbst spricht gar von einer »neuen Grundlage für das Design«[29]. Vor dem Hintergrund des *semantic turn*, der sich begrifflich an den *linguistic turn* anlehnt, wird die zentrale Rolle der Sprache bei der Genese von Bedeutung, aber auch die Rolle des rekursiven Verstehens betont. Im Prozess des Gestaltens werde die Rolle der Sprache allzu leicht übersehen, konstatiert Krippendorff (ebd.: 190):

»Es ist unzweifelbar: *Das Schicksal der Artefakte entscheidet sich in der Sprache.* Eine Theorie der Bedeutung von Artefakten in der Sprache befasst sich unter anderem mit der Frage, wie Artefakte in Gesprächen überleben oder aus ihnen entstehen – aus Geschichten (Narrativen), die sich ihre Stakeholder, einschließlich der Designer, gegenseitig erzählen und in die Tat umsetzen. Sprache macht Artefakte möglich, verleiht ihnen Bedeutungen oder verhindert den Zugang zu ihnen.« (Ebd.: 191)

In der Programmatik der semantischen Wende soll Design »Wahrnehmungsangebote schaffen und bereitstellen«, »Bedeutungshorizonte eröffnen« und »Sinnproduktion ermöglichen« (Bürdek 2013: 15). Es soll aus dem begrenzten Kontext der kommerziellen Warenproduktion herausgelöst und in seiner ganzen kulturellen Komplexität entfaltet werden.

Einige der in dem Buch behandelten Ansätze, darunter die unterschiedlichen Kontexte und Dimensionen der Bedeutungsproduktion, sind bereits in Krippendorffs früheren Arbeiten zur Produktsemantik angelegt. Stärker ausgearbeitet werden in dem Buch nunmehr solche Postulate, die sich auf den Begriff der ›Stakeholder‹ (Teilhaber) sowie auf das Ideal eines *human-centered design* beziehen. Wie bereits angedeutet, impliziert das Konzept des Stakeholders eine Neuverteilung der Akteursrollen im Design. Designschaffende sollen demnach nicht ihre eigenen (zwangsläufig begrenzten) Vorstellungen von Design, Ästhetik und Benutzbarkeit reproduzieren. Vielmehr fordert Krippendorff sie auf, die »Vorstellungen, Begriffe, Werte und Kenntnisse all derjenigen zu respektieren, die von den gestalteten Artefakten betroffen sind« (Krippendorff 2013: 94). Grundlage für diese Sicht auf Design ist ein systemtheoretisch inspiriertes Modell des »Verstehens zweiter Ordnung«[30]. Dieses umfasst neben den Verständnissen und Vorstellungen, welche die Designschaffenden selbst haben, auch jene der verschiedenen Stakeholder, die von gestalteten Artefakten auf irgendeine Weise berührt werden. Für Krippendorff geht es um »ein Verstehen, das auf rekursive Weise das Verstehen anderer Personen in das eigene einbettet, insbesondere wenn diese beiden Verstehensweisen miteinander unvereinbar [sind] oder im Widerspruch zueinander stehen« (Krippendorff 2013: 97). Dieses »rekursive Verstehen des Verstehens« sei Voraussetzung für jedes ernst gemeinte *human-centered design*, ein Design, das die Menschen mit ihren individuellen Bedürfnissen und Potenzialen ins Zentrum stellen will. »Insofern human-centered Design Artefakte für andere entwirft, muss es auf einem Verstehen zweiter Ordnung gründen«, so Krippendorffs Überzeugung (ebd.). Er schlägt ein Modell für *human-centered design* vor, das sich von der modernistischen Tradition eines »technologie-getriebenen« Designs, wie er es nennt, in folgenden Punkten unterscheiden soll (zusammengefasst nach ebd.: 65 f.):

- durch die Berücksichtigung der sozialen Rolle, die Designartefakte einnehmen;
- durch die Abwendung von »universellen, kulturunabhängigen Designkonzeptionen, die die Existenz eines (einzigen und gemeinsamen) ›Uni-versums‹ [sic!] voraussetzen«;
- durch die »Erkenntnis, dass Sprache die Konstruktion verschiedener sozial geprägter Welten zulässt«;
- durch eine Verschiebung vom »Bild des Designers als unzweifelbares Genie und Autorität in Geschmacksfragen« hin zu »Designern, die zu Teamarbeit fähig sind«;
- durch einen Perspektivwechsel von den »materiellen Endresultaten der Massenproduktion« hin zu einem neuen »Bewusstsein für das Konstruieren und Rekonstruieren dauernd neu geschaffener Welten, deren einziger Zweck darin besteht, sinnvoll für deren Benutzer zu bleiben«.

Um ein solches *human-centered design* auch aus wissenschaftlich-theoretischer Sicht in seiner gesamten Bandbreite und Konsequenz zu verstehen, schlägt Krippendorff eine Relativierung vermeintlich ›harter‹ wissenschaftstheoretischer Kriterien vor. Dazu zählen die Verpflichtung zu kausalen Erklärungen, Objektivität oder begrifflicher Konsistenz, die nun durch empirische Beobachtungen von »Multi-versen«, »also kon-sensuell koordinierten Welten« abgelöst werden sollen (ebd.: 100, sic!). Nicht vordefinierte, idealisierende oder verallgemeinernde Konzepte und Begriffe sollen Designtheorien und -prozesse anleiten, sondern individuell zu beobachtende Situationen und Interaktionen. In moralisch-ethischer Hinsicht impliziert das Modell des *human-centered design*, dass Designschaffende mit ihren Produkten andere Stakeholder nicht »disziplinieren«, sondern »*die Zahl wünschenswerter Optionen für andere erhöhen*« sollen (ebd.: 107).

Mit dem Wechsel von einem »technologie-getriebenen« Design zu einem *human-centred design* erhofft sich Krippendorff einen gesellschaftlichen Paradigmenwechsel, der von einer »funktionalistischen Gesellschaft« zu einer neuen »Designkultur« führt (ebd.: 105). Design wird darin als »*wesentlicher Bestandteil des Menschseins*« gesehen (ebd.: 106). »Es zeigt sich hier«, so Krippendorff, »eine Bewegung hin zu einer Menschenbezogenheit und der Anerkennung der Tatsache, dass es auf die Bedeutung ankommt. Darin besteht der Kern der semantischen Wende.« (Ebd.: 36) Schließlich erweitert sich vor dem Hintergrund der semantischen Wende auch die Bandbreite dessen, was als entwerf- und gestaltbar gilt. Designer seien gegenwärtig »mit völlig neuen Herausforderungen konfrontiert«, bemerkt Krippendorff (ebd.: 28). »Um zeitgenössischen Herausforderungen gerecht zu werden«, können sich Designer »unmöglich mit dem Produktbegriff des Industriezeitalters begnügen«, »mit einem Selbstverständnis, das sich buchstäblich an der Endstation der industriellen Produktion

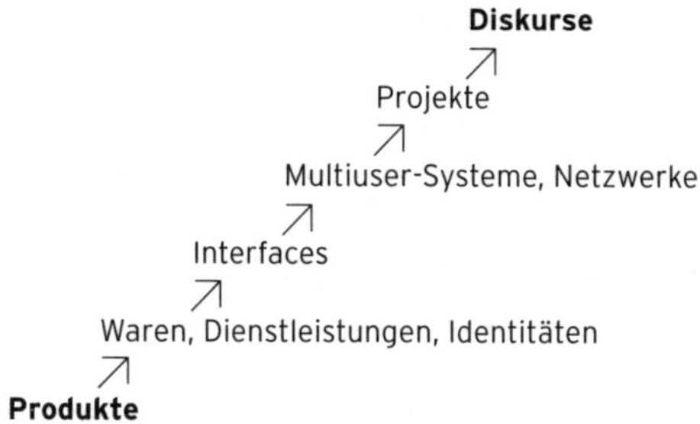


Abb. 7: Krippendorffs Modell der ›Trajektorie der Artefaktualität‹ (vereinfachte Darstellung)

und insbesondere der Massenproduktion orientiert« (ebd.: 35). Er schlägt deshalb ein Modell der »Trajektorie der Artefaktualität« vor (siehe Abb. 7). Der aus der Physik entnommene Ausdruck ›Trajektorie‹ bezeichnet dort die Bewegungsbahn eines Objektes, Krippendorff verwendet ihn jedoch, um damit die Transformation der Aufgabenbereiche von Design zu veranschaulichen. Das Modell der Trajektorie der Artefaktualität illustriert eine historische Entwicklung, in deren Verlauf neben industriellen Produkten immer weitere Gegenstände in den Aufgabenbereich von Design aufgenommen worden seien und die zu entwerfenden Artefakte »zunehmend flüssige, unbestimmbare, immaterielle und virtuelle Eigenschaften« angenommen hätten (ebd.). Gehörten zum Aufgabenbereich von Design zunächst nur industriell erzeugte Waren, so kamen mit der Zeit weitere Dinge hinzu wie Dienstleistungen und Identitäten, Interfaces, Multiuser-Systeme und Netzwerke sowie schließlich Projekte und Diskurse (ebd.: 28).

Das Modell der Trajektorie der Artefaktualität bildet nicht nur die Entwicklung von der Produkt- zur Diskursgestaltung ab, sondern ist grundlegend mit der Transformation und Kritik eines fortschrittsdeterminierten Geschichts- und Menschenbildes verbunden. Die Trajektorie steht bei Krippendorff für ein verändertes Bild von technologischem Determinismus: Die Vorstellung, dass sich »Technologie autonom und kraft ihrer eigenen Logik zum Besseren entwickelt«, soll ersetzt werden durch eine »Zuversicht in die Machbarkeit der Welt, deren ›Artefaktualität‹ ständig konstruiert, re- und dekonstruiert wird« (ebd.: 36). Designschaffenden soll dabei die verantwortungsvolle Rolle zukommen, »die Richtung technologischer Entwicklungen zu beeinflussen«, verschiedene Lebensweisen zu reflektieren und Möglichkeiten zu finden, diese zu realisieren (ebd.). Mit dieser Sichtweise reiht sich Krippendorff in eine Vielzahl jüngerer designtheoretischer Ansätze ein, die im Design nicht nur einen Modus der Produktgestaltung, sondern der Gesellschafts- und Zukunftsgestaltung sehen. Inwiefern diese hochgesteckten Erwartungen durch das Design jedoch tatsächlich erfüllbar sind, ist fraglich. Auch gilt es, den darin angelegten moralisch-politischen Anspruch, Design könne die Gesellschaft verändern, kritisch zu hinterfragen (vgl. Kapitel 6).

## 4.5 Mensch-Computer-Schnittstellen

Mit designtheoretischen Ansätzen wie dem der Produktsemantik und der semantischen Wende entstanden in den 1980er und 1990er Jahren nicht nur neuartige theoretisch-analytische Perspektiven für Theorien des Designs, sondern diese eröffneten auch neue Selbstverständnisse und Aufgabenbereiche für die Designpraxis. Konkret galt das Augenmerk nunmehr den bedeutungsgenerierenden Kontexten und der Interaktion mit Designartefakten, die es besser zu verstehen und zu optimieren galt.

Ebenso wurde versucht, die Rolle von ›Nutzern‹ und ›Konsumenten‹ in einer demokratischen, integrativen Weise neu zu denken und entsprechend partizipative Designprozesse und -methoden zu etablieren (vgl. Kapitel 6.2). Nicht vergessen werden darf in diesem Zusammenhang jedoch, dass die Verschiebung von *function to meaning* nicht bloß als Kritik an einer technologie-getriebenen Gesellschaft zu sehen ist, sondern zugleich als deren unmittelbares Produkt. Anders formuliert, brachte erst jene technologie-getriebene Kultur, die Krippendorff wiederholt kritisiert, die neuen Technologien hervor, die es auf symbolischer Ebene, aber auch im konkreten Gebrauch mit Bedeutung und Sinn zu versehen galt. Präferierter Gegenstand der Überlegungen zur Produktsemantik und zur Bedeutung von Designartefakten waren in den 1980er Jahren deswegen nicht zufällig die aufkommenden Computertechnologien. Diese eröffneten nicht nur neue Möglichkeiten der Verarbeitung von Daten und Informationen, sondern stellten das Verhältnis von Mensch und Maschine, von Sprache und Handlung selbst zur Disposition. Diese Entwicklung betraf den Designbereich auf besondere Weise. Die physischen und graphischen Interfaces von Computern stellten eine besondere Herausforderung für das Design dar. Es galt, die Möglichkeiten, aber auch die Einschränkungen digitaler Technologien zu erkennen und gestalterische Konzepte und Semantiken für den Umgang mit ihnen zu entwickeln.

Terry Winograd und Fernando Flores bezeichnen in ihrem Buch *Understanding Computers and Cognition* (1986) die Gestaltung von Mensch-Maschine-Schnittstellen, ja von Technologie überhaupt als zentrales Desiderat des Designs.[31] »Um die Erscheinungsformen einer neuen Technologie begreifen zu können, müssen wir die Frage der *Gestaltung* – das Zusammenspiel von Verstehen und Herstellen – aufwerfen«, schreiben Winograd und Flores (1992: 21). Gestaltung sei nicht einfach als »Methodik planmäßigen Entwerfens« zu verstehen, es gelte stattdessen, »zu untersuchen, welche Wirkung technische Anlagen haben, nicht nur, wie sie funktionieren« (ebd.). Die Autoren, die ein großes Interesse an sprachanalytischen Theorien und Fragestellungen haben, resümieren, dass der Einsatz neuer Technologie nicht nur menschliche Gewohnheiten verändere, sondern »ebenso die Art, über diese Technologie zu sprechen, unsere Sprache und unseren Intellekt« (ebd.: 24). Folgt man ihrer Sichtweise, dann sind Informations- und Kommunikationstechnologien stets Gegenstand sprachlicher Aushandlung und Bedeutungszuschreibung. Bezeichnenderweise finden Semantiken und Technologien der Kommunikation und Informationsverarbeitung in Theorien des Designs (aber auch anderswo) eine produktive wechselseitige Entsprechung. Technische Entwicklungen führten nicht nur, wie Winograd und Flores schreiben, »zu neuen Verwendungsweisen von Begriffen wie ›Information‹, ›Eingabe‹, ›Ausgabe‹, ›Sprache‹ und ›Kommunikation‹« (ebd.: 25). Ebenso wurden Computertechnologien und die Interaktion mit ihnen auch durch Sprache konstituiert.

Sprache wird in dieser – heute etwas revidierten und erweiterten – Sichtweise nicht nur als Medium der Reflexion verstanden, vielmehr wird ihr eine wirkungsmächtige performative und handlungserzeugende Qualität attestiert. Wolfgang Coy stellt dazu fest: »Sprache dient nicht nur der Beschreibung des wahren Aufbaus der Welt, sie eröffnet auch die Möglichkeit des Handelns.« (Coy 1992: 305) In der Sprachwissenschaft ist in diesem Zusammenhang seit den 1960er Jahren der Ausdruck des ›Sprechakts‹ oder des ›Sprechhandelns‹ gebräuchlich, um die performative Funktion von Sprache und Sprechen zu bezeichnen. Der britische Philosoph John L. Austin und im Anschluss an ihn John Searle entwickelten eine Theorie des Sprechakts, die auf die performative Handlungsdimension der Sprache aufmerksam macht

(Austin 1962; Searle 1969). Etwas auszusprechen (etwa ein Gerichtsurteil oder eine Liebeserklärung) hat demzufolge Konsequenzen in der Welt, beziehungsweise ist bereits als Form des Handelns anzusehen.

Exemplarisch für die intensive Auseinandersetzung von Designschaffenden mit den aufkommenden Computertechnologien ist die 1996 erschienene Publikation *Interface. Design neu begreifen* des Absolventen und Dozenten an der HfG Ulm Gui Bonsiepe. Darin sind Aufsätze zu Themen der visuell-verbalen Rhetorik, der Bedeutung von Sprache und der Gestaltung von Mensch-Maschine-Schnittstellen (Interfaces) versammelt (Bonsiepe 1996). Bonsiepe stellte einen großen Bedarf an designorientierten Lösungen im Bereich der Computertechnologie fest, besonders beim Design benutzerfreundlicher Schnittstellen der Interaktion: »Interfacedesign für Computerprogramme ist ein neuer Aufgabenbereich für Gestalter.« (Ebd.: 50) Die Gestaltung von Interfaces war für ihn weitaus mehr als nur »Kosmetik« oder »graphisches Aufmöbeln« von Computerprogrammen, vielmehr ging es um die Gestaltung von Handlungsmöglichkeiten. Es sei zu bedenken, so Bonsiepe, »dass Interface nicht eine Sache ist, sondern die Dimension, in der die Interaktion zwischen Körper, Werkzeug [...] und Handlungsziel gegliedert wird. Genau das ist die unverzichtbare Domäne des Design. [...] Interface gilt für den Entwurf eines Schraubenschlüssels genauso wie für die Gestaltung einer medizinischen Software zu Zwecken der Diagnose von Hautkrankheiten.« (Ebd.: 20) Durch das Design des Interface werde »der Handlungsraum des Nutzers von Produkten gegliedert« und »der Werkzeugcharakter von Objekten und Informationsgehalt von Daten« erschlossen; Interface mache aus »bloßer Vorhandenheit – in heideggerscher Terminologie – Zuhandenheit« (ebd.).

Wie in vielen der bis hierhin vorgestellten Designtheorien, die sich mit den Bedeutungsdimensionen von Design beschäftigten, so war auch Bonsiepe bestrebt, eine neue Legitimationsgrundlage für die Designpraxis zu schaffen. Diese solle »erheblich breiter und unanfechtbarer« sein als solche Grundlagen, »die das Design primär an der Dimension von Form und Ästhetik orientieren und festmachen wollen« (ebd.: 21). Anstelle von Kriterien wie ›Form‹, ›Funktion‹ und ›Stil‹ sollte Design nunmehr an der »Domäne des effektiven Handelns« ausgerichtet werden (ebd.: 26). »Produkte werden erfunden, entworfen, hergestellt, verteilt, gekauft und benutzt, um effektives Handeln zu ermöglichen«, argumentiert Bonsiepe (ebd.). Ähnlich wie bei Krippendorffs Modell des *human-centered design*, so zielt auch diese Argumentation darauf ab, den Menschen neue Technologien durch Design zugänglich zu machen und nicht nur Objekte, sondern auch Interaktionen mit Objekten zu gestalten. Deutlich wird dabei aber auch eine andere Einsicht: Theorien zur Bedeutungsdimension von Design versuchen nicht nur aufkommende Technologien zu begreifen und zu gestalten, vielmehr resultieren aus diesem Versuch auch programmatische Agenden, die neue Designaufgaben und -modelle rechtfertigen sollen.

## 4.6 (Visuell-verbale) Rhetorik des Designs

Die Ansätze zur Bedeutungsproduktion von Designartefakten umfassen über das bereits Gesagte hinaus einen weiteren theoretischen Strang: den zur *Designrhetorik*.[32] Diese bildete sich zunächst unter dem Begriff »Visuell/verbale Rhetorik« (Bonsiepe 1965, 1996) in den 1960er Jahren in etwa zur gleichen Zeit wie die Produktsprache bzw. Produktsemantik im Kontext der HfG Ulm heraus. Gui Bonsiepe, der dort am Ansatz der visuell-verbalen Rhetorik arbeitete, bemängelt, dass die Rhetorik »zu den kaum erforschten Gebieten« des Designs gehöre, »wenngleich der Designer in seiner alltäglichen Entwurfsarbeit unausweichlich mit rhetorischen Phänomenen konfrontiert« sei (Bonsiepe 1996: 86). Gemeint ist der Umstand, dass Designprodukte oder Werbekampagnen bestimmte »Gefühle, Stimmungen, Einstellungen« (ebd.) bei den Konsumierenden erzeugen und diese zum Kauf der Produkte verleiten sollen. Diese persuasive Dimension der Rhetorik gilt freilich auch für andere, nicht-kommerzielle Formen der Kommunikation. Bis heute scheint dies, trotz wachsenden Interesses von Theorien des Designs an rhetorischen Ansätzen, ein Desiderat geblieben zu sein. Auch in jüngeren Arbeiten wird kritisiert, dass ›Design als Rhetorik‹ zwar »in den letzten vierzig Jahren punktuell« immer wieder zum Thema geworden sei, dass daraus jedoch »keine konsistente, rhetorisch informierte Designtheorie abgeleitet worden wäre« (Joost/Scheuermann 2008: 11).

Analog zu semiotisch-semantischen Ansätzen beziehen sich auch rhetorische Ansätze im Design auf ein sprachbasiertes Modell der Bedeutungsproduktion – nämlich auf die antike Tradition der Redekunst – und versuchen, diese auf den Bereich des Designs zu übertragen (siehe Heinen 2008). Allerdings sind bei näherem Hinsehen deutliche Unterschiede im theoretisch-methodischen Setting sowie in den Ursprüngen der genannten Ansätze zu erkennen. Dies exemplifiziert eine wissenschaftliche Kontroverse zwischen Klaus Krippendorff und Richard Buchanan, in der Produktsemantik und Designrhetorik gegeneinander antreten (siehe Buchanan 2008). Anders als bei semiotisch-semantischen Ansätzen, die sich auf sprachwissenschaftliche Ansätze des ausgehenden 19. und des 20. Jahrhunderts beziehen, handelt es sich bei der Rhetorik zunächst um ein weitaus älteres Wissensgebiet. Die Ursprünge der systematischen Rhetorik, »der

Kunst gut zu reden«, liegen im 5. Jahrhundert vor Christus (Ueding/Steinbrink 2004: 13). In den darauffolgenden Jahrhunderten wurde die Rhetorik kontinuierlich ausdifferenziert und durch zahlreiche weitere Einflüsse bereichert, so etwa aus der Theologie oder den Künsten. Im Mittelalter gehörte die Rhetorik, neben der Logik und der Grammatik, zum Trivium der Sieben Freien Künste und war somit ein wichtiger Bestandteil der akademischen Bildung. Zu Beginn der Frühen Neuzeit, in der Renaissance, erwachte das Interesse an den Kulturen der Antike, und damit »avancierte die Rhetorik schnell zur beherrschenden Bildungsmacht – zuerst in Italien, im Humanismus dann in ganz Europa« (Ottmers 2007: 4).

Erst im 18. Jahrhundert ließ das Interesse an der Rhetorik deutlich nach, scheint aber heute, zumindest in gewissen Bereichen, wieder zu erstarken. Die traditionellen Anwendungsfelder der Rhetorik umfassen politische und juristische Reden sowie Festreden; mit der Zeit floss sie auch in den Bereich der Poesie und in die bildenden Künste ein. Heute wird Rhetorik, als Praxis der überzeugenden Rede, oft im Bereich Marketing und Werbung gelehrt und sieht sich in diesem Zusammenhang nicht selten dem Vorwurf der Manipulation und affektiven Täuschung ausgesetzt (ebd.: 12).

Die Rhetorik bildete mit der Zeit eine Vielfalt von Heuristiken und ein verbindliches Regelwerk heraus, die für die Vorbereitung und Durchführung einer wirkungsvollen Rede hilfreich sein sollen. Sie orientiert sich dabei an den fünf Stadien, »die eine Rede bei ihrer Herstellung durchläuft«: *inventio* (Auffinden der Argumente), *dispositio* (Gliederung der Rede), *elocutio* (sprachlich-stilistische Ausarbeitung des Redetextes), *memoria* (mentale Einprägung der Rede), *actio* (rednerische Aktion) bzw. *pronuntiatio* (stimmliche Präsentation, Mimik, Gestik) (ebd.: 13 f.). Für all diese Stadien der Rede stellt die Rhetorik ein Set von Heuristiken, Techniken und Vorschriften bereit, die sich laut Gui Bonsiepe auch auf den Entwurfsprozess übertragen lassen. Dazu zählen: »Heuristiken für das Sammeln von Materialien, besonders für das Aufspüren von Argumenten«; »Heuristiken über die Anordnung des gesammelten Materials«; »Vorschriften und Empfehlungen hinsichtlich der stilistischen Formulierung«; »Heuristiken zum Auswendiglernen des Textes« und »Empfehlungen hinsichtlich der Aussprache und Gestik« (Bonsiepe 1996: 89). Rhetorisch informierte Ansätze im Design, namentlich die visuell-verbale Rhetorik oder die Filmrhetorik, interessieren sich darüber hinaus auch für rhetorische Redefiguren und sprachliche Stilmittel, wie etwa Analogien, Metonymien, Synekdochen oder Metaphern. Sie fragen danach, welche Entsprechungen solche Figuren und Stilmittel im Bereich des Visuellen (und Auditiven) haben und wie sie dort gezielt für die Gestaltung von Produkten oder Werbung genutzt werden können (siehe Joost 2008: 243 ff.). Dabei ist das Zusammenspiel von Text, Bild und Ton ein wesentlicher Aspekt. Für das Grafikdesign könne es nützlich sein, meint Gui Bonsiepe, »eine Brücke zwischen verbaler Rhetorik und visueller Rhetorik zu schlagen; denn bei der Gestaltung der Informationen [...] treten die verbalen und visuellen Komponenten in Wechselwirkung« (Bonsiepe 1996: 91). Neben dem bereits Gesagten sind für rhetorisch informierte Designtheorien im Weiteren auch Techniken zur emotionalen Ansprache und Affekterzeugung (siehe Scheuermann 2009) sowie die unterschiedliche Wirkungsfunktionen einer Rede – Belehrung, Unterhaltung, Leidenschaftserregung etc. – von Interesse.

In diesem Zusammenhang ist es allerdings wichtig zu wissen, dass die Verbindung von Rhetorik und Kunst keineswegs eine ›Erfindung‹ des 20. Jahrhunderts war. Vielmehr beschäftigten sich humanistisch gebildete Künstler, Bildhauer und Architekten bereits in der Frühen Neuzeit im Zuge des neu erwachten Interesses an der griechischen und römischen Antike mit rhetorischen Schriften. Sie arbeiteten in Theorie und Praxis mit dem Wissen und den Mitteln der Rhetorik und bildeten so umfangreiche rhetorische Bildprogramme aus, die mit der Zeit kanonische Bedeutung für die Künste bekamen (Ueding/Steinbrink 2004: 76 ff.). Ulrich Heinen weist in diesem Zusammenhang darauf hin, dass der Bezug auf die antiken Schriften zur Redekunst die Grundlage darstellte, »für die im 14. Jahrhundert begründete, historisch einmalige Brücke zwischen Theorie und Praxis visueller, plastischer und gebauter Medien« (Heinen 2008: 161).

Designrhetorische Ansätze beanspruchen, wie die Rhetorik selbst, einen unmittelbaren Bezug auf die Ebene der Herstellungs- und Ausübungspraxis. Die Rhetorik versteht sich nicht als praxisfernes Theoriesystem, sondern als kunstfertiges Handeln (*téchne*). Zu ihrer vorrangigen Aufgabe zählen Einübung und Optimierung der Rede- und Überzeugungspraxis. Für »die Theorie einer Kunst« gebe es »keinen eigentlicheren Zweck als die Praxis«, behaupten Gert Ueding und Bernd Steinbrink, »so musste gerade die Rhetorik einen sehr umfassenden Praxisbegriff entwickeln, der sich auf die Verwirklichung der Rede im weitesten Sinne [zu] beziehen hatte« (Ueding/Steinbrink 2004: 4). Die Rhetorik umspannt somit traditionellerweise ein sehr weites Themen- und Anwendungsfeld. Sie beschränkt sich dabei allerdings nicht auf die regelbasierte Vorbereitung und Durchführung einer Rede, sondern bezieht ethische und erzieherische Aspekte mit ein. »Erziehung, Bildung und Übung sind ebenso wichtige Theoriefelder [der Rhetorik] wie Wirkungsabsicht, Angemessenheit«; zudem sei Rhetorik stets auch die »Darstellung eines Wertesystems« (ebd.). Andere beschreiben die Rhetorik sogar als »eine Sozialtechnik«, die aus sich heraus weder gut noch schlecht sei; ihr Sinn entstehe erst aus der Entscheidung dessen, »der sie gebraucht – oder missbraucht« (Ottmers 2004: 12).

Gerade weil die Kunst des überzeugenden Redens die Gefahr von Lüge, Missbrauch und Manipulation birgt (und die Rhetorik deswegen oft in Kritik gerät), nehmen Postulate zur Ethik und charakterlichen Integrität des Redners im rhetorischen Lehrgerüst einen hohen Stellenwert ein. Im Hinblick auf das Design unterstrich namentlich der amerikanische Designtheoretiker Richard Buchanan die ethische Dimension der Rhetorik. In seinem Text *Declaration by Design* fordert er – wiederum vor dem Hintergrund wachsender technologischer Komplexität und inkohärenter Kommunikationsformen im Design – dringend »eine Theorie der Rhetorik« für die Designtheorie (Buchanan 2008: 50). »Eine angemessene Theorie müsste diese verwirrende Vielfalt der Kommunikationsformen im Design, wie sie uns in den alltäglichen Gegenständen begegnen, verständlicher machen und somit die Grundlage für eine fundierte öffentliche Kritik und Bewertung von Design schaffen«, so Buchanan (ebd.: 51). Aus seiner Sicht stellen auch Designprodukte ethische und emotionale »Argumente« dar, »die einen ähnlichen rhetorischen Status wie Kunstwerke haben«; sie können sich durch ihre suggestive und persuasive Kraft selbst »deklarieren« (ebd.: 70). Buchanan appelliert an Designschaffende, die rhetorische Kommunikationsebene von Designprodukten zu reflektieren und sie dazu zu nutzen, sinn- und orientierungsstiftende Kommunikation im Umgang mit Designprodukten zu schaffen.

Das skizzierte Geflecht von Praxisbezug, regelbasiertem Wissen, persuasivem Wirkungsversprechen und ethischen Postulaten ist es wohl, was auch heutige Autoren an der Rhetorik nachhaltig fasziniert. Gesucht würden Modelle, so schreiben Gesche Joost und Arne Scheuermann in ihrer Anthologie *Design als Rhetorik* (2008), »die der Produktionsästhetik der gestalterischen Praxis Rechnung tragen«; Modelle, »die unsere gestaltete Welt nicht nur aus der Position der Rezipienten interpretieren, sondern diese Interpretation durch eine Betrachtung der Praxis bereichern und ergänzen« (Joost/Scheuermann 2008: 11). Ihrem Vorschlag zufolge stellt die Rhetorik eine Alternative »zum hermeneutischen Paradigma der meisten derzeitigen Kulturtheorien zum Design« bereit (ebd.). Joost und Scheuermann argumentieren, dass es den meisten Theorien aus der Philosophie oder der Kunstgeschichte nicht um ein besseres Verständnis der eigentlichen Designprozesse gehe, da sie nur »dem Design nachgeschaltete Überlegungen« hervorbrächten, »die sich auf die fassbaren Artefakte oder historischen Umstände beziehen« (ebd.). Mittels eines auf der Rhetorik basierten Zugangs solle hingegen Experten- und Praxiswissen über Designprozesse in designtheoretische Modelle einfließen. Ähnlich argumentiert Ulrich Heinen: »Anders als eine praxis-, gestaltungs- und medienunspezifische Orientierung an Semiotik, Psychologie oder normativer Soziologie bieten die antike Kunsttheorie und -praxis [...] ein epistemisch gut begründetes systematisches Fundament, auf dem eine neue Designwissenschaft von der Praxis und für die Praxis« aufbauen könne (Heinen 2008: 188). Allerdings regt er an, sich bei diesem Unterfangen nicht auf den Bereich der Rhetorik zu beschränken, sondern dabei auch den Begriff der *téchne* in einem umfassenderen Sinne zu berücksichtigen.

Obwohl der Wunsch der Designtheoretiker/innen nach praxisnahen Fundamenten und systematischen Regeln für die Gestaltung nachvollziehbar ist, ist doch davor zu warnen, die Rhetorik als eine Art ›Heilsbringer‹ für Theorien des Designs zu stilisieren – und dafür andere, vor allem hermeneutische Theorien pauschal abzuwerten. Eine solche Haltung wird den zahlreichen kunst-/kulturtheoretischen und soziologischen Ansätzen keineswegs gerecht, die sich im 20. Jahrhundert um ein besseres Verständnis praxeologischer Zusammenhänge bemüht haben. Auch ist das implizite Versprechen zu prüfen, auf der

Grundlage rhetorischer Modelle könne sich eine ›konsistente‹ Designtheorie herausbilden. Zu fragen ist hier, ob nicht gerade der Vorstellung von theoretischer Konsistenz sowie den forcierten Bezugnahmen der Designtheorie auf die Designpraxis neben wissenschaftlichen auch normative Motive und Kriterien zugrunde liegen.

Die Systematisierung praxisbasierter Expertensysteme und Regelwerke, wie sie die Rhetorik anbietet, eröffnet einerseits zwar neue Möglichkeiten der Professionalisierung und Akademisierung für das Design. Andererseits werden damit aber noch längst nicht die sozioökonomischen Aushandlungsprozesse erkannt und benannt, die festlegen, wie und von wem diese Regelsysteme und Expertenkulturen durchgesetzt und etabliert werden. Damit die wissenschaftliche Forschung von der Designrhetorik profitieren könne, dürfe diese nicht dort aufhören, wo die Analogie zur verbalen Rhetorik versage, lautet Krippendorffs Kritik an der Designrhetorik (Krippendorff zit. nach Buchanan 2008: 76). Deshalb fordert er eine umfassende Rekontextualisierung rhetorischer Modelle und Regelsysteme vor dem Hintergrund ihrer historischen Entwicklung und hält es darüber hinaus für unabdingbar, die Rhetorik mit aktuelleren Ansätzen zu verbinden, etwa solchen aus der Kommunikationswissenschaft oder Kulturanthropologie (ebd.).

## 4.7 Materielle Kultur – Dinge als Akteure

In den vorherigen Abschnitten wurden *designspezifische* Ansätze zur Bedeutungsdimension von Artefakten besprochen, das heißt, es wurden solche Theorien behandelt, die sich im Besonderen auf das Thema ›Design‹ richten oder sich aus der Designpraxis heraus entwickelt haben. Daneben gibt es jedoch weitaus mehr, teilweise elaboriertere Ansätze, die sich mit dem immensen Themenkomplex der Bedeutungsproduktion von materiell-visueller Kultur beschäftigen. Diese sollen nun abschließend thematisiert werden, wobei es den Umfang dieses Buches sprengen würde, die einschlägigen Theorien und Ansätze auch nur ansatzweise zu nennen, die sich im ausgehenden 19. und im 20. Jahrhundert damit befasst haben. Auch sieht es so aus, als ob das wissenschaftliche und öffentliche Interesse an materieller Kultur und an den ›Dingen‹ stetig zunimmt: »Es scheint, als sei auf einmal alle Welt dingbesessen«, konstatierte der Kulturwissenschaftler Gottfried Korff unlängst (2011: 11). Nur schon der Begriff der ›materiellen Kultur‹ umreißt ein schier unüberschaubares interdisziplinäres Forschungsfeld, das sich mit materiellen Objekten und Praktiken von europäischen und (traditionellerweise) außereuropäischen Kulturen beschäftigt (siehe Hahn 2014). Verbunden damit sind Fragen »nach der Authentizität materieller Kultur vor dem Hintergrund sich ständig verändernder Konsumkulturen, der Redefinitionen, Umdeutungs- und Aneignungsprozesse von Dingen, Symbolen, Repräsentation und Praktiken, auch im Kontext der Globalisierung« (Tietmeyer et al. 2010: 7) ebenso wie Fragen nach der Ästhetik von Materialien (Wagner/Rübel/Wolff 2005).

In kulturhistorischer Perspektive führten die industrielle Warenproduktion und die sie flankierende kapitalistische Wirtschafts- und Gesellschaftsordnung im ausgehenden 19. Jahrhundert zu einem verstärkten Interesse an Ding- und Produktkulturen. Ebenso war die industrielle Warenproduktion Gegenstand von Gesellschafts- und Kulturkritik. Karl Marx entfaltete im Rahmen seines einflussreichen ›dialektischen Materialismus‹ Thesen zu den materiellen, also nicht nur geistig-ideellen, Ordnungsstrukturen von Gesellschaft sowie zum Fetischcharakter von Waren. Mit dem Begriff des ›Fetischs‹ führt Marx einen religiösen Begriff in die technoökonomische Welt der Warenproduktion ein, indem er den von Menschen hergestellten warenförmigen Dingen eine eigenmächtige Wirkungskraft zuspricht. Waren lösen sich demnach von ihren Produzenten ab und stehen ihnen in veräußerlichter Form gegenüber: »Das Geheimnisvolle der Warenform besteht also einfach darin, daß sie den Menschen die gesellschaftlichen Charaktere ihrer eigenen Arbeit als gegenständliche Charaktere der Arbeitsprodukte selbst, als gesellschaftliche Natureigenschaften dieser Dinge zurückspiegelt.« (Marx 1962: 86) Gerade dieser Aspekt der Entäußerung und Vergegenständlichung von individueller Arbeitskraft in die Form von Waren ist ein Thema, das zahlreiche Designtheoretiker im Hinblick auf die Bedeutung von materiellen Dingen beschäftigt (siehe Haug 1971).

Neben der Industrialisierung trägt vorrangig auch das ausgeprägte Interesse der Wissenschaften zur Auf- und Umwertung materiell-visueller Kulturen bei. Gegenstand des Interesses ist dabei etwa der Umstand, dass bereits im 16. Jahrhundert natürliche und künstliche Artefakte in höfischen Raritätenkabinetten sowie in Kunst- und Wunderkammern gesammelt und zueinander in Beziehung gesetzt wurden – und sich so neue Wissens- und Objektordnungen ausbildeten.[33] Ab dem 18. Jahrhundert führten wissenschaftliche Forschungsreisen und die daraus resultierenden Sammlungs- und Ausstellungspraktiken zu einer schieren Explosion materiell-visueller Dingkulturen (te Heesen/Spary 2001). Die angehäuften ›Schätze‹ aus aller Welt – darunter religiöse und alltägliche Objekte außereuropäischer Völker, Materialproben, Tier- und Pflanzenpräparate – wurden gesammelt, systematisch erfasst und in Museen oder auf kommerziellen Weltausstellungen zur Schau gestellt. So entwickelten sich einerseits spezifische Formen der Kategorisierung von Ding- und Objektsystemen, andererseits entstand ein komplexes Wirkungsgefüge zwischen industrieller Warenproduktion, wissenschaftlicher Sammlungs- und Ausstellungspraxis sowie globalem Kulturgüter- und Stiltransfer. Das Museum wurde zu einem »Erkenntnisort« schlechthin (te Heesen/Lutz 2005).

Dies befruchtete auch die Geschichte des Designs auf produktive Weise. Regula Iselin, die den Einfluss außereuropäischer Kulturgüter auf das Design beforscht hat, konstatiert: »Seit Beginn der Modernisierung der Produktgestaltung bestimmte die Rezeption kulturell fremder Artefakte die Designgeschichte in beträchtlichem Ausmaß mit. Umgekehrt formte die europäische Designgeschichte das Verständnis, das Sammeln und das Ausstellen von Artefakten, die den abendländisch-christlichen Kulturen fremd sind.« (Iselin 2012: 17) Die Frage nach der Bedeutungsdimension von Designartefakten ist demnach nicht nur eine des jeweils aktuellen Umgangs mit den Dingen, sondern sie ist zutiefst mit einer Vielzahl historischer Entwicklungen im Bereich der Wissenschaften, der Künste und der Technikgeschichte verflochten. Dieser Umstand zeigt sich besonders deutlich in dem Phänomen, dass gerade die *eigene* materielle Alltagskultur ihren Bewohnern/Bewohnerinnen oft zu vertraut ist, als dass sie sich diese mit kritischem Abstand vergegenwärtigen könnten.

Zu den Disziplinen, die sich wesentlich mit Fragen der materiell-visuellen Kultur auseinandersetzen, gehören die Ethnologie, Sozial- und Kulturanthropologie, Archäologie, Kunst- und Bildgeschichte, Sprache-, Kultur-, Medienwissenschaften, Wissenschaftsforschung, Soziologie, Psychologie, Kognitionswissenschaften und viele mehr. In den letzten Jahren hat die Rezeption englischsprachiger Ansätze – wie *Material Culture Studies*, *Visual Culture Studies* oder *Science and Technology Studies* – das Interesse am ›Eigenleben der Dinge‹ im deutschsprachigen Raum noch weiter verstärkt. Für unseren Zusammenhang sollen aus diesem immens weiten Forschungsfeld nur die zwei folgenden Entwicklungen exemplarisch skizziert werden: erstens die Erweiterung sprachbezogener Modelle der Kommunikation und

Bedeutungsproduktion durch bildbezogene Modelle und zweitens das oft damit einhergehende Interesse für die Wirkungsmacht und Agency nicht-menschlicher Akteure.

Seit den 1990er Jahren kann die Entstehung eines interdisziplinären Forschungsfeldes der Bildwissenschaften beobachtet werden. Dieses Feld bildete sich – ausgehend von den Disziplinen Kunstgeschichte und Philosophie – auf der Grundlage der Diagnose eines *iconic turn* (Gottfried Boehm) oder *pictorial turn* (William J. T. Mitchell) heraus.[34] Gegenstand der Bildwissenschaften sind Fragen zur Macht und Bedeutung von Bildern, im Weiteren auch zu Bildrelationen, Bildpraktiken und visuellen Kulturen. Als Gegensatz zum Primat sprachlicher Kommunikationsformen, wie sie in diesem Kapitel mit den Konzepten der Semiotik und Semantik vornehmlich behandelt wurden, steht das Medium ›Bild‹ im Zentrum bildwissenschaftlicher Analysen. Bildwissenschaftler/innen argumentieren, dass trotz der notorischen Klage über die ›Bilderflut‹ und der enormen wissenschaftlichen, politischen und militärischen Bedeutung von Bildern immer noch zu wenig Kompetenzen im analytischen Umgang mit Bildern vorhanden seien (Bredekamp 2010: 13 ff.). Anders als die Sprache, die als Medium der Bedeutungsproduktion seit dem *linguistic turn* der 1960er Jahre intensiv beforscht wurde, seien ›Wesen‹ und Wirkungsweisen von Bildern bis heute kaum verstanden. Gottfried Boehm fragt in diesem Zusammenhang nach einem »ikonischen Wissen« von Bildern. Er sieht dieses im deiktischen Charakter von Bildern angelegt, also in deren Vermögen, »*etwas* zu zeigen und *sich* zu zeigen« (Boehm 2008: 19). Bildliches Zeigen und sprachliche Argumentation stehen dabei in einem speziellen Verhältnis. Zeigen gehe im Sagen nicht auf, so Boehm, und Sagen nicht im Zeigen (ebd.: 21). »Bilder besitzen eine eigene, nur ihnen zugehörige Logik. [...] Sie wird nicht gesprochen, sondern wahrgenommen.« (Ebd.: 34)

Für Horst Bredekamp, der in Anlehnung an den Ausdruck ›Sprechakt‹ den Ausdruck ›Bildakt‹ geprägt hat, leiten Bilder auf paradoxe Weise Handlung an. Obwohl sie von Menschen künstlich geschaffen werden, sind Bilder keine tote Materie, sondern entwickeln ihre eigene Präsenz und Wirkungsmacht. Bilder seien »nicht Dulder, sondern Erzeuger von wahrnehmungsbezogenen Erfahrungen und Handlungen«, so Bredekamp (2010: 326). Sie könnten demnach »nicht vor oder hinter die Realität gestellt werden«, da sie diese als Akteure mitkonstituierten (ebd.: 328). Die Frage nach dem Verhältnis von Bild- und Sprechakt sieht er als einander ergänzende Beziehung, in der »das ›Bild‹ nicht an die Stelle der Wörter, sondern an die des Sprechenden« rückt (ebd.: 51). Es geht Bredekamp dabei weder um einen »Rückfall in die um 1900 kurrenten Vitalismustheorien« (ebd.: 52) noch um »ein bildbezogenes Votum im Wettstreit zwischen Bild und Sprache« (ebd.: 55), sondern um die Klärung der berechtigten Frage, wie Bilder Sinn und Wirkung erzeugen. Auch die Kunsthistorikerin Sigrid Schade weist darauf hin, dass eine trennscharfe Unterscheidung zwischen den Bedeutungsdimensionen von Sprache und Bild nicht aufrechtzuerhalten sei. Aus einer semiologischen Perspektive seien Bild und Text in ihren (oftmals unsichtbaren) Bedeutungskonstruktionen strukturell stets miteinander verknüpft und würden einander konstituieren und bedingen (Schade 2008: 48 f.). Nichtsdestoweniger legt der Blick »auf die Kraft der Bilder selbst« (Bredekamp 2010: 55) nahe, Objekte der materiellen und visuellen Kultur – zu denen Bilder gehören – nicht als isolierte oder leblose Gegenstände zu betrachten. Vielmehr gilt es, ihr Vermögen, Handlungen auszulösen oder anzuleiten, angemessen zu berücksichtigen.

Besonders ausgeprägt ist diese Perspektive in der Akteur-Netzwerk-Theorie, die im Rahmen der Wissenschafts- und Techniksoziologie (*Science and Technology Studies*) seit den 1980er Jahren entwickelt wurde.[35] Diese Theorie geht davon aus, dass menschliche und nicht-menschliche Akteure gemeinsam Netzwerke ausbilden, die durch Interaktion Bedeutung erzeugen und Handlung anleiten können. Nicht entweder Menschen oder Maschinen ›handeln‹ in dieser Lesart, sondern sie tun es vielmehr gemeinsam. »Das Radikale dieser Perspektive ist, dass die Netzwerke nicht nur aus Menschen, sondern auch aus Maschinen, Tieren, Texten, Geld, Architekturen – faktisch aus jedem gewünschten Material – bestehen können.« (Law 2006: 432) Ein viel zitiertes Beispiel, das von Bruno Latour stammt, ist der sogenannte ›Berliner Schlüssel‹. Es handelt sich dabei um einen Durchsteckschlüssel, der sich nach dem Aufschließen durch das Schloss schieben lässt, um es von der anderen Seite wieder zu verschließen. Durch diese formale Beschaffenheit schreibt dieser Schlüssel seinen Nutzern/Nutzerinnen vor, wie sie ihn zu gebrauchen haben, um in ihr (oder aus ihrem) Haus zu kommen und danach die Tür wieder korrekt hinter sich zu schließen (Latour 1996). Diese interaktionistische Sichtweise der Akteur-Netzwerk-Theorie auf die Welt der Dinge postuliert letztlich die Auflösung historisch etablierter Trennungen und Kategorien, wie etwa zwischen dem Bereich des Sozialen und dem des Technisch-Materiellen. Darüber hinaus macht sie darauf aufmerksam, dass sich kulturelle und technische Leistungen nicht nur ›immateriellen‹ Dingen wie Konzepten oder Ideen verdanken, sondern maßgeblich auch dem Einsatz materieller Objekte wie etwa Druckerpresse, Papier, Landkarten oder Skizzen (Latour 2006). Nahezu alle unsere Interaktionen mit anderen Menschen würden durch die eine oder andere Art von Objekten vermittelt, schreibt auch John Law, folglich müsse der »Stoff des Sozialen nicht nur das Menschliche, sondern auch all diese anderen Materialien« umfassen (Law 2006: 432). Methodisch schlägt die Akteur-Netzwerk-Theorie ein deskriptives Vorgehen vor, das die heterogenen menschlichen und nicht-menschlichen Akteure auf ihrem Weg der Netzwerkbildung verfolgt, Prozesse der gegenseitigen ›Übersetzung‹ und Kooperation beobachtet und diese sowohl auf makro- als auch mikrosoziologischer Ebene beschreibt.

Die exemplarisch dargestellten Entwicklungen zum besseren Verständnis materiell-visueller Kultur aus den Bildwissenschaften und der Akteur-Netzwerk-Theorie werden von Theorien des Designs heute aufgegriffen und für ihre Belange weiterentwickelt. Daneben gibt es jedoch eine Vielzahl weiterer Ansätze aus den Kunst-, Kultur- und Medienwissenschaften, der Ethnologie oder den Sozial- und Technikwissenschaften, die noch ihrer Erschließung für das Design harren. Umgekehrt sind aber auch basale Erkenntnisse aus Designtheorien und -forschung bislang von anderen Fächern kaum rezipiert worden. Designtheorien stellen im Gesamtkontext des in diesem Kapitel diskutierten Themenkomplexes ein relativ kleines, aber dennoch sehr relevantes Teilgebiet dar. Zu bemängeln ist allerdings, dass so manche Theorie des Designs den Blick nicht über die eigene Disziplingrenze wirft und den umfangreichen Forschungsstand zur materiell-visuellen Kultur außer Acht lässt. Auch wird der Status der Sprache als primärer Modus und Ort der Sinn- und Erkenntnisproduktion in Theorien des Designs noch zu wenig hinterfragt und problematisiert. Hier gilt es, ungeachtet aller Voten für eine eigenständige Designdisziplin, den interdisziplinären Schulterschluss zu suchen und zum aktuellen Forschungsstand anderer Disziplinen aufzuschließen. In den geistes- und sozialwissenschaftlichen Disziplinen hat sich nämlich längst die Einsicht etabliert, dass Kultur mehr ist als nur Sprache. Der »Alleinvertretungsanspruch des Sprachlichen« gelte heute nicht mehr unangefochten, argumentieren Sybille Krämer und Horst Bredekamp (Krämer/Bredekamp 2003: 15). Ins Blickfeld rückt stattdessen »das Wechselverhältnis zwischen dem Symbolischen und dem Technischen, zwischen dem Diskursiven und dem Ikonischen«, innerhalb dessen Kulturen entstehen und sich reproduzieren (ebd.: 15). In genau diesem Spannungsfeld müsste auch die Diskussion um die Bedeutungsdimension von Entwurfsverfahren und Designartefakten verortet und geführt werden.

# 5. Wissenskulturen des Designs

## 5.1 Kulturtechnik ›Entwerfen‹

Angesichts des Wandels von einer industriell geprägten Gesellschaft zur viel zitierten ›Wissensgesellschaft‹ ist Wissen auch für das Design zu einem Schlüsselbegriff avanciert.[36] Theorien des Designs und besonders die Entwurfsforschung beschäftigen sich zunehmend mit der Frage, welche Wissensbestände für den Entwurf relevant sind und welche Formen von Wissen in den Entwurfsprozessen selbst zum Ausdruck kommen. Wendungen wie »Wissen im Entwurf«[37], »reflexives Entwerfen« (Buchert 2014), »Entwerfen als epistemische Praxis« (Ammon 2013) oder »designerly ways of knowing« (Cross 2006) resultieren aus dem Versuch, Design als autonome »Wissenskultur« zu verstehen und zu befördern (siehe Mareis 2011). Damit verbunden ist zum einen eine erhöhte Aufmerksamkeit für die soziale Dimension von Wissen, also für die Art und Weise, wie Wissen innerhalb sozialer Prozesse distribuiert und normiert wird. Zum anderen rücken die materiellen und technischen Bedingungen der Wissensproduktion in den Vordergrund und damit die Frage, wie Wissen im praktischen Umgang mit Medien, Apparaten, Instrumenten oder Werkzeugen erzeugt wird.[38]

Im Besonderen gilt das Interesse der Entwurfsforschung aber den Entwurfspraktiken selbst, die nunmehr als eigenständige Formen der Wissensproduktion reflektiert werden. Das Entwerfen wird in dieser Perspektive nicht länger als Black Box, als intransparenter Vorgang betrachtet, »der neue Artefakte schafft« (Ammon/Froschauer 2013: 16). Vielmehr wird vorgeschlagen, dass das Entwerfen »als Erkenntnisprozess gesehen werden muss, der Wissen hervorbringt« (ebd.). Otl Aicher erfasst diesen Sachverhalt mit den Worten: »der entwurf übersteigt theorie und praxis und eröffnet nicht nur eine neue wirklichkeit, sondern auch neue einsichten.« (Aicher 1991: 196) Entwurfstechniken wie Skizzieren, Projizieren, Notieren und Modellieren oder Entwurfsstrategien wie Skalierung, Variantenbildung, Externalisierung oder Konkretisierung eines Entwurfs werden in dieser Sichtweise als *epistemische* (erkenntnisgenerierende) Verfahren betrachtet (Ammon 2013: 346–352), die aktiv »an der Entfaltung von Gegenständen des Wissens« teilhaben (Hoffmann 2008: 7). Damit wird zugleich die weitverbreitete Vorstellung problematisiert, im Entwurfsprozess müssten vorgefertigte Ideen und Inhalte, die sich ›im Kopf‹ des Designers befinden, ›nur‹ noch materialisiert und mit einer passenden Form versehen werden. Dagegen wird argumentiert, dass Idee und Materialisierung, Form und Inhalt, Wissen und Gestaltung in den Prozessen der material-technischen Herstellung untrennbar miteinander verwoben sind. Durch Entwurfspraktiken sowie mithilfe von analogen und digitalen Entwurfswerkzeugen realisiere sich, so schreiben Lorenz Engell und Bernhard Siegert, eine »Exteriorität des Denkens, Bildens und Gestaltens« (Engell/Siegert 2012: 7). Auch andere Autoren gehen davon aus, »dass die dem Entwerfen zugrunde liegenden Kulturtechniken [...] keine dem Entwurfsprozess äußerlichen ›Mittel‹ oder ›Werkzeuge‹« sind, sondern einander gegenseitig bedingen (Gethmann/Hauser 2009: 9). Entwurf und Wissen werden auf diese Weise als miteinander korrespondierende Handlungsebenen lesbar. Sie bilden die zentralen Bestandteile einer Epistemologie der Entwurfstätigkeit, in deren Zentrum das Wechselspiel von impliziten, objektivierten und technisierten Verfahrens- und Wissensformen steht, durch die sich Entwurfsprozesse – wie die meisten Expertentätigkeiten – beschreiben lassen. Das Entwerfen oszilliere, so schreiben Sabine Ammon und Eva-Maria Froschauer, »zwischen regelgeleitetem Vorgehen und dessen beständigen Überschreiten, enthält Unschärfen und unterliegt doch dem Zwang zu Präzision und Explizierung; entwickelt sich aus spontanen Eingebungen und erfordert gleichzeitig systematisches Arbeiten« (Ammon/Froschauer 2013: 18).

Genau diese Komplexität ist es wohl, die gegenwärtig das Interesse am Thema eines ›Wissens im Entwurf‹ nicht nur auf die Agenda der Designfächer bringt, sondern ihm einen weitaus größeren Resonanzraum an der Schnittstelle von Wissenschafts-, Kultur-, Technik- und Medienforschung verschafft. Der intermediäre Status des Entwerfens zwischen Analyse und Synthese scheint im ›Innern‹ der akademischen Forschung angekommen zu sein und eröffnet dort neue Fragen zur Gestaltung von Wissen sowie zu den »Praktiken, Wissensformen und Artefaktkomplexe[n], die an den Entwurfs- und Produktionsprozess gekoppelt sind« (Prinz/Moebius 2011: 18). In diesem Zusammenhang wurde das Entwerfen wiederholt auch mit dem kulturwissenschaftlichen Konzept der ›Kulturtechnik‹ in Zusammenhang gebracht. Bernhard Siegert zufolge etwa bedeutet die Idee »der Praxis des Entwerfens als Kulturtechnik«, sie den »historischen Aprioris von Techniken, Materialitäten, Codes und Visualisierungsstrategien zu unterstellen«, statt einen »unbegreiflichen Schöpfungsakt« als Ursache des Entwerfens anzunehmen (Siegert 2009: 23). In die gleiche Richtung geht auch die Feststellung von Daniel Gethmann und Susanne Hauser, dass der Prozess des

Entwerfens »gemeinhin als geheimnisumwitterte Technik zur Konzeption von zukunftsweisenden Gestaltungsvorschlägen« gelte, dass er jedoch eher selten »im Hinblick auf die Techniken, Verfahren, Regeln, Prozesse und Praktiken untersucht [wird], die für das Entwerfen konstitutiv sind« (Gethmann/Hauser 2009: 9). Damit ist bereits gesagt, dass es *das* Entwerfen oder *den* Entwurf als einheitlichen Gegenstand nicht geben kann, sondern dass wir es stets mit einer Vielzahl von unterschiedlichen, kulturhistorisch ausdifferenzierten Entwurfspraktiken und -kulturen zu tun haben.

Mit dem Konzept der ›Kulturtechnik‹ soll der Blick besonders für solche Praktiken, Techniken und Darstellungsformen geschärft werden, die neben der Sprache für die systematische Genese und Analyse kultureller Ordnungen und Produktionsprozesse bedeutsam sind (Krämer/Bredekamp 2003: 11). Das Konzept der Kulturtechnik stellt insofern auch eine Form von Sprachkritik dar. Eine »kulturtechnische Perspektive« (ebd.: 18) geht davon aus, dass Kultur sich nicht allein durch Sprache und Denken konstituiert, sondern ebenso durch Materialität, Techniken und Verfahren, wie sie den Umgang mit Zahlen, Bildern, Skizzen, Modellen, Diagrammen oder Plänen kennzeichnen. Kulturtechniken werden somit als leistungsstarke sprachalternative Agenten in Prozessen der menschlichen Wissens- und Erkenntnisproduktion gewürdigt. Ihnen wird attestiert, »die Leistungen der Intelligenz durch Versinnlichung und exteriorisierende Operationalisierung des Denkens« zu befördern (ebd.). Für Sybille Krämer und Horst Bredekamp sind folgende Aspekte für eine »kulturtechnische Perspektive« auf Dinge und Symbole kennzeichnend:

»Kulturtechniken sind (1) operative Verfahren zum Umgang mit Dingen und Symbolen, welche (2) auf einer Dissoziierung des impliziten ›Wissen wie‹ vom expliziten ›Wissen dass‹ beruhen, somit (3) als ein körperlich habitualisiertes und routinisiertes Können aufzufassen sind, das in alltäglichen, fluiden Praktiken wirksam wird, zugleich (4) aber auch die aisthetische, material-technische Basis wissenschaftlicher Innovationen und neuartiger theoretischer Gegenstände abgeben kann. Die (5) mit dem Wandel von Kulturtechniken verbundenen Medieninnovationen sind situiert in einem Wechselverhältnis von Schrift, Bild, Ton und Zahl, das (6) neue Spielräume für Wahrnehmung, Kommunikation und Kognition eröffnet. Spielräume, (7) die in Erscheinung treten, wo die Ränder von Disziplinen durchlässig werden und den Blick freigeben auf Phänomene und Sachverhalte, deren Profil mit den Grenzen von Fachwissenschaften gerade *nicht* zusammenfällt.« (Ebd.)

Diese Konzeption einer kulturtechnischen Perspektive lässt sich in so gut wie allen Punkten auf den Bereich des Entwerfens übertragen: Sei es im Hinblick auf die Operationalität von Entwurfstechniken und -verfahren, in der Anerkennung impliziter Wissensformen oder in der Verortung des Entwerfens an den Rändern tradierter Disziplinen. Entwerfen in einer kulturtechnischen Perspektive zu verstehen bedeutet also immer mehrerlei: Erstens geht es darum, die für das Entwerfen konstitutiven Verfahren, Techniken, Praktiken, Regeln, aber auch Werkzeuge, Instrumente und Medien zu verstehen, und zweitens rückt deren historische Genealogie, kulturelle, soziale und institutionelle Einbettung in den Vordergrund.

## 5.2 Wissenschaftliche Disziplinierung des Designs

Auch für Theorien des Designs ist der Blick auf die historische Entwicklung ihrer eigenen Wissensdiskurse zentral: Das gegenwärtige Interesse an Wissensfragen und die damit einhergehende Aufwertung epistemischer Konzepte im Design resultiert aus einer Reihe gesellschaftlicher und institutioneller Entwicklungen im 20. Jahrhundert, in deren Verlauf sich Design als wissenschaftliche Disziplin zu formieren begann. Der Designtheoretiker Richard Buchanan beschreibt in diesem Zusammenhang einen einschneidenden Wandel im Design. So habe sich das Design seit seinen Anfängen in der Mitte des 19. Jahrhunderts von einer gewerblich-industriellen Aktivität zu einem spezifischen Berufsbild mit typischen Praktiken und Denkweisen ausdifferenziert und versuche nun, sich als autonome Disziplin und Wissenskultur zu etablieren (siehe Buchanan 1998). Die Frage nach dem Verhältnis von Design und Wissenschaft lässt sich wie ein roter Faden durch das gesamte 20. Jahrhundert hindurch verfolgen. Der Designtheoretiker Nigel Cross etwa weist darauf hin, dass bereits in den frühen 1920er Jahren im Bereich der Avantgarde-Kunst erste Versuche zu beobachten seien, dem Design eine wissenschaftliche Grundlage zu geben (Cross 2001: 49). Künstler wie Theo van Doesburg, Wassily Kandinsky, Paul Klee oder László Moholy-Nagy forderten zu der Zeit einen ›objektiven‹ Zugang zu Kunst und Gestaltung. So schreibt van Doesburg: »Um ein neues Objekt zu konstruieren, benötigen wir eine neue Methode, nämlich ein objektives System.«[39] Paul Klee hielt 1928 in *exakte versuche im bereich der kunst* fest: »auch der kunst ist zu exakter forschung raum genug gegeben und die tore dahin stehen seit einiger zeit offen. [...] mathematik und physik liefern dazu die handhabe in form von regeln für die innehaltung und für die abweichung.« (Klee 1976: 130) Dennoch konnte die ›exakte Forschung‹ der Naturwissenschaften für Klee und andere Avantgarde-Künstler die künstlerische ›Intuition‹ nicht ersetzen. Trotz allen Interesses, das diese der Regel- und Gesetzeshaftigkeit der Naturwissenschaften und ihren Objektivierungsbestrebungen entgegenbrachten, konnte sich der Mythos einer nicht nachvollziehbaren, subjektiven künstlerischen Schöpfungskraft im Kontext der Kunst (und auch im Design) bisweilen hartnäckig halten.

Auch am Bauhaus, das zwischen 1919 und 1933 als einflussreiche Ausbildungsstätte für Architektur und Gestaltung fungierte, wurden Designprojekte und Entwurfstheorien in enger Auseinandersetzung mit wissenschaftlich-technologischen Fragestellungen der Zeit diskutiert. Der Wissenschaftshistoriker Peter Galison hebt dabei eine Verbindung hervor, die zwischen den Architekten und Gestaltern des Bauhauses und den Philosophen des Wiener Kreises bestand. Die logischen Positivisten des Wiener Kreises hatten es sich zum Ziel gesetzt, so Galison, eine »›wissenschaftliche‹, antiphilosophische Philosophie zu gründen, die alles Wissen auf strenge Grundlagen stellen und es vom Unzulässigen trennen würde« (Galison 2001: 66). Die Bauhäusler ihrerseits strebten danach, »wissenschaftliche Prinzipien [zu] verwenden, um einfache Farbbeziehungen und grundlegende geometrische Formen zu kombinieren, Dekoratives zu eliminieren und eine neue, antiästhetische Ästhetik zu schaffen, die das Funktionale hochhalten sollte« (ebd.). Galison sieht die Gemeinsamkeiten der beiden vorderhand sehr unterschiedlichen Institutionen darin, dass sich sowohl die Gestalter als auch die Wissenschaftler zu der Zeit an »das Einfache und Funktionale« hielten und versuchten, ihre jeweiligen Bereiche mit den »modernen Produktionsmethoden in Einklang zu bringen« (ebd.: 78).

Für die Nachkriegszeit kann sodann eine zusätzliche Intensivierung des Austausches zwischen Design und Wissenschaft konstatiert werden. In den 1960er Jahren herrschte ein reges Interesse daran, wissenschaftliche Methoden auf das Design zu übertragen. So wurde an der Hochschule für Gestaltung (HfG) Ulm,[40] die 1953 als Nachfolgeinstitution des Bauhauses gegründet wurde, die Ansicht vertreten, die zunehmend komplexer werdenden Aufgaben des Designs ließen sich nur durch den Einbezug wissenschaftlicher Methoden lösen. Siegfried Maser argumentiert, »Industrialisierung und Automation«, »Arbeitsplatzgestaltung« und »Umweltschutz« hätten dazu geführt, dass die anstehenden Probleme des Designs »nicht mehr autonom von einer einzigen Person« angegangen werden konnten (Maser 1976: 41). Es habe sich daraus eine »Notwendigkeit zur Kooperation bei der Problemlösung« ergeben: »Kooperation aber heißt Argumentation und erfordert Theorie«, so Masers Konklusion (ebd.).

Eine enge Zusammenarbeit zwischen Design, Industrie und Technik sowie die Stärkung der wissenschaftlich-theoretischen Fundamente und Methoden des Designs schienen die geeigneten Mittel zu sein, um den veränderten Anforderungen an die Produkt- und Umweltgestaltung der Nachkriegszeit gerecht zu werden. Namentlich die jüngeren Dozenten der HfG Ulm drängten laut Otl Aicher auf die »auswertung der designgrundlagen« und führten »informationstheoretische und methodische fächer« ein (Aicher 1975: 14). Diese Haltung führte zu dem sogenannten ›ulmer modell‹, ein »auf technik und wissenschaft abgestütztes modell des design«, in dem »der designer nicht mehr übergeordneter künstler«, sondern »gleichwertiger partner im entscheidungsprozess der industriellen produktion« sein sollte (ebd.). Folgt man einer These von Norbert Bolz, dann wird Design in diesem Modell als ein »Gestaltungsprozess mit Feedback-Schleifen« definiert, der die Funktionsweise kybernetischer Systeme adaptieren soll (Bolz 2006: 31 f.). Dieser Vergleich ist insofern interessant, als die Theorien des Designs gerade in den 1960er Jahren häufig auf technisch-formalistische Modelle aus der Kybernetik, der Planungs- und Systemtheorie Bezug nahmen (vgl. Kapitel 5.5).

Nachdem in den 1960er Jahren also erste systematische Bemühungen stattfanden, das Entwerfen methodisch-wissenschaftlich zu fundieren, kann heute im Zuge zahlreicher Bildungsreformen an den europäischen Kunsthochschulen erneut beobachtet werden, wie sich das Design und auch die Künste als eigenständige Disziplinen und Forschungsfelder zu profilieren versuchen. In den letzten Jahren entstand so ein lebhafter Diskurs rund um die Möglichkeiten und Innovationen, aber auch um die Begrenzungen von Designforschung und künstlerischer Forschung (*artistic research*).[41] Besonders einflussreich ist in dieser Hinsicht der Bologna-Prozess mit seinem dreistufigen Ausbildungsmodell, das auch für die Kunsthochschulen einen dritten Zyklus, also ein Doktorat oder PhD-Abschluss, vorsieht. Wie dieser dritte Zyklus jedoch im Vergleich zu ›klassischen‹ wissenschaftlichen Doktoraten aussehen soll, ist derzeit Gegenstand kontroverser Diskussionen. James Elkins befürchtet, dass solche künstlerischen Doktorate künftig die Standardanforderung für Dozierende in Kunst und Design darstellen und eine praxisferne, akademisierte Lehre begünstigen könnten (Elkins 2009a: vii). Andere hingegen begrüßen die Einführung eines dritten Zyklus in Kunst und Design, da sie in ihm eine längst überfällige akademische Anerkennung von kunst- und designspezifischen Formen des Wissens und Könnens sehen. Jürgen Weidinger weist in diesem Zusammenhang aber auch auf den ökonomischen Druck hin, dem die Entwurfsdisziplinen und die künstlerischen Disziplinen gegenwärtig unterliegen. Diese stünden, »wie kaum ein anderer Studiengang«, heute vor neuen Herausforderungen: »Die Ökonomisierung der Universitäten setzt die Entwurfswissenschaften unter Druck, sich den Methoden und Evaluierungsverfahren der wissenschaftlichen Disziplinen unterzuordnen.« (Weidinger 2013: 13)

Mit dem skizzierten Wandel des Designs von einer industriellen Produktionskraft zu einer kognitiven Wissenskultur gehen einschneidende Veränderungen im Selbstbild von Designern/Designerinnen einher. Die Designpraxis habe sich, so lautet eine in diesem Zusammenhang oft geäußerte These, im Verlauf des 20. Jahrhunderts so grundlegend gewandelt, dass für ihr Verständnis neue Analysekategorien, Konzepte und Methoden notwendig geworden seien. Die romantisch überhöhte Vorstellung eines ›genialen‹ Künstlersubjekts, das ganz auf sich gestellt, intuitiv und ungeachtet aller Regeln aus sich heraus Neues erschafft, weicht zunehmend wissensbasierten und kooperativen Modellen von Design. So wird für die »postindustrielle Gesellschaft« ein neuer »Designertyp« gefordert, der »denkende Designer« (Romero-Tejedor 2007: 21 f.). Für Klaus Krippendorff stellt sich dieser kognitive Wandel der Designprofession zudem als eine selbstreflexive Wende dar, als »Einladung an das Design, sich selbst mittels des eigenen Diskurses umzugestalten« (Krippendorff 2013: 35).

Bei der Bestimmung von Entwurfspraktiken als epistemische Praktiken und Design als autonome Wissenskultur handelt es sich jedoch keineswegs nur um eine selbstorganisierte, erkenntnisgeleitete Debatte des Designs, sondern um den komplexen, bisweilen prekären Abgrenzungs- und Autonomisierungsprozess einer neuen Disziplin. Die emergente Disziplin ›Design‹ (Designtheorien, -forschung oder -wissenschaft) muss sich gegenwärtig innerhalb des bestehenden akademischen Fächerkanons positionieren und in Abgrenzung zu etablierten Fächern behaupten. Der Soziologe Franz Schultheis beschreibt diesen Prozess so, dass das Design – wie jede neue wissenschaftliche Disziplin – verschiedene Stufen der soziogenetischen »Disziplinierung«[42] durchlaufen müsse, um sich von einer »›illegitimen Kunst‹ zu einem legitimen Feld wissenschaftlicher Theorie und Forschung zu wandeln« (Schultheis 2005: 68). Im Zuge dieser akademischen Disziplinierung müssten zunächst »Lücken, Engführungen und blinde Flecken im Konzert der Wissenschaften« aufgezeigt werden, verbunden mit dem »Anspruch auf Behebung solcher ›Forschungslücken‹ mittels der Einführung einer neuen wissenschaftlichen Perspektive« (ebd.: 71). Der erhobene Autonomieanspruch müsse dann »in Gestalt eines ausreichend unterscheidbaren Ensembles eigenständiger epistemologischer, theoretischer und methodologischer Koordinaten und Regeln legitimiert werden« (ebd.: 72). Es gehe darum, so Schultheis, »ein neues, kohärentes und selbstgenügsames ›Sprachspiel‹ zu entwickeln und zu kodifizieren, welches möglichst unverwechselbar daherkommt« (ebd.). Wissens- und Methodendebatten, wie sie derzeit im Feld des Designs geführt werden, sind demnach als ein immanenter Bestandteil der akademischen Disziplinwerdung zu verstehen – und somit als spannungsreicher, unsicherer Ort der sozialen und kulturellen Aushandlung.

### 5.3 Das *Design Methods Movement*

Das Bestreben der HfG Ulm, das Entwerfen auf ein wissenschaftliches Fundament zu stellen, war im zeithistorischen Kontext keineswegs ein isoliertes Phänomen. Vielmehr war es Teil eines weitaus größeren, internationalen Interesses an Entwurfstheorien und -methoden in den 1960er und 1970er Jahren, an einer Neuorientierung des Entwurfes unter der Ägide der Wissenschaften. Aus dieser Zeit stammen wichtige Annahmen zu Handlungsweisen in Design und (Natur-)Wissenschaft sowie zum Verhältnis von Theorie und Praxis, die bis heute viele Theorien des Designs anleiten. Wolf Reuter schreibt im Rückblick über die große Faszination, welche die Wissenschaft in der Nachkriegszeit auf den Designbereich ausübte: »Die Gestalter liebäugelten mit dieser so andersartigen Sparte menschlicher Tätigkeit, weil Fehlplanungen bei den hohen Auflagen der industriellen Fertigung katastrophale Folgen für alle Beteiligten gehabt hätten – Wissenschaft versprach Sicherheit.« (Reuter 2003: 94) Er spricht davon, dass das Design zu der Zeit eine »›erotische‹ Beziehung« zur Wissenschaft entwickelt habe (ebd.).

Unter dem Namen *Design Methods Movement* formierte sich zu Beginn der 1960er Jahre eine international aktive, heute jedoch wenig bekannte Bewegung, die Vertreter/innen unterschiedlicher wissenschaftlicher und professioneller Bereiche zusammenbrachte und eine Verwissenschaftlichung des Entwerfens anstrebte (siehe Fezer 2009). Obwohl sich diese Designmethodenbewegung schon zu Beginn der 1970er Jahre wieder auflöste und ihre Bemühungen, den Entwurf zu verwissenschaftlichen, heftig kritisiert wurden, bildet sie doch eine wichtige Grundlage aktueller Wissens- und Methodendiskurse im Design. Bruce Archer behauptet kurzerhand, dass sich aus der Designmethodologie der 1960er und 1970er Jahren die heutige Designforschung entwickelt habe (Archer 1979: 17). Für diese sind, wie später gezeigt wird, nicht nur die maßgeblichen Aspekte aus jener historischen Phase wegweisend, sondern vor allem auch die Kritik an der Verwissenschaftlichung des Entwerfens (vgl. Kapitel 5.6). Darüber hinaus ist es wichtig, sich zu vergegenwärtigen, dass die Designmethodologie der Nachkriegszeit sich an den *damals* vorherrschenden gesellschaftlichen Leitsätzen, wissenschaftlichen Modellen und Methoden orientierte. Für unser heutiges Verständnis von Design als Wissenskultur müssen diese jedoch in vielerlei Hinsicht als überholt – oder zumindest als revisionsbedürftig – gelten. Dazu gehört namentlich das eindimensionale Verständnis von Wissenschaft als exakte Naturwissenschaft sowie die Gleichsetzung von Entwurfsprozessen mit technischen Planungs- und Problemlösungsprozessen.

Erklärtes Ziel des *Design Methods Movement* in der Nachkriegszeit war es, für die bis dahin mehr oder weniger intuitiv betriebenen Entwurfsprozesse rationale, wiederhol- und berechenbare Entwurfsmethoden zu finden. Man erhoffte sich davon eine Optimierung der Designausbildung und -praxis sowie einen anschlussfähigen wissenschaftlichen Diskurs. Das Entwerfen sollte nicht länger als »blinde Ad-Hoc-Praxis« (Gui Bonsiepe) betrieben werden, sondern zielgerichtet und berechenbarer sein. Dazu wurden Methoden aus den unterschiedlichsten Disziplinen aufgegriffen – etwa aus der Informatik, der Kybernetik, dem Operational Research, der Planungstheorie oder der Linguistik – und im Hinblick auf ihre Tauglichkeit für den Entwurf untersucht (siehe Jones 1992). Jesko Fezer, der zur Geschichte des *Design Methods Movement* arbeitet, konstatiert, dass die Bewegung zu Beginn der 1960er Jahre »eine von Enthusiasmus und Optimismus getragene Entdeckung neuer Ansätze des Entwerfens« dargestellt habe (Fezer 2009: 288). »Junge Planer und Architekten in Europa und den USA studierten Prinzipien, Praxen und Verfahren des Entwerfens. In unzähligen Zusammenkünften, Texten, Seminaren, Publikationen und Konferenzen tauschten sie ihre Erkenntnisse aus und suchten nach angemessenen Entwurfsverfahren, die dabei helfen konnten, bessere Ergebnisse in der Architektur und Stadtplanung zu erzielen.« (Ebd.: 288 f.) Der Designer John Chris Jones, ein prominenter Vertreter der Designmethodenbewegung, weist 1970 in seinem Buch *Design Methods* auf das unerhört breite, interdisziplinäre Interesse an Entwurfsmethoden und überhaupt an Methodenfragen hin:

> »Das aufkommende Interesse an Methodologie ist keineswegs auf das Entwerfen und die Planungsbereiche beschränkt; es ist seit mehreren Jahrzehnten auch in anderen industriellen Tätigkeiten augenfällig, so etwa im Management, in der Produktionstechnik, der Buchhaltung und im Marketing, ebenso in nicht-industriellen Tätigkeiten wie im Schauspiel, in der Malerei, Musikkomposition, Philosophie, Naturwissenschaft, im Bibliothekswesen, in der Sozialen Arbeit, Lehrtätigkeit oder militärischen Planung.« (Jones 1992: xviii)

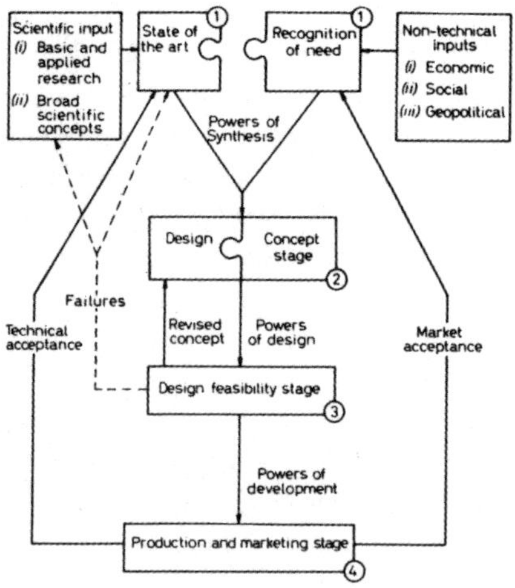


Abb. 8: Diagrammatische Darstellung der *design method* (1966)

Einen wichtigen Anknüpfungspunkt im interdisziplinären Setting der Designmethodologie stellte die militärische Forschung dar (Fezer 2009: 290). Der Planungstheoretiker Horst Rittel, ein wichtiger Akteur der Bewegung, sah in der Designmethodologie eine zivile Anwendung militärischer Forschung. Er war der Ansicht, die Designmethodologie resultiere aus dem Interesse, die Herangehensweise der NASA und des US-amerikanischen Militärs an komplexe technologische Probleme auf zivile Bereiche des Entwerfens zu übertragen (Rittel 1972: 5). Potenzielle zivile Anwendungsfelder wurden in der Planung von Städten und Verkehrssystemen, bei Fragen der Ökologie und des Umweltschutzes oder in der Technologienentwicklung gesehen. Der Entwurfsprozess, so wurde argumentiert, folge in den unterschiedlichen Disziplinen und Bereichen immer dem gleichen Muster, »egal ob man es mit dem Entwurf einer neuen Ölraffinerie zu tun hat, mit dem Bau einer Kathedrale oder mit dem Schreiben von Dantes *Göttlicher Komödie*« (Gregory 1966: 3). In dieser Sichtweise macht es für den Ablauf eines Entwurfsprozesses keinen Unterschied, ob man nun ein technisches Gebäude oder ein Schauspielstück entwirft. Sydney Gregory, der diese These propagierte, prägte dafür den Ausdruck »the design method« (ebd.). Man stellte sich diese Entwurfsmethode wie ein kybernetisches Phasenmodell vor, das mit Input-Output-Daten gefüttert und durch Rückkoppelungs-Mechanismen reguliert wird (Abb. 8).

Obwohl es durchaus Bezüge zu den Künsten gab und auch ›intuitive‹ Formen des Wissens eine Rolle spielten, war die Designmethodenbewegung der Nachkriegszeit im Hinblick auf Planungs- und Problemlösungsprozesse vorrangig von technischen Interessen und rationalistischen Auffassungen geprägt. Sie war allerdings auch von einer bemerkenswerten methodologischen Neugier am Entwurf durchdrungen, die tief in den gesellschaftspolitischen Entwicklungen der Nachkriegszeit wurzelte. Folgt man einer These von Andrew Pickering, so waren die 1960er Jahre von einem ausgeprägten »Experimentalismus« bestimmt, einer großen Offenheit gegenüber wissenschaftlichen und technologischen Versuchsanordnungen (Pickering 2008: 13). Diese experimentelle Offenheit, die in den westlichen Industrieländern vor dem politischen Hintergrund von Nachkriegszeit, Kaltem Krieg und Sputnik-Schock gesehen werden muss, beeinflusste auch die aufkommende Designmethodologie nachhaltig. Es scheint, als ob sich vor allem unter der Begriffsklammer des ›Entwerfens‹ in der Nachkriegszeit substanzielle Fragen zur Konstruiertheit von bestehender und damit zur Planbarkeit von zukünftiger Wissenschaft, Gesellschaft und Umwelt versammeln konnten. Der Ingenieur Morris Asimow prägte den Satz, Design sei »decision-making in the face of uncertainty and with high penalties for error« (zit. nach Jones 1966: 296). Aus dieser und ähnlichen Sichtweisen resultierten produktive Schnittstellen zwischen Designmethodologie, Zukunftsforschung und *technological forecasting* (Jantsch 1967). Das Hervortreten der Designmethodologie in der Nachkriegszeit kann jedoch nicht nur als Antrieb für interdisziplinäres, methodenbasiertes Arbeiten gedeutet werden, sondern ebenso als Ausdruck einer Krise des Entwerfens, wie Horst Rittel vermutete: »Das aufkommende Interesse an Methodenfragen in einem bestimmten Feld ist gewöhnlich Zeichen einer Krise, [...] das hauptsächliche Ziel der Designmethodologie scheint darin zu liegen, die Eigenschaften der Entwurfstätigkeit und ihrer Problemstrukturen zu erhellen.« (Rittel 1972: 5) Es wurde also die Frage nach dem Entwerfen selbst gestellt, nach seinen möglichen und potenziellen Aufgabenbereichen, seinen genuinen Eigenschaften, Praktiken, Methoden und Verfahrensweisen.

Vorwegzunehmen ist an dieser Stelle, dass die Zielsetzung des *Design Methods Movement*, das Entwerfen auf wissenschaftliche Grundlagen zu stellen, schon nach wenigen Jahren von Vertretern der Bewegung selbst heftig kritisiert wurde. Ebenso gelang es (absehbarerweise) nicht, eine einheitliche Definition für das Entwerfen zu finden. Jesko Fezer schreibt, es seien »unerwartete Schwierigkeiten bei der Suche nach rationalen Methoden des Entwerfens aufgetreten« (Fezer 2009: 288). Je genauer man den Gegenstand der Entwurfsmethoden und deren Auswirkungen untersucht habe, »umso klarer wurde, auf welch komplexe Weise der Prozess des Entwerfens in die Dynamiken politischer und sozialer Diskurse eingebunden war« (ebd.). Der Versuch, »den Bezug des Entwurfsprozesses auf seine Wirkung in der Wirklichkeit zu analysieren und zu verbessern«, habe zu »einem radikalen Einbruch der Realität in den Fachdiskurs« geführt, so Fezers Konklusion (ebd.: 304). Bemängelt wurde zudem, dass der akribisch geführte Methodendiskurs zu rationalistisch und theoretisch geworden und nicht mehr mit der realen Arbeitspraxis von Designern/Designerinnen zu vereinbaren gewesen sei. John Chris Jones, der die Methodenbewegung zu Beginn enthusiastisch unterstützte, resümierte in den 1970er Jahren ernüchtert, dass die Bewegung aufgrund ihrer Distanz zur ›Lebenswelt‹ der Designpraxis gescheitert sei. »Ich war bemüht, all die Designmethoden miteinander, aber auch mit der [praktischen] Erfahrung zusammenzubringen. Was ich fand, war ein großer Graben, der sich zwischen Intuition einerseits und Rationalität, Vernunft andererseits entwickelt hatte.« (Jones 1977: 53) Er kritisiert, dass die Designmethodologie zu sehr von einer »Maschinensprache« und dem Versuch beherrscht gewesen sei, das ganze Leben in ein logisches, rationales System zu bringen (ebd.: 57). Man habe sich, so Jones, für das Thema Designmethodologie vor allem aufgrund seiner (vermeintlichen) Rationalität interessiert, auch weil es Sicherheit im Leben versprochen habe – das Entwerfen aber sei immer mit Unsicherheiten verknüpft (ebd.: 55).

## 5.4 Die Wissenschaften vom Künstlichen

Es ist wichtig zu verstehen, dass die Designmethodologie in der Nachkriegszeit nicht bloß eine Verwissenschaftlichung des Entwerfens anstrebte, sondern dass sie von Beginn an auch von einer Ambivalenz gegenüber den Möglichkeiten und Grenzen naturwissenschaftlicher Modelle und Methoden geprägt war. So lassen sich gleichermaßen Bemühungen beobachten, das Entwerfen zu verwissenschaftlichen und es von der wissenschaftlichen Praxis abzugrenzen. Nigel Cross (1993: 18) konstatiert, dass in der Designmethodologie von Beginn an versucht worden sei, zwischen Design und Wissenschaft (*science*) zu unterscheiden. (Gemeint ist in diesem Kontext in der Regel Wissenschaft als Naturwissenschaft.) Sydney Gregory definierte den Unterschied von Design und Wissenschaft folgendermaßen: »Einfach ausgedrückt, ist die wissenschaftliche Methode ein Muster für Problemlösungsverhalten, um Dinge herauszufinden, die existieren, während die Methode des Entwerfens hingegen dazu verwendet wird, um Dinge von Wert zu erfinden, die noch nicht existieren. Wissenschaft ist analytisch, das Entwerfen ist konstruktiv.« (Gregory 1966: 6) Obwohl diese Unterscheidung sehr eingängig klingt und sich viele Designtheorien auch heute noch darauf beziehen, muss doch klargestellt werden, dass eine derart stereotype Definition von Design und Wissenschaft viel zu kurz greift und mit Blick auf den aktuellen Stand der Wissenschaftsforschung nicht mehr haltbar ist.

Vor dem Hintergrund der Debatte um die Analogien und Differenzen von Design und Wissenschaft schrieb der Wirtschafts- und Sozialwissenschaftler und spätere Nobelpreisträger Herbert A. Simon mit *The Sciences of the Artifical* (1969) ein Buch, das sich als ein Klassiker im Feld der Designtheorie etablieren sollte.[43] Wie viele seiner Zeitgenossen fand auch Simon, dass die Entwurfstätigkeit nicht länger als intuitive Tätigkeit betrieben werden konnte, sondern wissenschaftliche Fundamente brauchte. Das Entwerfen sah er als eine methodengeleitete Wissenschaft des *praktischen* Denkens, Planens, Entscheidens und Tuns, deren Ziel es sein sollte, »das Künstliche zu erschaffen« (Simon 1990: 95). Der Aspekt der ›Künstlichkeit‹ war für Simon insofern essenziell, als er in ihm das wichtigste Merkmal zeitgenössischer Lebenswelten erkannte. »Die Welt, in der wir heute leben, ist weit eher eine von Menschenhand gemachte oder künstliche als eine natürliche Welt«, so Simon (ebd.: 2). In seinem Buch forderte er die Etablierung neuartiger ›Wissenschaften vom Künstlichen‹, die mit den künstlich erzeugten Objekten und Phänomenen der informationstechnologisch transformierten Welt angemessen umgehen und »ein Wissen über künstliche Objekte und Erscheinungen« bereitstellen könnten (ebd.: 3). Diese Wissenschaften, zu denen er die Wirtschaft, die Denk- und Lernpsychologie, das Entwerfen sowie die Gesellschaftsplanung zählte, sollten als Erweiterung der ›klassischen‹ Naturwissenschaften fungieren. Wichtig zu erwähnen sind in diesem Zusammenhang zwei Dinge: Erstens sind Simons Ausführungen zu Artifizialität und Design erkennbar durch seine Forschungsarbeiten im Bereich ›Künstliche Intelligenz‹ (KI) beeinflusst. Gemeinsam mit dem Informatiker Allen Newell leistete Simon in den 1960er und 1970er Jahren maßgebliche Beiträge zur Simulation und Automation intelligenten Verhaltens durch Computer (Newell/Simon 1961, 1972). In der KI-Forschung spielt nicht nur die digitale Simulation kognitiver Prozesse eine zentrale Rolle, sondern auch die damit verbundene, sehr viel grundlegendere Frage nach dem Status des Artifiziellen. Zweitens ist es wichtig zu wissen, dass Simon den Designbegriff sehr technisch verstand, ihn eng an das Ingenieurwesen koppelt und von dort aus zu erneuern und zu erweitern versuchte.

Simon bezog sich in seinen Ausführungen auf die zu der Zeit geläufige Ansicht, dass sich die Handlungsweisen und Zielsetzungen von Design und Naturwissenschaft kategorisch voneinander unterschieden: Naturwissenschaften seien demnach mit der *Analyse* von Dingen beschäftigt, während Entwerfer/innen an deren Herstellung und *Synthese* arbeiteten (Simon 1990: 4). Den »Ingenieur und allgemeiner de[n] Entwerfer« interessierten, so Simon, die Art und Weise, »wie die Dinge sein sollten – wie sie sein sollten, um Zielen zu genügen und zu funktionieren« (ebd.). Die Naturwissenschaft hingegen habe »einen Weg gefunden, das Normative auszuschließen und sich allein damit zu befassen, wie die Dinge sind« (ebd.: 4). Entwerfer/innen waren demnach – um ein Bild aus den Organisationswissenschaften zu benutzen – nicht für die Entdeckung von ›Ist-Zuständen‹, sondern für die Gestaltung von ›Soll-Zuständen‹, von zukünftigen Möglichkeiten und Optionen zuständig.

Um eine Grundlage für die ›Wissenschaften vom Künstlichen‹ zu legen, bemühte sich Simon zunächst um eine Neutralisierung der Begriffe ›Synthese‹ und ›Künstlichkeit‹. Diese seien im normalen Sprachgebrauch häufig mit negativen Konnotationen wie »affektiert, nachgemacht, fabriziert, vorgetäuscht, unecht, simuliert, falsch, abgekartet, unnatürlich« besetzt (ebd.: 3). Er hingegen strebe ein neues Verständnis der beiden Begriffe an und definierte ›künstliche‹ Dinge in Abgrenzung zu ›natürlichen‹ Dingen wie folgt:

»1. Künstliche Dinge sind von Menschen hergestellt (wiewohl nicht immer oder auch nur im allgemeinen mit vollem Vorbedacht).
2. Künstliche Dinge mögen den äußeren Schein natürlicher Dinge nachahmen, dabei aber der Realität der letzteren in einer oder in verschiedenen Hinsichten ermangeln.
3. Künstliche Dinge können in Bezug auf Funktionen, Ziele und Anpassungen charakterisiert werden.
4. Künstliche Dinge werden ebensooft im Hinblick auf Vorschriften diskutiert wie im Hinblick auf Beschreibungen, besonders im Entwurfsstadium.« (Ebd.: 5)

Gerade in der versuchten Abgrenzung weist dieses Modell eine enge Verzahnung und Symmetrie von ›künstlichen‹ und ›natürlichen‹ Dingen auf. Artefakte können nach Ansicht von Simon weder gänzlich von der ›Natur‹ getrennt noch von den ›Naturgesetzen‹ abgelöst werden, zugleich sind sie aber immer auch an menschliche Ziele und Zwecke angepasst. Ein ›Artefakt‹ stellte Simon sich folglich als »Schnittstelle« vor, als einen »Punkt der

Begegnung«, der eine »innere Substanz und Gliederung des Artefakts selbst« mit einer »›äußeren‹ Umgebung, der Umwelt, in der es operiert«, verbinde (ebd.: 6). Den Gedanken illustrierte er am folgenden Beispiel: »Ob eine Uhr in der Tat die Zeit anzeigen wird, hängt ebenso von ihrer inneren Konstruktion ab wie von dem Platz, an den sie gestellt wird. Ob ein Messer schneidet, hängt vom Material seiner Klinge ab und von der Härte der Substanz, an der es erprobt wird.« (Ebd.) Die gestalterisch-technische Adaption und Passung von ›inneren‹ und ›äußeren‹ Umgebungen der Artefakte bilden für Simon demnach das Kerngebiet des Entwerfens. Er weist darauf hin, dass »die Welt des Künstlichen [...] ihren Mittelpunkt genau an dieser Schnittstelle zwischen inneren und äußeren Umgebungen« habe und dass es um deren Adaption gehe: »Die Erforschung des Künstlichen zielt auf eine Weise, in der diese Anpassung der Mittel an die Umgebungen zustande kommt – und im Mittelpunkt steht der Vorgang des Entwerfens selbst.« (Ebd.: 97)

Angesichts dieser Aussage erstaunt es kaum, dass Simon das Entwerfen als eine höchst generalistische Tätigkeit verstand. Aus designtheoretischer Sicht wurde in dieser Hinsicht vor allem eine Passage aus *The Sciences of the Artifical* wegweisend, in der er eine sehr offene Definition zur Tätigkeit des ›Designers‹ formulierte. Ingenieure seien nicht die einzigen professionellen Designer, schreibt Simon dort, vielmehr sei jeder »ein Designer, der Abläufe ersinnt, um bestehende Situationen in erwünschte zu verwandeln« (ebd.: 95). »Intellektuelle Aktivität, die materielle Artefakte produziert«, sei »nicht grundsätzlich verschieden von jener, die einem Kranken Medikamente verschreibt oder einen neuen Absatzplan für eine Firma oder eine Politik der sozialen Wohlfahrt für einen Staat entwirft« (ebd.). In dieser Lesart bildet das »Entwerfen de[n] Kern jeder beruflichen Ausbildung« und unterscheidet »die praktischen Berufe von den Wissenschaften« (ebd.).

Viele Theorien des Designs beziehen sich bis heute auf diese Passage bei Simon, um damit ein erweitertes Verständnis von Design zu begründen. Seine Sichtweise auf Design erweitert traditionelle, künstlerisch oder kunstgewerblich geprägte Vorstellungen vom Berufsbild des Designers/der Designerin auf radikale Weise, indem sie nicht nur den Bereich des Entwerfens neu zu denken versuche, sondern auch die Grenzen naturwissenschaftlichen Denkens und Handelns zur Diskussion stellt. So schreibt Nigel Cross im Anschluss an Simon: »Worüber Designer am meisten wissen, ist die ›artifizielle Welt‹ – die von Menschen gemachte Welt der Artefakte. Was sie besonders gut können, ist Erweiterungen und Veränderungen dieser artifiziellen Welt vorzuschlagen.« (Cross 2001: 54) Simons Ausführungen zum Entwerfen als »Kern jeder beruflichen Ausbildung« nehmen zudem vorweg, was in der Wissenschaftsforschung der 1990er Jahren als ›Modus 2‹-Wissensproduktion diskutiert werden sollte (vgl. Kapitel 5.7). Dieses Modell besagt, dass die »Erzeugung von wissenschaftlich-technologischem Wissen und von Technik« seit der zweiten Hälfte des 20. Jahrhunderts immer häufiger in anwendungsorientierten Zusammenhängen erfolge, »die die Grenzen etablierter Disziplinen und Praxisdomänen übergreifen« (Bender 2001: 9). Wie bereits von Simon vorgeschlagen, so findet sich auch im Modell der ›Modus 2‹-Wissensproduktion die Einsicht wieder, dass Problemlösungsaktivitäten keinem Muster folgen, »das für eine wissenschaftliche Disziplin relevant ist«, sondern sie sich um problemzentrierte Anwendungen herum organisieren (ebd.: 12).

In der deutschsprachigen Designtheorie knüpfte namentlich Gui Bonsiepe in mehreren Punkten an Herbert Simon an. Analog zu Simon schreibt auch er, dass jeder in seinem Fachgebiet ein Designer werden könne (Bonsiepe 1996: 25). Dazu führt er weiter aus:

»Ein Unternehmer oder Manager, der eine Firma auf neue Weise organisiert, betreibt Design – wohl ohne es zu wissen. Ein Systemingenieur, der ein Verfahren konzipiert, um die Fehlleitung von Gepäck im Flugreiseverkehr zu verringern, betreibt Design. Ein Genetiker, der eine neue, gegen externe Einflüsse resistente Getreidevariante entwickelt, betreibt Design. Inhalte des Designs beschränken sich nicht auf materielle Produkte, sondern umfassen auch Dienstleistungen. Design ist eine Grundtätigkeit mit kapillaren Verästelungen in alle menschlichen Tätigkeiten, so dass kein Beruf ein Monopol auf Design beanspruchen kann.« (Ebd.: 26)

Darüber hinaus greift Bonsiepes Konzept des Interface-Designs (vgl. Kapitel 4.3) Simons Idee auf, Artefakte seien Schnittstellen, die es zu synchronisieren gelte (siehe ebd.: 20 ff.).

Trotz aller Aktualität und Produktivität, die Simons Ausführungen für Theorien des Designs bis heute haben, enthalten sie doch auch Aspekte, die problematisch erscheinen und aus heutiger Sicht als überholt gelten müssen. Dazu gehört die bereits genannte, zu kurz greifende Definition, die Design und (Natur-) Wissenschaft als Gegensatzpaar von Synthese und Analyse festschreibt. Diese Polarisierung findet sich unhinterfragt in vielen zeitgenössischen Designtheorien und der Designforschung wieder. So argumentiert etwa Nigel Cross, Design könne keine wissenschaftliche Disziplin im traditionellen Sinne sein, da sich die Designtätigkeit auf andere Formen des Wissens beziehe: »It can mean a science of design based on the reflective practice of design: design as a discipline, but not design as a science« (Cross 2001: 54). Er bezieht sich hier unausgesprochen auf ein stereotypes Bild von exakter Naturwissenschaft, das heute jedoch in dieser Form als überholt gilt. Seit Langem hat sich seitens der Wissenschafts- und Kulturforschung die Einsicht etabliert, dass gerade auch in den exakten Naturwissenschaften Wissen durch soziale und technische Rahmenbedingungen geprägt und zumindest teilweise konstruiert wird. Schließlich ist Simons Aussage, dass jeder ein Designer sei, der eine bestehende Situation in eine bessere zu verwandeln vermöge, insofern problematisch, als sie längst nicht jeden professionellen Bereich einschließt. Theorien des Designs, die sich auf Simon beziehen, verwenden diese Definition in der Regel im Hinblick auf technische Berufe, die gesellschaftlich nobilitiert sind und die traditionellerweise mehrheitlich von Männern ausgeübt werden, etwa Genetiker, Mediziner, Biologen, Unternehmer, Manager etc. Andere Bereiche hingegen, in denen eher Frauen tätig sind und/oder die kulturell weniger wertgeschätzt werden, fallen aus der generalisierenden Designdefinition, wie Simon sie anbietet, wie selbstverständlich heraus. Dazu gehören etwa die Kindererziehung, das Kochen, oder um, ein provokantes Beispiel zu nennen, ›profane‹ Kreativbereiche wie Haar- oder Nageldesign. Hier zeigt sich einmal mehr, dass alle Designdefinitionen, selbst die offensten und inklusivsten, immer ihre Grenzen haben und gewissen Normierungen unterliegen. Sie basieren unweigerlich auf unausgesprochenen Wertvorstellungen, moralischen Normen und gesellschaftlichen Tabus und produzieren normative Ein- und Ausschlusskriterien. Insofern lohnt es sich, immer kritisch zu hinterfragen, wer oder was mit einer Designdefinition *nicht* gemeint ist, wer davon ausgeschlossen bleibt und wer letztlich davon profitiert.

## 5.5 Bösartige Probleme in der Planung

Die Designmethodologie der Nachkriegszeit entwickelte sich, wie zuvor gezeigt wurde, vor dem Hintergrund einschneidender gesellschaftlicher, wirtschaftlicher und technologischer Veränderungen. Der gemeinsame Nenner zahlreicher professioneller Aufgabenstellungen in den Feldern Design, Architektur, Stadtplanung, Ingenieurwesen, Informatik sowie in der KI-Forschung wurde in der Lösung komplexer Probleme gesehen. Begriffe wie *problem solving*, *decision making* oder *plan making*, die für militärische, unternehmerische oder städtische Planungsprozesse zu der Zeit relevant waren, wurden auch in der Designmethodologie zu Schlüsselwörtern. Die Designtheoretikerin Nigan Bayazit schreibt: »Angesichts der sozialen und ökonomischen Probleme nach dem Zweiten Weltkrieg wurde Design als eine Problemlösungs- und Entscheidungstätigkeit betrachtet, die zum Ziel hatte, komplexe Entwurfsprobleme zu lösen und den Ansprüchen der Benutzer/innen entgegenzukommen.« (Bayazit 2004: 22) Auch Kees Dorst konstatiert, dass die ganze Literatur zu Problemlösungsansätzen, die in den 1960er und 1970er Jahren entstanden sei, großen Einfluss auf die Designmethodologie gehabt habe: »Man erhoffte sich, das eigentliche Wesen (*the very nature*) des Entwerfens mithilfe einer Definition zu verstehen, die Design als Lösung komplexer, vertrackter Probleme sah.« (Dorst 2006: 4) Design wurde mithin als zielgerichtete Aktivität des *Problemlösens* definiert. Bruce Archer, der in den 1960er Jahren eine solche Definition vertrat, schreibt, dass jeder Entwurf mit einem Bedürfnis oder einem offenen Problem beginne (Archer 1965: 4). Er erinnert sich, dass die größte Herausforderung für konventionelle Designdefinitionen zu jener Zeit das erstarkende Interesse an systematischen Problemlösungsmethoden aus der Computertechnologie und Managementtheorie gewesen sei (ebd.: 1). Diese sollten auf die Beurteilung von Designproblemen übertragen werden und die Entwicklung von Designlösungen optimieren.

Ein wichtiger Akteur in dieser Debatte ist der deutsche Planungstheoretiker Horst W. J. Rittel, der sich zeitlebens mit der Planbarkeit von Entwurfsprozessen und der Analyse komplexer Probleme beschäftigte. Mit dem Design kam der studierte Mathematiker und Physiker Rittel in Kontakt, als er von 1958 bis 1963 an der Hochschule für Gestaltung Ulm die Fächer Designmethodologie, Wissens- und Kommunikationstheorien lehrte.[44] 1963 erhielt er einen Ruf an die University of California, Berkeley, wo er bis 1990 eine Professur für *Science of Design* bekleidete. Sein Chronist Wolf Reuter schreibt, dass Rittel an der Hochschule für Gestaltung Ulm »erstmalig das Design zum Objekt wissenschaftlicher Betrachtung gemacht« habe (Reuter 2003: 96). Entgegen der Ansicht anderer Ulmer Kollegen, welche die künstlerische Dimension überhöhten, sah er im Entwerfen eine ziel- und ergebnisorientierte, vernunftbasierte Tätigkeit (Rittel 1988: 2). Entwerfen sei nicht »vorrangig mit dem Erscheinungsbild befasst, sondern mit allen Aspekten seiner Folgen, wie Herstellung, Handhabung, Wahrnehmung, aber auch den ökonomischen, sozialen, kulturellen Effekten« (Rittel 1987: 119). Rittel vertrat damit einen offenen, transdisziplinären Designbegriff, der weit über die traditionellen Designfächer hinausreichte. Er sah Entwerfen als »planendes Handeln«, das »um die Kontrolle seiner Konsequenzen« (ebd.) bemüht ist und danach strebt, Alternativen und Verbesserungen zu bestehenden lebensweltlichen Zuständen zu entwerfen:

»Gestaltung ist planerische Handlung. Planer, Ingenieure, Architekten, Unternehmensmanager, Gesetzgeber, Lehrer sind (manchmal) Designer. Sie werden von dem Ziel geleitet, einen wünschenswerten Zustand der Welt zu imaginieren, alternative Wege zu beschreiten, um diesen zu erreichen und dabei sorgfältig die Konsequenzen der in Betracht gezogenen Maßnahmen zu verfolgen. Design findet in einer Welt der Vorstellung statt, in der man statt der Realität Ideen und Konzepte erfindet und manipuliert – um die reale Intervention vorzubereiten. Designer arbeiten mit Modi als Mitteln der stellvertretenden Wahrnehmung und Manipulation. Skizzen, Papiermodelle, Diagramme und mathematische Modelle und, das flexibelste Mittel von allen, die Sprache dienen als Medien zur Unterstützung der Vorstellungskraft. Gestaltung finalisiert sich mit dem Bekenntnis zu einem Plan, der dazu bestimmt ist, durchgeführt zu werden.«[45] (Rittel 1988: 1)

Bemerkenswert an Rittels Theorien, die so unterschiedliche Felder wie Chemie, Informatik, Design- und Planungstheorie berührten, war sein konsequent transdisziplinäres Denken und seine pragmatische Herangehensweise (Reuter 2013: 14). Er strebte danach, »Wissenschaft nicht mehr disziplinorientiert, sondern missions- und prozessorientiert zu sehen, von einer Enzyklopädie der Befunde zu einer Theorie der Aktion überzugehen« (ebd.), und es gelang ihm, »Konzepte und Ideen für verschiedene Disziplinen fruchtbar zu machen«, die als übergeordnete Themen die »Verfahrensweisen eines Handelnden« und die »Organisation und Darstellung seines Wissens« umfassten (ebd.). In seinen Theorien beschäftigte er sich wiederholt mit der Frage, wie komplexe Planungs- und Entwurfsprozesse, etwa bei der Planung von Städten, Verwaltungsprogrammen oder Gesundheitssystemen, analysiert und sinnvoll gesteuert werden können. Dabei trieb ihn die Frage um, wie komplizierte, vertrackte Probleme im Bereich der gesellschaftspolitischen Planung besser zu verstehen und gemeinsam mit den betroffenen Personen anzugehen seien. Für solche komplizierten Aufgabenstellungen prägte er den Ausdruck »bösartige Probleme« (*wicked problems*).

Zusammen mit dem Stadtplaner Melvin M. Webber veröffentlichte Rittel 1973 den Aufsatz *Dilemmas in einer allgemeinen Theorie der Planung*.[46] Darin konstatieren die beiden Autoren gleich zu Beginn, dass die »Suche nach wissenschaftlichen Grundlagen zum Umgang mit gesellschaftspolitischen Problemen wegen der Natur dieser Probleme zum Scheitern verurteilt« sei (Rittel/Webber 2013: 20). Anders als bei den Problemen, mit denen es Wissenschaftler in der Regel zu tun hätten, handele es sich bei Planungsproblemen um ›bösartige‹ Probleme: »Die Art von Problemen, mit denen Planer es zu tun haben – gesellschaftliche Probleme –, sind von Natur aus verschieden von den Problemen, mit denen sich Wissenschaftler [...] beschäftigen. Planungsprobleme sind inhärent bösartig.« (Ebd.: 26) Rittel und Webber erkannten durchaus an, dass auch die Probleme der Naturwissenschaften nicht einfach zu lösen seien, fanden aber, dass dort zumindest die Problemstellung und Überprüfung der Lösung besser zu definieren seien. Diese Form wissenschaftlicher Probleme nannten sie deswegen »zahm‹ oder ›gutartig‹« (ebd.):

»Denken Sie beispielsweise an ein mathematisches Problem wie die Lösung einer Gleichung; oder an die Aufgabe eines organischen Chemikers, die Struktur einer unbekannten Verbindung zu analysieren; oder auch an die eines Schachspielers, der versucht, ein Schachmatt in fünf Zügen zu erreichen. Für jeden von ihnen ist die Aufgabe klar. Umgekehrt ist auch klar, ob diese Probleme gelöst wurden oder nicht.« (Ebd.)

Bei ›bösartigen‹ Problemen hingegen hatte man es laut Rittel und Webber mit anderen Ausgangssituationen und Schwierigkeiten zu tun. Die Planungsprozesse, die sie vor Augen hatten, schlossen »praktisch alle gesellschaftspolitischen Themen ein, ob es sich nun um die Trasse einer Schnellstraße handelt, die Festsetzung der Höhe einer Steuer, die Änderung eines Lehrplans oder die Verbrechensbekämpfung« (ebd.: 27). Als besondere Schwierigkeit ›bösartiger‹ Probleme gilt die Problemdefinition selbst, da bereits die Formulierung eines bösartigen Problems das eigentliche Problem darstelle (ebd.: 28). Der Prozess der Problemformulierung und der Lösungsfindung seien teilweise identisch, argumentierten die Autoren, da jede Spezifizierung des Problems bereits eine Spezifizierung der Richtung sei, in der man sich eine Behandlung des Problems vorstelle (ebd.). So kann das Thema ›Armut‹ zum Beispiel aus sehr unterschiedlichen Perspektiven betrachtet werden, je nach Perspektive finden sich dafür völlig andere Problemdefinitionen und Lösungsansätze (ebd.: 27). Auch gebe es, so Rittel, für ›bösartige‹ Probleme »keinen

Spezialisten« mehr, der als Einziger die Antwort auf das Problem kenne, vielmehr sei die nötige Expertise nunmehr auf unterschiedliche Personen und Stakeholder verteilt (Rittel 2013: 49). Mit Blick auf das Gesagte lassen sich ›bösartige‹ Probleme gemäß Rittel und Melvin wie folgt definieren (Punkte 1–10 zusammengefasst nach Rittel/Webber 2013: 27–35):

1. »Es gibt es keine definitive Formulierung für ein bösartiges Problem.« Problemformulierung und Lösungsansätze sind miteinander verbunden.
2. »Bösartige Probleme haben keine ›Stopp-Regel‹«. Es gibt nichts in der »Natur des Problems«, was dem Problemlösungsprozess ein Ende setzen kann.
3. »Für bösartige Planungsprobleme gibt es keine richtigen oder falschen Antworten.« Stattdessen geht es um die Werturteile jener, die von der Planung konkret betroffen sind. Nur sie können die Problemlösung als »besser oder schlechter« beurteilen.
4. »Es gibt keine unmittelbare und endgültige Überprüfungsmöglichkeit für die Lösung eines bösartigen Problems.«
5. »Jede Lösung eines bösartigen Problems ist eine ›one-shot-operation‹ (ein einmaliger Versuch mit nur einer Chance)«; »da es keine Gelegenheit gibt, durch Versuch-und-Irrtum zu lernen, zählt jeder Versuch signifikant«.
6. »Bösartige Probleme haben weder eine zählbare (oder erschöpfend beschreibbare) Menge potentieller Lösungen, noch gibt es eine gut umrissene Menge erlaubter Maßnahmen, die man in den Plan einbeziehen kann.«
7. »Jedes bösartige Problem ist wesentlich einzigartig.«
8. »Jedes bösartige Problem kann als Symptom eines anderen Problems betrachtet werden.« Die Ebene, auf der ein Problem angesiedelt wird, »hängt vom Selbstvertrauen des Analytikers

ab und kann nicht nach logischen Gründen entschieden werden«.
9. »Die Existenz einer Diskrepanz, wie sie ein bösartiges Problem repräsentiert, kann auf zahlreiche Arten erklärt werden. Die Wahl der Erklärung bestimmt die Art der Problemlösung.«
10. »Der Planer hat kein Recht, unrecht zu haben.«

Vor allem der letzte Punkt verdeutlicht, wie eng hier der Bereich der Planung mit politischen und ethisch-moralischen Fragestellungen und Konsequenzen verbunden wird. Eine falsche Entscheidung seitens der Planer kann für die betroffenen Menschen fatale Konsequenzen haben – denn niemand will »verplant« werden, schon gar nicht, wenn mit unabsehbaren Konsequenzen oder negativen Folgen zu rechnen ist (Rittel 2013: 50). In der Paradoxie zwischen rationalem Bemühen und unsicherem Ausgang erkannte Rittel das größte Problem der damals gängigen rationalistischen Planungstheorie, die er »Systemanalyse der ersten Generation« nannte (siehe ebd.: 40 ff.). Dieser Ansatz verstand Planung als völlig rationalen Akt, ohne jedoch die jedem Planungsprozess innewohnende Unschärfe und Unsicherheit sowie seine soziale Dimension zu berücksichtigen. Demgegenüber forderte gerade der als Mathematiker ausgebildete Rittel ein neues Verständnis von Planung, den sogenannten »Systemansatz der zweiten Generation«, der die Paradoxie und Normativität von Planungsprozessen anzuerkennen in der Lage sein sollte (siehe ebd.: 42 f.). Dieser Ansatz geht davon aus, dass der Umgang mit bösartigen Problemen »immer politisch« sei und dass es in der Planung »kein losgelöstes, wissenschaftliches, objektives Verhalten« geben könne (ebd.: 52). Bei jedem einzelnen Schritt der Problemlösung werde ein Urteil gefällt, so Rittel, das nicht auf wissenschaftlicher Erkenntnis beruhe, sondern mit einer »›Soll‹-Aussage« verbunden und Ausdruck »von politischer, allgemein moralischer oder ethischer Haltung« sei (ebd.: 50). Er nannte dies eine *»deontische Prämisse«* (ebd.). Obwohl, vermutlich aber gerade weil Rittel überzeugter Wissenschaftler war, hielt er es für unrealistisch, zu einer durch und durch objektiven, rationalen Theorie der Planung zu gelangen. Vielmehr wies er auf die konstante Überlagerung und Wechselwirkung von intuitiv-unbewussten und vernunftbasierten Momenten der Planung hin, die selbst die vermeintlich rationalsten Planungs- und Entwurfsprozesse kennzeichneten:

> »In Wirklichkeit gibt es keinen Gegensatz zwischen einem, wie man ihn nennen könnte, intuitiven Ansatz, ein Problem zu lösen, und auf der anderen Seite einem kontrollierten, vernünftigen oder rationalen Ansatz. Je mehr Kontrolle Sie ausüben möchten und je fundierter Sie Ihr Urteil machen wollen, desto intuitiver werden Sie sein müssen.« (Ebd.: 45)

Um Planungsprozesse transparenter zu machen, forderte Rittel die Entwicklung von Methoden, welche die der Planung zugrunde liegenden impliziten Wert- und Moralvorstellungen aufzeigen und der Argumentation zugänglich machen sollten. Dazu führte er den Begriff der ›Objektifizierung‹ ein. Im Gegensatz zu wissenschaftlicher ›Objektivität‹, bei der ein Resultat unabhängig von der ausführenden Person nachvollziehbar sein soll, wird mit dem Ausdruck der ›Objektifizierung‹ die Notwendigkeit beschrieben, über die subjektiven Grundlagen und begrenzten Einsichten planerischen Urteilens »erfolgreich Information austauschen« zu können (ebd.: 51). Damit stärkt Rittel die Rolle, die Argumentation und Kritik innerhalb von Planungsprozessen einnehmen sollten. Ein Planungsprozess zur Lösung bösartiger Probleme müsse als *»argumentativer Prozess verstanden werden«*, so sein Fazit (ebd.: 53). Es sei ein »Prozess, in dem Fragen und Themen aufgeworfen werden, zu denen man unterschiedliche

Standpunkte (Positionen) einnehmen kann, zu denen Beweise eingeholt und Argumente für oder gegen die verschiedenen Standpunkte formuliert werden« (ebd.).

Planung verändert sich in dieser Sichtweise von einem Gegenstand wissenschaftlicher Expertise zu einem der sozialen Aushandlung. In diesem Zusammenhang schlägt Horst Rittel vor, das Expertenmodell, welches Systemanalysen der ersten Generation auszeichnete, durch ein »*konspiratives Planungsmodell*« zu ersetzen (ebd.). Die Behandlung bösartiger Probleme stellt aus seiner Sicht »ein Wagnis, wenn nicht gar ein Abenteuer dar«, weswegen man das »Risiko verteilen« und »Komplizen« finden müsse, die bereit seien, sich gemeinsam »auf das Problem einzulassen« (ebd.). Sein Systemansatz der zweiten Generation ist durch die Annahme geleitet, »dass sowohl die Expertise als auch die Unwissenheit über ein Problem über die Partizipierenden verteilt ist und dass niemand rechtfertigen kann, dass sein Wissen dem Wissen der anderen überlegen ist« (Rittel 1972: 8). Dafür prägte er den Ausdruck »symmetry of ignorance« (ebd.) und leitete als Konsequenz die Notwendigkeit partizipatorischer Beteiligung an Entwurfs- und Planungsprozessen ab: »This is a nonsentimental argument for participation. It is a logical argument« (ebd.).

Horst Rittels Position, Planungs- und Entwurfsprozesse nicht länger als geschlossene wissenschaftliche Expertendiskurse zu führen, kann in mehrerlei Hinsicht als exemplarisch gelten. Zunächst verdeutlicht sie eine Ambivalenz gegenüber den Potenzialen und Grenzen von Wissenschaft, die bis heute Gegenstand zahlreicher gesellschaftlicher Debatten ist. Sie kann sodann als Anknüpfungspunkt für die seit den 1970er Jahren aufkommende Bewegung der partizipatorischen Planung und Gestaltung gesehen werden (vgl. Kapitel 6.2). Schließlich markiert sie auch das Scheitern der Bemühungen des *Design Methods Movement*, das Entwerfen als vornehmlich rationale, objektivierbare Tätigkeit zu verstehen. Jesko Fezer kommentiert das Ende der Designmethodologie um 1970 mit den Worten: »Die Probleme der Wirklichkeit waren in ihrer Komplexität, Unschärfe und Widersprüchlichkeit nicht in den Griff zu kriegen. Weder schienen sie vollständig erfassbar und informationstheoretisch handhabbar zu sein, noch methodisch einheitlich bearbeitbar oder gar verobjektivierbar.« (Fezer 2009: 304) Rittels These, dass Planungsprobleme inhärent ›bösartig‹ seien, hat bis heute hingegen kaum an Aktualität verloren (siehe Rith/Dubberly 2007). Sie ist längst nicht mehr auf den Bereich der Planung beschränkt, sondern beansprucht auch für Problemdefinitionen und Herangehensweisen innerhalb der Wissenschaften Geltung. Wolfgang Schäffner zieht in diesem Zusammenhang die Parallele, dass sowohl in den Entwurfsprozessen des Designs als auch in den Experimentalsystemen der Wissenschaften »das Neue«, also »ein Objekt, das es nicht gibt«, erkundet und ausgelotet werden muss und dass es demnach auch im Labor einen »bösartigen Kern« des Entwerfens gebe (Schäffner 2013: 63f.).

## 5.6 Implizites Wissen – reflektierte Praxis

In den Jahrzehnten, die auf die Designmethodenbewegung der 1960er und -70er Jahre folgten, wurde die Idee, Design könne auf den Aspekt des Problemlösens reduziert werden, revidiert. An die Stelle von rationalistischen Modellen, Planungstheorien und Entwurfsmethoden traten nunmehr Ansätze, die es sich zur Aufgabe machten, die impliziten, subjektiven Dimensionen von Wissen, seine Unschärfen und Ambiguitäten zu erklären.[47] Für die Theorien des Designs bedeutet diese Neubewertung von Wissen, oder vielmehr *Können*, einen zentralen Wandel in der

Betrachtung von Entwurfspraktiken und -prozessen. Designprobleme sollen nun gleichsam ›durch das Auge‹ von Designschaffenden gesehen und Designtheorien damit noch enger an die Designpraxis gekoppelt werden. Seit den 1980er Jahren können zunehmend Versuche beobachtet werden, Design aus der Entwurfspraxis heraus zu verstehen und für das Entwerfen charakteristische Formen des Wissens, Könnens und Handelns zu identifizieren. Beispiele dafür sind die Arbeiten von Nigel Cross (2001, 2006), Brian Lawson (1980) oder Peter Rowe (1987), die Entwerfen allesamt als eigenständige handlungs- und praxisgeleitete Form des Wissens zu verstehen versuchen. Damit verschob sich nicht nur »die Analyse unterschiedlicher Formen des Wissens auf unterschiedliche Formen des Handelns, in denen Wissen eingebunden, generiert und angewandt wird« (Böhle 2003: 146). Zugleich ging damit auch eine weitere Distanzierung zu konventionellen wissenschaftlichen Formen der Wissens- und Erkenntnisproduktion einher. Fatina Saikaly konstatiert, dass dieser praxisgeleitete Zugang zum Entwerfen in den letzten Jahren eine spezifische Form von Designforschung herausgebildet habe, die sich von den Natur- und Geisteswissenschaften dadurch unterscheide, dass sie Wissen mit den *Mitteln der Praxis* generiere (Saikaly 2005: 15). Praxisgeleitete Designforschung, die auch als ›Forschung durch Design‹ oder *research through design* bezeichnet wird (siehe Frayling 1993), will in diesem Sinne nicht einfach Praxis mit wissenschaftlichen Methoden erforschen, sondern mit den Mitteln und Verfahren der Designpraxis selbst neues Wissen generieren. Diese Form der Designforschung, die sich in den letzten Jahren vor allem im Kontext von Kunsthochschulen herausgebildet hat und durchaus auch kritisch diskutiert wird (siehe Grand/Jonas 2012; als Kritik Elkins 2009b), bezieht sich auf Wissensformen, die aus der praktischen Erfahrung und professionellen Expertise, aus Know-how und Können resultieren.

In diesem Zusammenhang spielt besonders das Konzept eines ›impliziten‹, stummen Wissens (*tacit knowing*) eine wichtige Rolle, das in der zweiten Hälfte des 20. Jahrhunderts von dem Naturwissenschaftler und Philosophen Michael Polanyi ausgearbeitet wurde. Polanyi untersuchte Wissen ausgehend von der Prämisse, dass wir in der Regel mehr wissen, als wir in Worten ausdrücken können: »*we can know more than we can tell*« (Polanyi 1983: 4). Als Beispiel führt er an, dass wir in einer Menschenmasse einzelne Gesichter erkennen können, ohne dass wir genau sagen könnten, *wie* wir dies tun (ebd.). Andere Beispiele, die in diesem Zusammenhang oft angeführt werden, sind Fahrradfahren, Klavierspielen, überhaupt die Fähigkeit und Fertigkeit, etwas besonders gut zu können oder zu beherrschen. Dazu gehört etwa die Fähigkeit, eine medizinische Diagnose zu stellen, das Wetter vorherzusagen, ein Kunstwerk oder einen Wein beurteilen zu können (Connoisseurship) (Neuweg 2004: 6). All diese Beispiele veranschaulichen Formen von Wissen und Können, die nicht dem klassischen philosophischen Modell eines explizier- und formalisierbaren Wissens entsprechen, aber dennoch für das Handeln und Urteilen entscheidend sind. Es sind Formen von reflektierter, intelligenter Praxis, die sich nicht darauf reduzieren lassen, dass in ihnen vorgängig erlerntes theoretisches Wissen zur Anwendung kommt. Vielmehr wird in der Ausübung, Durchführung oder Demonstration von praktischen Handlungen eigenständiges Wissen generiert.

Polanyis Ausführungen zum impliziten Wissen gründen auf einer Unterscheidung des Philosophen Gilbert Ryle (1949), der zwischen *knowing that* und *knowing how* unterschied und auf diese Weise ›Können‹ als eine Form praktischen Wissens auswies. Unter Bezugnahme auf Ryle konzipierte Polanyi eine Wissenstheorie, die Wissen nicht als etwas Statisches verstand, sondern sich auf den dynamischen *Prozess* des Erkennens und Wahrnehmens konzentrierte. Der von ihm bevorzugte Ausdruck *tacit knowing* bezieht sich »auf Gegebenheiten während des Wahrnehmens, Urteilens und Handelns« (Neuweg 2004: 13). Deutlich wird dies in der sprachlichen Differenz zwischen *knowing* und *knowledge*, die nur die englische, nicht aber die deutsche Sprache kennt. Während der Ausdruck *knowing* sich auf den *Prozess* des Erkennens und Wahrnehmens bezieht, bezeichnet *knowledge* den aus diesem Prozess resultierenden, eher statischen Wissensbestand. Das Konzept eines impliziten Wissens, das Polanyi bereits Mitte der 1960er Jahre entwickelte, ergänzte die damals vorherrschenden philosophischen Ideale von rationalem, explizitem, deklarativem Wissen um die Dimension des Könnens sowie um den Aspekt eines körpergebundenen, personalisierten Wissens.

Zugleich handelt es sich bei dem Konzept allerdings auch um ein sehr komplexes, offenes und umstrittenes Modell, da die impliziten Bestandteile von Wissen und Können, die Polanyi in *The Tacit Dimension* bespricht, so Verschiedenes umfassen wie Affekte, physiognomische Wahrnehmung (Einzelheiten werden zu einer Gestalt ergänzt), verinnerlichte und als ›intuitiv‹ wahrgenommene Regelausübung (durch die ständige Wiederholung einer praktischen Tätigkeit) bis hin zu unausgesprochenen, aber dennoch leitenden Moral- und Wertvorstellungen sowie Tabus im Rahmen der wissenschaftlichen Wissensproduktion (siehe Mareis 2012). Seine Ausführungen zum impliziten Wissen zielen nicht auf eine überzeitlich gültige, ahistorische Theorie des Wissens ab. Vielmehr machen sie deutlich, dass Wissen, im Besonderen implizites Wissens, niemals »bei Null anfängt« (Polanyi 1983: xi), sondern sich immer auf der Basis bestehender Wert- und Moralvorstellungen herausbildet. Der Pädagoge Georg Hans Neuweg konstatiert, dass dieser Begriff »nahezu alle Eigenschaften« in sich vereinige, »die man sich von einem Terminus in der wissenschaftlichen Diskussion gerade nicht wünscht« (Neuweg 2004: 12). Er sei »sich gleichsam selbstbestätigend, ausgesprochen unscharf«, werde uneinheitlich und »im Rahmen verschiedener Theoriekonzepte verwendet«, die miteinander nicht kompatibel seien, und verbinde sich schließlich mit »starken Annahmen« und »Konnotationen, die ihn für Mystifizierungen anfällig« machten (ebd.).

Vermutlich gerade wegen seiner Unschärfe und Offenheit ist ›implizites Wissen‹ in den letzten Jahren zu einem wichtigen Konzept für die praxisgeleitete Designforschung avanciert. Es scheint naheliegend, dass es sich besonders für die Analyse entwerferischer und gestalterischer Praxis eignet, da sich in dieser Praxis viele Momente von Routine und verinnerlichtem Erfahrungswissen zeigen. Kristina Niedderer weist zudem darauf hin, dass implizites Wissen für den Designforschungsprozess und für die Evaluation und Kommunikation der daraus resultierenden Ergebnisse eine zentrale Rolle spiele (Niedderer 2007: 6). Aus ihrer Sicht ist nicht nur die Designpraxis, sondern auch die Designforschung als Handlungsfeld von Formen impliziten Wissens durchzogen. Es gibt aber auch andere Positionen – zu denen unter anderen meine eigene Position zählt –, die eine derart enge Verzahnung von Designpraxis und Designforschung kritisch betrachten und die Mystifizierung und Überhöhung von implizitem Wissen problematisieren. Ken Friedman wäre etwa in seiner Bemerkung beizupflichten, dass die Designforschung bislang daran gescheitert sei, praxisgeleitete Theorieformen zu entwickeln, die nicht einfach nur Praxis mit Theorie identifizieren:

»Eines der tiefgreifenden Probleme der Designforschung besteht in dem Misserfolg, eine Grounded Theory aus der Praxis zu entwickeln. Stattdessen verwechseln Designer oft Praxis mit Forschung. Statt aus der Praxis durch Artikulation und induktive Untersuchung eine Theorie zu entwickeln, argumentieren manche Designer einfach, dass Praxis Forschung sei und dass praxisbasierte Forschung an sich eine Form von Theoriebildung sei. Designtheorie ist aber nicht identisch mit dem impliziten Wissen der Designpraxis.«[48] (Friedmann 2003: 519)

Doch nicht nur in der Designforschung, sondern auch in zahlreichen anderen Praxisfeldern und Disziplinen wurde spätestens seit den 1980er Jahren eine intensive Auseinandersetzung um Erfahrungswissen geführt. Gemeinsam ist diesen an sich uneinheitlichen Bestrebungen, dass sie sich alle »auf ein Wissen beziehen, das im praktischen Handeln erworben und angewandt wird und in hohem Maße personen- und situationsbezogen ist« (Böhle 2003: 160). Folgt man dem Soziologen Fritz Böhle, so kommen die aus unterschiedlichen Kontexten stammenden Debatten zum Erfahrungswissen der 1980er Jahre darin überein, »dass sie sich nicht undifferenziert gegen eine Verwissenschaftlichung, sondern auf deren Grenzen richten« und nach neuen Wegen suchen, »Erfahrungswissen bei oder trotz Verwissenschaftlichung neu zu berücksichtigen« (ebd.).

Ein aus designtheoretischer Sicht besonders relevanter Beitrag zum Erfahrungswissen aus dieser Zeit stammt von dem US-amerikanischen Soziologen Donald A. Schön. In seinem Buch *The Reflective Practitioner. How Professionals Think in Action* aus dem Jahr 1983 diskutiert er den Stellenwert von praktischem Erfahrungswissen vor dem Hintergrund gesellschaftlicher Wissens- und Technologiedebatten. Bezugnehmend auf Polanyi lenkt auch Schön den Blick auf das implizite Wissen der Praxis: »Unser Wissen ist gewöhnlich stillschweigend, implizit in unseren Handlungsmustern und in unserem Gefühl für das Material, mit dem wir es zu tun haben, enthalten. Es scheint angemessen zu sagen, dass unser Wissen in unserem Handeln liegt.« (zit. nach Neuweg 2004: 14). Seine Studie zum impliziten Erfahrungswissen der Praxis richtet sich gegen eine Abwertung professioneller Expertise, wie sie seiner Ansicht nach seit den 1960er Jahren mit dem Aufkommen einer zunehmend wissens- und technologiebasierten Gesellschaft zu beobachten war (Schön 1983: 9). Seit dieser Zeit sei das gesellschaftliche und ökonomische Vertrauen in die professionelle Expertise von Berufsfachkräften zunehmend verloren gegangen, während wissenschaftlich-technisches Wissen hingegen massiv gefördert worden sei (ebd.). Das Modell einer »technischen Rationalität«, auf welchem wissenschaftlich-technisches Wissen in der Regel aufbaut, erachtete Schön als ungeeignet, um die Eigenheiten und Potenziale von praktischem Wissen zu erfassen (siehe ebd.: 30 ff.). Verglichen mit dem Selbstverständnis von wissenschaftlichem Handeln weise praktisches Wissen weniger Methodenstrenge und Zielgerichtetheit auf, habe dafür aber stärker mit subjektiven Werturteilen und unsicheren Bewertungsgrundlagen zu tun (ebd.: 41 f.).

In diesem Punkt argumentiert Donald Schön sehr ähnlich wie Horst Rittel und Herbert Simon, die beide bereits Jahre früher auf die Grenzen formalwissenschaftlicher Theorien und Methoden hingewiesen hatten. Im Unterschied zu Rittel und Simon, die letztlich beide noch innerhalb der Natur- und Technikwissenschaften agierten, forderte Schön hingegen ein umfassendes *soziologisches* Verständnis für das Wissen und die Erkenntnisweisen professioneller Praxis: »Lasst uns nach einer Epistemologie der Praxis suchen, die sich in den künstlerischen, intuitiven Prozessen verbirgt, die Praktiker/innen in Situationen der Unsicherheit, Instabilität, Einmaligkeit und in Wertkonflikten zur Anwendung bringen.« (Ebd.: 49) Ihn interessierte, auf welche Formen des Wissens kompetente Praktiker/innen zurückgreifen und wie sich dieses praktische Wissen und Können von jenen theoretischen Vorstellungen des Wissens unterscheidet, die in den Lehrbüchern und wissenschaftlichen Aufsätzen seiner Zeit behandelt wurden (ebd.: Viii).

Namentlich problematisierte er den Umstand, dass aus der Perspektive »technischer Rationalität« professionelle Praxis nur als ein untergeordneter Prozess des (technischen) Problemlösens angesehen werde (ebd.: 39). Diese Sichtweise ignoriere jedoch all die situations- und kontextabhängigen Entscheidungsprozesse, die bestimmen, *was* überhaupt als Problem erachtet und wie damit umgegangen werde: »In der realen Praxis präsentieren sich Probleme den Praktiker/innen nicht als *gegeben*. Vielmehr müssen sie aus den Gegebenheiten einer problematischen Situation, die verwirrend, verstörend und unsicher ist, konstruiert werden.« (Ebd.: 40) Vor diesem Hintergrund argumentierte Schön, dass professionelle Praktiker während der Ausübung ihrer Tätigkeit über ihr Tun und Handeln nachdächten. Diesen Prozess, den er als grundlegend für den gekonnten, professionellen Umgang mit unsicheren, unabwägbaren Situationen sah, nannte er *reflection-in-action* (ebd.: 50).

Insgesamt unterschied Schön zwischen mehreren Formen von handlungs- und aktionsbasiertem Wissen. Zentral für unseren Zusammenhang sind die Begriffe *knowing-in-action* und *reflection-in-action.* Mit dem Begriff *knowing-in-action* verdeutlicht er zunächst die wesentliche Qualität von Wissen, das auch als Knowhow bezeichnet wird, welche darin liegt, dass Wissen in Handeln eingebettet ist (ebd.). Schön bezieht sich hier unmittelbar auf Polanyis Konzept des impliziten Wissens. Als Beispiel führt er den Architekten Christopher Alexander an, der schreibt, dass Designer in der Regel recht ›einfach‹ und schnell beurteilen könnten, ob eine Form passe oder nicht. Sie könnten hingegen nur schlecht darüber Auskunft geben, auf welchen Regeln dieses Urteil basiere (ebd.: 52). »Urteilen und Handeln vollziehen sich ohne bewusstes Überlegen«, schreibt auch Hans Georg Neuweg, wobei er zu bedenken gibt, dass im Modus des *knowing-in-action* Situationen nur deswegen ›einfach‹ erscheinen, weil sie

»durch ausgedehnte Erfahrung einfach geworden« seien (Neuweg 2004: 356). *Knowing-in-action* beschreibt also ein einmal erlerntes Wissen und Können, das durch wiederholte Ausübung und Routine verinnerlicht und zu einer Selbstverständlichkeit geworden ist. Der Begriff *reflection-in-action* (auch *reflecting-in-action*) hingegen, dem Schön in seinem Buch insgesamt mehr Aufmerksamkeit widmet, bezeichnet das allgemeinere Vermögen, über eine praktische Handlung zu reflektieren und sie zu verändern, während man diese ausübt. Als Beispiel führt er die Improvisation von Jazz-Musikern an, die *während* einer Performance ihr Spiel situativ anpassen und verändern können (Schön 1983: 55). Neuweg beschreibt diesen Modus der *reflection-in-action* als »fallweises Heraustreten« aus einem als ›natürlich‹ erlebten Wahrnehmungs-, Denk- und Handlungsmodus, »eingeleitet durch die Erfahrung eines Scheiterns routinisierter Wahrnehmungs- und Handlungsmuster« (Neuweg 2004: 357 f.). Der Modus der *reflection-in-action* kann mithin als »Korrektiv« angesehen werden für solche Situationen, in denen verinnerlichtes, dadurch aber auch ›blind‹ gewordenes Handeln situativ und spontan revidiert werden muss (Schön 1983: 61). Im Hinblick auf die Erzeugung von neuem Wissen betont Schön nachdrücklich den Wert, den ein praxisgeleiteter Reflexionsansatz gegenüber dem Modell ›technischer Rationalität‹ hat, und plädiert dafür, dass eine Person, die eine Aktion in deren Vollzug reflektieren könne, »ein Forscher im Kontext der Praxis« sei (ebd.: 68). Sie sei damit nicht länger von etablierten theoretischen und technischen Kategorien abhängig, sondern könne durch den unauflöslichen Zusammenhang von Denken und Handeln auch unsichere, unvorhersehbare Situationen erfolgreich bewältigen (ebd.).

Die Überlegungen zur reflektierten Praxis, die Schön in *The Reflective Practitioner* präsentiert, beruhen auf einer Reihe empirischer Fallstudien in den Bereichen Psychotherapie, Ingenieurwesen, Stadtplanung, Management, Design und Architektur, von denen für unseren Zusammenhang besonders Aussagen hinsichtlich des Entwerfens interessant sind. Basierend auf dem Modell der reflektierten Praxis definierte Schön den Prozess des Entwerfens als »conversation with the materials of a situation« (ebd.: 78). Er verdeutlicht damit, dass Entwurfsprozesse in den seltensten Fällen linear verlaufen und dass Designer/innen ihre Vorgehensweise der konkreten Situation und deren veränderten Anforderungen laufend anpassen müssen.

> »Ein Designer schafft Dinge. Manchmal schafft er ein Endprodukt, häufiger macht er eine repräsentative Darstellung – einen Plan, ein Programm oder ein Bild – von einem Artefakt, das von Anderen gefertigt werden soll. Er arbeitet in bestimmten Situationen, benutzt bestimmte Materialien und verwendet ein distinktives Medium sowie eine distinktive Sprache. Typischerweise ist sein Schaffensprozess komplex. [...] Aufgrund dieser Komplexität tendieren die Handlungen des Designers dazu, ungewollte Konsequenzen zu produzieren – sei die Auswirkung gut oder schlecht. [...] Er formt die Situation entsprechend seiner anfänglichen Einschätzung, die Situation ›begehrt auf‹ und er antwortet darauf. Ein guter Designprozess ist ein Gespräch, an dem beide Seiten beteiligt sind.«[49] (Ebd.: 78 f.)

Schön konstatierte aber auch, dass nicht jede Person, die entwirft und gestaltet, die von ihm beschriebene Selbstreflexion im selben Maß vollziehen könne. Die Ausprägung dieses Reflexionsvermögens sah er in Abhängigkeit von individuellen Zugängen und normativen Prägungen, wie sie etwa durch bestimmte Architekturschulen und Stilvorbilder vorgegeben werden (ebd.: 103). Damit verweist Schön, anders als etwa Herbert Simon, auf die historisch-kulturelle Dimension von Designkulturen und -praktiken und grenzt sich von einem allzu offenen, generalisierten Designbegriff ab. Der Frage, wie offen der Designbegriff gefasst werden sollte, stand er eher ambivalent gegenüber: Ein zu weites Designverständnis riskierte seines Erachtens, dass relevante Differenzen zwischen unterschiedlichen Medien, Kontexten, Zielen und Wissensbeständen unterschätzt oder sogar ignoriert würden. Ungeachtet dessen hielt er es aber für möglich, im Moment der situativen Praxisreflexion und im Umgang mit Unsicherheiten eine gemeinsame Basis für einen ›typischen‹ Designprozess zu sehen (ebd.: 77).

In seiner Studie *The Reflective Practitioner* skizzierte Donald Schön eine Vielzahl von Aspekten und Fragestellungen, die auch heute für Theorien des Designs sowie für die Designforschung produktiv und von Bedeutung sind. Seine Thesen liefern besonders neuen Formaten wie der praxisgeleiteten Designforschung eine willkommene theoretische Basis und wissenschaftliche Legitimation. Tatsächlich warf bereits Schön die Frage nach dem Verhältnis von reflektierter Praxis und Forschung auf. Er sah durchaus Möglichkeiten eines »Austauschs« zwischen Forschung und Praxis und der »Implementierung« praxisgeleiteter Forschungsresultate (ebd.: 309). Für Forschungsfragen hingegen, welche die Voraussetzungen von Praxis betreffen, sah er weiterhin die Wissenschaften als geeignete Untersuchungsinstanz, etwa um Rahmenbedingungen zu analysieren, innerhalb deren Berufsfachleute ihre Problemlösungsansätze und ihre Rollenverständnisse definierten (ebd.). Schöns Bestreben war es vielmehr, die Grenze in der Betrachtung von praktischem und wissenschaftlichem Handeln aufzuweichen und jenes überholte Bild von Wissenschaft zu revidieren, dem sich diese Grenzziehung letztlich verdankte (ebd.: 48 f.). Aus seiner Sicht war das Problem der mangelnden Anerkennung von praktischem Wissen nicht den Wissenschaften selbst geschuldet – deren Praxis, wie alle anderen Formen von Praxis, auch Momente der Unsicherheit, Unschärfen und Einzigartigkeit aufweist –, sondern einem idealisierenden und positivistischen Bild von Wissenschaft (ebd.: 49), das es zu überwinden und aktualisieren galt.

## 5.7 Design und ›Modus 2‹-Wissensproduktion

Blickt man auf die gegenwärtige Wissenschaftslandschaft, so lässt sich feststellen, dass sich eine Aktualisierung von Wissenspraktiken und -verständnissen vielerorts bereits vollzogen hat. Davon zeugen namentlich Modelle wie das der ›Modus 2‹-Wissensproduktion, das Wissen als Resultat von transdisziplinärer Zusammenarbeit, aber auch in Abhängigkeit von gesellschaftlichen und wirtschaftlichen Anforderungen beschreibt. Diese Veränderungen sind auch für Theorien und Praktiken des Designs heute von größter Bedeutung, weswegen sie nachfolgend kurz skizziert werden.

Mitte der 1990er Jahre konstatierte eine Gruppe von Wissenschaftsforschern in *The New Production of Knowledge*, dass sich seit der zweiten Hälfte des 20. Jahrhunderts neben der traditionellen akademischen Wissensproduktion, die sie ›Modus 1‹ nennen, eine neue Weise des Wissens entwickelt habe: die sogenannte ›Modus 2‹-Wissensproduktion (Gibbons et al. 1994: 3 f.). Mit dieser Bezeichnung wurde eine veränderte Praxis der Wissenserzeugung fassbar, bei der sich die klare Abgrenzung von wissenschaftlichem Wissen gegenüber anderen, nicht-wissenschaftlichen Modalitäten der Wissenserzeugung stetig auflöst. Während im ›Modus 1‹ das Angebot von neuem Wissen weitgehend in einem disziplinären, durch akademische Interessen und Institutionen bestimmten Kontext entwickelt wird, erfolgt Wissensproduktion im ›Modus 2‹ überwiegend in einem transdisziplinären, problemzentrierten Anwendungskontext (*context of application*) und erweist sich als »temporäres, heterogenes Set«, bestehend aus unterschiedlichen Experten und Stakeholdern, die ihre Expertise zusammenführen, um gemeinsam ein konkretes Problem anzugehen (ebd.: 3). Mit der Betonung des Anwendungskontextes wollen die Verfasser/innen des ›Modus 2‹-Modells jedoch keineswegs die Unterscheidung zwischen Grundlagenforschung und angewandter Forschung verfestigen. Vielmehr konstatieren sie, dass diese Unterscheidung kaum mehr aufrechtzuerhalten sei. Helga Nowotny etwa schreibt, dass gegenwärtig selbst »die ›reinste‹ Grundlagenforschung« in Anwendungskontexten stattfinde und Anwendung »zum allgegenwärtigen gesellschaftlichen Imperativ für die Forschung geworden« sei (Nowotny 1999: 50). Mit dem Fokus auf den Anwendungskontext und die Praxisnähe zeitgenössischer Wissensproduktion wird hingegen die soziale Verantwortung betont, die der Forschung in der Gesellschaft zukommt. Wissen wird als sozial vermitteltes und distribuiertes Gut verstanden, das mit Blick auf seine gesellschaftlichen Konsequenzen reflektiert werden muss: »Wissenschaft hat die Welt kompliziert gemacht und die Wissenschaftler müssen mit den Folgen dieser Komplikationen ringen.« (Nowotny/Scott/Gibbons 2005: 11)

Im Umgang mit konkreten Problemstellungen und in der Bündelung unterschiedlicher Expertisen steht das Modell der ›Modus 2‹-Wissensproduktion für die Herausbildung neuartiger dynamischer und transdisziplinärer Formen des Problemlösens, der Kooperation und der Methodologie, die auch für das Design und die Designforschung kennzeichnend sind. Gibbons et al. sprechen hierbei von einer »problem solving capability on the move« (Gibbons et al. 1994: 5). Diese problem- und handlungsorientierte Sichtweise auf Wissensproduktion schließt in vielfacher Weise an die designtheoretischen Debatten an, die seit den 1960er Jahren von Herbert Simon, Horst Rittel, Donald Schön und anderen Autoren/innen angestoßen wurden. Ihre erweiterten, transdisziplinären Auffassungen von Entwerfen, Problemlösen, Planen und professioneller Expertise, aber auch ihre Skepsis gegenüber den Grenzen tradierter naturwissenschaftlicher Methoden und Wissensmodelle sind paradigmatisch für die veränderte Form von Wissensproduktion, für die der Begriff ›Modus 2‹ heute steht. Dabei wird deutlich, dass Wissenschaft im ›Modus 2‹ »nicht länger als autonomer Raum betrachtet werden kann, der klar vom jeweiligen ›Anderen‹ der Gesellschaft, der Kultur und [...] der Wirtschaft abgegrenzt ist« (Nowotny/Scott/Gibbons 2005: 9). Vielmehr werden diese Bereiche als »abhängig voneinander«, »sogar grenzüberschreitend« erachtet, so dass »sie nicht mehr unterschieden und unterscheidbar sind« (ebd.). Ihre Akteure sind einander »durch gemeinsame intellektuelle Orientierungen, Werte und Wahrnehmungen« (ebd.: 155), aber auch durch materielle und ökonomische Zwänge und Interessen verbunden. Genau in diesem innovativen, aber auch unübersichtlichen Spannungsfeld zwischen Wissenschaft, Gesellschaft und Ökonomie bewegen sich Theorien und Methodologien des Designs seit der Nachkriegszeit. Für ihre zukünftige Entwicklung stellt sich nicht nur die Frage, wie sie in akademischer oder ökonomischer Hinsicht in das Modell der ›Wissensgesellschaft‹ oder der ›Modus 2‹-Wissensproduktion hineinpassen. Vielmehr ist von Bedeutung, inwiefern sich die Verbindung von Entwurfs- und Wissenskulturen auch als ein gesellschaftliches Projekt bewähren kann.

# 6. Epilog: Transformation und Krise

*Wo aber Ambivalenz herrscht, ist Design nicht weit.*
Peter Sloterdijk

## 6.1 Ethisch-moralische Implikationen

In den vorangegangenen Kapiteln wurden unterschiedliche designtheoretische Themenkomplexe beleuchtet und vielfältige Perspektiven eröffnet. Der ›Parcours‹ verlief entlang traditioneller Debatten, avancierter Modelle und persistenter Mythen zum Design. Dabei wurde deutlich, dass sich die Designdisziplin und mit ihr die Theorien und Methodologien des Designs in steter Transformation befinden und gerade darin eine Form von Konstanz aufweisen. Das Streben nach einer Öffnung, Erweiterung und Entgrenzung des Designbegriffs zieht sich als roter Faden durch die Geschichte des Designs – gerade so, als ob die jeweils geltenden Aufgabenbereiche und Wirkungsfelder von Design immer schon als zu klein und zu beengend empfunden wurden. Besonders gilt dies im Hinblick auf solche Sichtweisen, die im Design nicht mehr sehen wollen als eine kommerzielle Tätigkeit im Kontext der industriellen Warenproduktion, eine oberflächliche Dekoration von Produkten oder ein »Make-up der Maschinen« (Sloterdijk 2010: 15). In Opposition zu diesen Ansichten, die als Designkritik durchaus ihre Berechtigung haben, stehen zahlreiche jüngere Positionen, die Design mit gesellschaftlichen und politischen Fragen verbinden. Sie heben die weitreichenden sozialen, politischen, ökologischen Implikationen und Konsequenzen, aber auch die Relevanz und Verantwortung hervor, die mit der Gestaltung artifizieller Dinge und ›künstlicher Welten‹ einhergehen. Das Bild von Design erfährt dabei eine einschneidende Transformation: Es wandelt sich von einem Berufsbild im Kontext der industriellen Produktion zu einem Modus des politischen Handelns. Von solchen Theorien des Designs handelt dieses Kapitel.[50]

In seinem Buch *Design as Politics* konstatiert Tony Fry, dass wir in einer Welt leben, in der so gut wie alles von Menschenhand gemacht sei, und dass dieser Umstand weitreichende Konsequenzen für die Ausformung unserer Zukunft habe (Fry 2011: 5). Hier sind neben positiven vor allem negative Konsequenzen gemeint, wie sie in Form von Umweltschäden, Abfallstoffen, Konsumismus und Wegwerfprodukten oder auch in unzumutbaren Arbeits- und Produktionsbedingungen zum Ausdruck kommen. Das Bild einer vermeintlich grenzenlosen materiellen Kultur, die durch Designer/innen entworfen und gestaltet wird, findet seine Grenzen in den Schäden, die sich die Menschheit nicht nur wissentlich, sondern auch »unwissentlich oder durch unglückliche Umstände selbst zufügt« (Sennett 2008: 28). Der Soziologe Richard Sennett nennt dies die »Nachtseite der materiellen Kultur« (ebd.). Mit genau solchen Problemen beschäftigen sich im Design Ansätze wie *EcoDesign*, *Design for Environment* oder *Sustainable Design*, die einen nachhaltigen, sozial und ökonomisch verträglichen Umgang mit Materialien und Ressourcen im Design befördern wollen (Tischner et al. 2000; Fuhs et al. 2013). Auch der Ausdruck des ›transformativen Designs‹, wie er etwa an der *d-school* der Stanford University gelehrt wird, zielt darauf ab, Designentscheidungen auf ganzheitliche Weise zu sehen: »Transformative Design examines the implications of design decisions: the ways in which your designs change the world, and also the ways in which the world changes your designs.«[51]

Theorien des Designs thematisieren das Spannungsfeld von Design, Gesellschaft und Politik, indem sie Fragen zur Handlungs- und Verantwortungsethik aufnehmen und normative Auflagen formulieren. Nach Siegfried Maser sollten Designtheorien wenigstens die folgenden Funktionen erfüllen: »eine wertsetzende Funktion, eine begründende Funktion, eine politische Funktion, eine kritische Funktion, eine aufklärende Funktion, eine pädagogische Funktion« (Maser 1976: 41). Sie dürfen also laut Maser nicht losgelöst von der Gesellschaft entstehen, sondern müssen sich auf soziale Probleme beziehen und eine ethisch-moralische Position vertreten. »Zur gemeinsamen theoretischen Basis kooperativer wissenschaftlicher Problemlösung« gehört für ihn »primär die *wertsetzende Funktion*, d.h. das Aushandeln und Festsetzen anzustrebender Ziele und Werte, das Festlegen eines Wertmaßstabes« (ebd.). Derartige Postulate bilden die Basis von designtheoretischen Werte- und Ethikdebatten, in denen Kriterien für ›gutes‹ Design diskutiert werden, das Berufsbild des Designers, seine Arbeitsweisen und Aufgabenbereiche infrage gestellt, transformiert und aufgewertet werden sollen. Dabei darf jedoch nicht vergessen werden: Das »Festlegen eines Wertmaßstabes«, wie es Maser für die Designtheorie fordert, schafft nicht nur moralische Orientierung, sondern kann leicht auch in Dogmen oder Denkverbote münden.

Die Diskussion um ökonomisch und sozial nachhaltiges Design ist indes nicht nur aufseiten von Designtheorien selbst angesiedelt und wird als Aufgabe von Designschaffenden gesehen. Designtheoretiker wie Tony Fry kritisieren auch das Unvermögen der Politik, auf von Menschen gemachte Probleme und Krisen angemessen zu reagieren (Fry 2011: 5). Fry erachtet die bestehenden politischen Strukturen und Akteure als ungeeignet, um einen tiefgreifenden gesellschaftlichen Wandel zu initiieren. Stattdessen postuliert er, eine politische Transformation der sozialen und ökonomischen Zustände müsse heute auch Mittel und Sichtweisen des Designs miteinbeziehen (ebd.: 4). Design wird in diesem Zusammenhang als eine spezifische Form des Fragestellens (*problem-asking*) und der Entscheidungsfindung (*decision-making*) gesehen. Design könne, so behaupten auch die beiden Designwissenschaftler Harold Nelson und Eric Stolterman, »die existierende Ordnung der Dinge auf radikale Weise transformieren« (Nelson/Stolterman 2003: 2). In Anschlag gebracht werden soll hierbei die Fähigkeit, mittels *design thinking* existierende Strukturen und Narrative zu hinterfragen, sie zu dekonstruieren und neu zu entwerfen (siehe Fry 2011: 135). Dieser Ansatz bezieht seine Legitimation im Wesentlichen aus einer Parallelisierung oder sogar Gleichsetzung der Begriffe ›Design‹ und ›Politik‹. Design und Politik hätten beide »mit der Gestaltung von Lebenssituationen zu tun«, argumentieren Hans Höger und Kerstin Stutterheim in ihrer Publikation *Design & Politik*: »Beide sind Ausdruck des Willens, Strukturen zu ersinnen, die es ermöglichen sollen, zentrale Bereiche des menschlichen Alltags zu organisieren und positiv zu bewältigen. Und beide haben unmittelbaren Einfluss auf die Vielzahl jener Prozesse und Ereignisse, die – oft ohne großes Aufsehen – Gegenwart in Zukunft verwandeln.« (Höger/Stutterheim 2005: 7)

Diese Auffassung von Design führt konsequenterweise zur Idee einer Designpolitik, in der es um die Dekonstruktion und Umgestaltung des Sozialen und Politischen selbst geht. Gegenstand einer solchen Designpolitik sind etwa politische Führungsstile und ›Marken‹ (Milev 2011: 52), die Planung und Gestaltung von Regierungsformen und Repräsentationspolitiken, Arbeitsformen und Ökonomien, Lebensräumen und Infrastrukturen – ja selbst Krisen und Katastrophen können unter dieser Perspektive reflektiert und analysiert werden. Yana Milev, die sich mit dem Themenkomplex ›Design und Krise‹ auseinandersetzt, schlägt vor, soziales und politisches Handeln mit einem erweiterten Designbegriff zusammenzudenken, der im Bereich von »Kulturtechniken des Performativen und Politischen« angesiedelt ist (ebd.: 17). Den Aspekt der Partizipation erachtet sie dabei als zentral für politische Erneuerung. Erst die »Dekonstruktion der Führungsbedeutung«, die dem Politikbegriff gemeinhin zugeschrieben wird, könne dabei helfen, so Milev, den Begriff der Politik zu öffnen und ihn »wieder auf seine grundlegende Bedeutung als Kulturtechnik und Selbsttechnik zurückzuführen« (ebd.: 35).

Der Designbegriff erfährt in diesem Zusammenhang eine dezidiert politische Wendung und Erweiterung, die ihn mit anderen Formen von sozialen Utopien, Zukunftsvisionen oder Gesellschaftsfiktionen vereint. Zugleich wird er damit aber auch (unbewusst) in die Nähe eines *social engineering* gerückt. Dieser Ausdruck benennt den problematischen Versuch, moderne industrielle und post-industrielle Gesellschaften durch die »systematische Umgestaltung der Lebenswelt und der Alltagspraktiken« zu ›ordnen‹ und mittels diverser Planungs- und Kontrolltechnologien und -instanzen »Kohärenz über unterschiedliche Sozialgruppen« herzustellen (Etzemüller 2009: 34). Zu denken ist hierbei etwa an die Kontrolle von Arbeitsabläufen und -zeiten, die Normierung von Ausbildungen oder den Einsatz von statistischen Auswertungs- und Evaluationsverfahren in vielen Bereichen unseres Alltags.

Im unmittelbaren Bezug von Design zu Politik und Gesellschaftskritik zeigen sich also nicht nur die Potenziale, sondern auch die Grenzen und Anmaßungen des Designs. Das Vorhaben, Gesellschaft und Politik mittels Praktiken, Methoden und Denkweisen aus dem Design umzugestalten, mag in vielerlei Hinsicht attraktiv und bedenkenswert sein. Zugleich ist es jedoch mit demselben Problem behaftet, das jeglichem politischen Handeln eignet: Es wird, bewusst oder unbewusst, stets durch spezifische Interessenkonstellationen angeleitet und bildet somit zwangsläufig neue hegemoniale Ordnungs- und Machtsysteme aus, die den angestrebten Wandel strukturieren und regulieren. Der Vergleich mit dem *social engineering* verdeutlicht, dass Utopie, Gesellschaftsfiktion und Diktatur oft nicht weit voneinander entfernt sind. Offen bleibt zudem, ob die Idee von Design als politische Kraft eher als Ausdruck von Idealismus oder vielmehr als Symptom politischer Ohnmacht zu deuten ist. Sicherlich aber spiegeln sich darin Skepsis und Kritik, vielleicht auch Ignoranz, gegenüber dem Design bestehender politischer Systeme und ihren Handlungs- und Entscheidungsstrukturen wider.

## 6.2 Sozio-Design und Partizipation

Besonders virulent ist in Designtheorien seit jeher der Themenkomplex ›Design und Gesellschaft‹. Bazon Brock forderte bereits in den 1970er Jahren eine Transformation des Designbegriffs in Form eines ›Sozio-Designs‹[52]: »Der Begriff Design muss eine Erweiterung erfahren. Wo bisher Design in erster Linie die Gestaltung von Industrieprodukten meinte, sollte hinkünftig unter Design auch Gestaltung von Lebensformen, Werthaltungen, sprachlichem Gestus bestimmbar sein.« (Brock 2013: 75) »Die produzierten Gegenstände sind«, so Brock, »immer auch Mittel zum Aufbau von sozialen Beziehungen. Die dringend zu beantwortende Frage ist, wie sich soziale Beziehungen verändern, beziehungsweise wie soziale Beziehungen zugrunde gehen, wenn sich die Gegenstände verändern, über die solche Beziehungen aufgebaut werden.« (Ebd.: 75 f.) Aufgegriffen wird dieser Gedanke seit einiger Zeit seitens der Kultur- und Gesellschaftssoziologie, die ihrerseits nach dem »Design der Gesellschaft« fragt und so die »traditionelle ›Objektblindheit‹ der klassischen Soziologie«

aufbrechen will (Prinz/Moebius 2011: 10). Auch dieser soziologische Ansatz geht davon aus, dass jenseits der »alltäglichen ›Tücken des Objekts‹« die »symbolisch-materielle Doppelstruktur des Designs [...] in seiner ethisch-politischen Dimension« reflektiert werden müsse (ebd.: 18). Eine Kultursoziologie des Designs, wie sie etwa Sophia Prinz und Stephan Moebius vorschlagen, bündelt verschiedenartige Fragestellungen: Zunächst fragt sie »nach den verschiedenen rezeptiven Praktiken, die an ein gestaltetes Artefakt gekoppelt sind« (ebd.: 16). Sie interessiert sich dann »für die Praktiken, Wissensformen und Artefaktkomplexe, die an den Entwurfs- und Produktionsprozess« gebunden sind (ebd.: 18). Schließlich geht sie der »historischen und kulturellen ›Migration der Formen‹« nach, also der Art und Weise, wie »Dinge, Diskurse und Praktiken in andere historische und kulturelle Kontexte transferiert werden können und sich dort mit den bestehenden Artefakt- und Praktikenformationen vernetzen« (ebd.: 20). Während der Fokus der Kultursoziologie klar auf der Analyse der sozialen Dimensionen und Effekte von Design liegt, fordern die aus dem Design kommenden Theorien zum ›Sozio-Design‹ hingegen die konkrete (Um-)Gestaltung von Gesellschaft. Als ›Sozio-Design‹ bezeichnet Brock »Entwurf und Realisation von Formen der Lebensorganisation für Einzelne und Gruppen von Mitgliedern unserer Gesellschaft« (Brock 2013: 76). Eng verbunden mit der Idee eines Sozio-Designs ist der Wunsch nach einer gerechten, kollektiven Teilhabe an gesellschaftsrelevanten Planungsprozessen, wie er im Ansatz des partizipatorischen Designs (siehe Mareis 2013) zum Ausdruck kommt. Siegfried Maser resümiert:

»Will Design einen Beitrag zur Verbesserung des praktischen Lebens leisten, so liegt der Ausgangspunkt jeder Begründung in der Analyse und Beurteilung menschlicher Bedürfnisse, die das Hilfsmittel Design befriedigen soll. Die Festlegung solcher Ziele aber ist nicht Sache allein der Experten, es ist ein gesellschaftliches Problem.« (Maser 1976: 41)

Maser fordert, dass die Erkenntnis gesellschaftlicher Bedürfnisse nicht einzelnen Experten überlassen werden darf, sondern sich auf der Grundlage von basisdemokratisch geführten Diskussionen vollziehen soll. Yana Milev spricht in diesem Zusammenhang von einem »Design von unten«, das es in der Designtheorie und -forschung mittels partizipativer, also gemeinschaftlich-teilhabender Methoden zu »verifizieren« gelte (Milev 2011: 46).

Vor diesem Hintergrund richtet sich der Ansatz des *partizipatorischen Designs*, der sich in der Nachkriegszeit in den westlichen Industriestaaten herausbildete, explizit gegen eine expertokratische Entscheidungshoheit. Versucht wird stattdessen, alle von einem Planungsprozess ›betroffenen‹ Stakeholder in diesen Prozess mit einzubeziehen. Der Planungstheoretiker Horst Rittel kommentierte dies mit den Worten: »Design is not the monopoly of those who call themselves ›designers‹« (Rittel 1988: 1). Während über lange Zeit das ästhetische Urteil und die technische Expertise von professionellen Fachleuten für Planungs- und Designentscheide maßgeblich waren, entwickelte sich ›Partizipation‹ in der Nachkriegszeit zu einem Schlüsselthema in der Architektur- und Designtheorie (siehe Schregel 2013). Bereits Ende der 1950er Jahre wurde das Fehlen eines partizipatorischen Designdiskurses als Problem in der Stadtplanung bemerkt. Der Soziologe Lucius Burckhardt kritisierte, dass es bei der Planung des öffentlichen Raums, die im Grunde jede/n Bürger/in angeht, einen eklatanten Mangel an Mitbestimmung gebe. Zwar seien unterschiedliche »entscheidungsfindende Kollektive« in diese Planungsprozesse involviert, die Stimme der »Verplanten« jedoch sei ungenügend vertreten (Burckhardt 2004: 82f.). In dem Essay *Wer plant die Planung?* von 1974 stellt Burckhardt die entscheidende Frage partizipativer Planung: »Wer bestimmt, was geplant wird (und was nicht)?« (Ebd.: 71)

Wichtige Impulse für das partizipatorische Design kamen in den 1960er Jahren aus der Designmethodologie, die eine Systematisierung und Professionalisierung der Entwurfsmethoden und Designausbildung anstrebte und zugleich die Frage nach der Teilhabe an Expertendiskursen vorantrieb. Wie wir im fünften Kapitel gesehen haben, wurde in der Designmethodologie der 1960er Jahre der Designbegriff sehr weit gefasst und zum Schlüssel zahlreicher Planungs- und Optimierungsaktivitäten erklärt. Darauf verweist etwa Herbert Simons bereits genanntes Diktum: »Everyone designs who devises courses of action aimed at changing existing situations into preferred ones« (Simon 1996: 111). Gerade die Prämisse jedoch, dass jedes Individuum seine Umwelt mitgestalten und optimieren könne, hielt in der Realität der näheren Betrachtung nicht stand. Selbst Entscheidungs- und Planungsprozesse, die eine große gesellschaftliche Relevanz und Reichweite hatten, wurden keineswegs von allen Betroffenen gemeinsam getragen, sondern von einigen wenigen Spezialisten gesteuert. Der Ansatz des partizipatorischen Designs strebte vor diesem Hintergrund eine Neubewertung von Wissen sowie eine Umverteilung von Entscheidungs- und Handlungskompetenzen an: »Demokratie, Wissen und Fähigkeiten sind Leitwerte der partizipatorischen Gestaltung. Damit wächst das Interesse an der Unterstützung legitimer Partizipation sowie an Möglichkeiten für Nutzer, ›implizites Wissen‹ und ›ästhetische Erfahrungen‹ auszudrücken und zu kommunizieren.« (Ehn 2013: 101).

In den 1970er Jahren kam es dann zu einer Verschiebung der Anwendungsbereiche für partizipatorisches Design. Dieses wurde nun nicht mehr nur im Bereich der Stadtplanung, sondern auch in den Computer- und Arbeitswissenschaften diskutiert. Damit einher ging eine Verschiebung von Rollenbildern: Die Rolle des

›Planers‹ wurde zunehmend durch jene des ›Managers‹ ersetzt. Vor allem in den skandinavischen Ländern wurden im Kontext des sogenannten *workplace democracy movements* wegweisende Beiträge zur Weiterentwicklung von partizipatorischem Design formuliert. Die Idee, dass Arbeitnehmende gleichberechtigt an der Planung und Gestaltung ihres Arbeitsplatzes teilhaben sollten, war zu der Zeit eng mit der zunehmenden Computerisierung und Digitalisierung von Arbeitsumgebungen und -abläufen verbunden (Robertson/Simonsen 2012: 4). Der schwedische Designtheoretiker Pelle Ehn hält dazu fest:

> »In den 1970ern wurden Partizipation und gemeinsame Entscheidungsfindung zu wichtigen Faktoren, wenn es um Arbeitsplätze und die Einführung neuer Technik ging. Partizipatorische Gestaltung vertrat den einfachen Standpunkt, dass diejenigen, die eine Gestaltung betrifft, auch beim Gestaltungsprozess mitreden dürfen sollten. Diese politische Überzeugung erwartete nicht (nur) Konsens, sondern auch Kontroversen und Konflikte rund um das entstehende Designobjekt. Infolgedessen stellte sich partizipatorische Gestaltung auf die Seite ressourcenschwacher Stakeholder (typischerweise lokale Gewerkschaften) und entwickelte Projektstrategien für deren effektive und legitime Partizipation.« (Ehn 2013: 85)

Die aus dieser Situation resultierende Verbindung von Design, Technologie und gesellschaftlichem Diskurs sollte sich für eine interdisziplinäre Theoriebildung des Designs als sehr ergiebig erweisen. Sie brachte etwa produktive Transfers zwischen Designtheorie und der Wissenschafts- und Technikforschung hervor. Pelle Ehn beispielsweise führt das Thema ›Partizipation‹ mit dem aus der Wissenschaftssoziologie stammenden Ansatz der Akteur-Netzwerk-Theorie zusammen, welche die Interaktion von menschlichen und nicht-menschlichen Akteuren – wie Maschinen, Apparaten oder auch Einrichtungsgegenständen – aus der Sicht dieser Akteure nachvollziehen und dadurch ein besseres Verständnis für den Einfluss materieller Artefakte erreichen will (vgl. 4.6). In diesem Zusammenhang führte der Technikphilosoph Bruno Latour den Begriff des *thing* ein, auf den sich auch Pelle Ehn bezieht. In der Interpretation von Latour meint *thing* kein lebloses materielles Artefakt, sondern vielmehr einen konzeptuellen Ort, an dem sich Sachverhalte ›versammeln‹ und in ihrer Widersprüchlichkeit sichtbar werden:

»Wenn man über Artefakte in Begriffen von Design nachdenkt, begreift man sie immer weniger als modernistische Objekte, sondern zusehends als ›Dinge‹. Um meine Sprache zu verwenden: Artefakte werden begreiflich als komplexe Versammlungen widersprüchlicher Sachverhalte – ich erinnere daran, dass dies die etymologische Bedeutung des Wortes ›Ding‹ im Deutschen wie auch in anderen europäischen Sprachen ist (z.B. *thing* im Englischen). Wenn man Dinge als gut oder schlecht designt ansieht, dann erscheinen sie nicht länger als unabänderliche Tatsachen. In dem Maße, in dem sich ihre Erscheinung als unabänderliche Tatsachen abschwächt, wird ihr Platz unter den vielen veränderbaren Dingen, die uns angehen, um die wir uns kümmern müssen, gestärkt.« (Latour: 2009: 361)

In Latours Lesart macht das Design von Artefakten auf die grundsätzliche Konstruiertheit und Gestaltbarkeit der materiell-visuellen Welt sowie auf die ästhetische Performanz von Strukturen, Systemen und Prozessen aufmerksam. Diese werden als soziomaterielle Diskurse lesbar, in denen die Dinge prinzipiell immer auch anders entworfen werden könnten, als sie es tatsächlich sind: »Je mehr Objekte zu Dingen gemacht werden – das heißt, je mehr neutrale Tatsachen in uns angehende Sachen umgewandelt werden –, desto mehr werden aus ihnen Design-Objekte durch und durch.« (Ebd.: 358) Auch die Art und Weise, wie vermeintlich feststehende Fakten und Tatsachen präsentiert und repräsentiert werden, ist mithin weder als objektiv noch als zeitlos zu sehen. Vielmehr wird ihre Herstellung und Präsentation von spezifischen Stilen und Ästhetiken des Vermittelns und Zeigens geprägt: »Die Formen, in denen Dinge sich als Tatsachen präsentiert haben«, so Latour, »[werden] sichtbar als Stil – ein Stil, der vor unseren Augen dabei ist, sich zu verändern. Die Ästhetik der Tatsachen ist stets genau das gewesen: eine historisch situierte Ästhetik, eine Weise, Gegenstände zu beleuchten, zu rahmen, zu präsentieren, den Blick der Betrachter zu situieren, die Interieurs zu designen, in denen sie präsentiert werden – und natürlich die Politik, mit der sie so fest verknüpft sind bzw. waren.« (Ebd.: 368) Genau in diesem Punkt sieht Latour das enorme Potenzial des Designs, sich mit den ihm eigenen Mitteln und Methoden – Entwerfen, Projektieren, Modellieren, Skalieren, Visualisieren – an der Herstellung und Vermittlung von neuen Fakten und Tatsachen zu beteiligen. In diesem Zusammenhang stellt er eine entscheidende Frage: »Warum kann ein so wirksames visuelles Vokabular, wie es in der Vergangenheit von Künstlern, Ingenieuren, Designern, Philosophen, Handwerkern und Aktivisten für unabänderliche, unbestreitbare Tatsachen ersonnen worden ist, nicht ebenfalls ersonnen werden – ich zögere zu sagen: neu gestylt – für Sachen, die uns angehen?« (Ebd.: 374)

Diese Frage – überhaupt die Suche nach neuen Formen des kollaborativen politischen Handelns – gewinnt zusätzlich an Virulenz, wenn man sich die gegenwärtige Durchdringung und Veränderung der Lebenswelten durch digitale Technologien vor Augen führt. Anwendungen des Web 2.0 wie *Social Media*, *Crowdsourcing*, *Massive Open Online Courses* oder auf digitalen Technologien basierende Produktionsformen wie *Hacking* oder die *Maker Culture* befördern und bedingen neuartige kollaborative Formen des Kommunizierens, Lernens, Handelns und Entscheidens. Zugleich zeichnen sich vor diesem Hintergrund aber auch die Probleme von Demokratie politischer Teilhabe umso deutlicher ab. Denn der Wunsch nach Teilhabe gründet nicht selten auf idealisierenden, vergleichsweise unkritischen Vorstellungen einer unmittelbaren Demokratie. Auch werden partizipatorische Designprojekte in der Regel nicht von Laien, sondern von professionellen Designern/Designerinnen initiiert und angeleitet – ungeachtet der Frage, warum gerade ihnen die Auswahl und Deutungshoheit über Fragen zukommen soll, die weite Teile der Bevölkerung betreffen. Partizipation allein bedeutet daher noch keine Verbesserung oder Veränderung bestehender Machtstrukturen. Entscheidend ist in diesem Zusammenhang vielmehr die Frage, wie sich vorherrschende Macht- und Wissenskonstellationen durch organisierte und dadurch zwangsläufig vorstrukturierte Teilhabeprozesse überhaupt neu konstruieren lassen – oder ob sich nicht im Gegenteil hegemoniale Machtgefüge und bestehende soziale Strukturen gerade durch Teilhabe erst recht aktualisieren und stabilisieren. Dieser Punkt wird vor allem dort relevant, wo tieferliegende strukturelle Probleme in Politik und Gesellschaft außer Acht bleiben. Durch partizipatorisches Design wird dann zwar eine Form der Teilhabe realisiert, diese zieht jedoch vermutlich keine weitreichenden Konsequenzen und gesellschaftspolitischen Veränderungen nach sich.

## 6.3 Krisenkompetenz, Kritik und Spekulation

Das skizzierte Spannungsfeld von Design, Gesellschaft und Politik findet eine besonders markante Ausprägung in Verbindung mit Rhetoriken der Krise und des Wandels. Zunehmend machen sich Ansätze vernehmbar, die Design als politische Erneuerungskraft, als existenziellen Handlungsmodus in Zeiten von Umbruch, Chaos, Orientierungslosigkeit, Ausnahme und Krise propagieren. Gemeint sind hier meist Krisen globalen Ausmaßes wie Kriege, Flüchtlingsströme, Klimawandel oder Finanzkrisen. Der Designer Bruce Mau etwa behauptet, dass das enorme Potenzial von Design erst in solchen Krisenmomenten erkannt werden könne: »Unfälle, Katastrophen, Krisen. Erst wenn Systeme zusammenbrechen, werden wir uns zeitweise der außerordentlichen Stärke und Leistungskraft von Design und den Effekten, die es generiert, bewusst.« (Mau 2004: 6) Seine Aussage kann in zwei Richtungen gelesen werden. Sie weist zum einen auf die Gemachtheit von gesellschaftlichen Systemen und Infrastrukturen hin, die erst in der Krise ihre Belastbarkeit beweisen können, zum anderen deutet die Aussage aber auch auf Strategien und Kulturtechniken des Designs, die in der Krise zum Tragen kommen und dabei helfen, diese zu überstehen. Yana Milev definiert Design in diesem Kontext als eine »Kulturtechnik des Überlebens« (Milev 2011: 20). Mit dem Begriff des *Emergency Design* umreißt sie ein verstörendes Handlungs- und Wirkungsfeld von Design, das durch Katastrophenszenarien, Konflikte, Krisenökonomien und prekäre Lebensräume bestimmt wird.

> »Der Slogan *Lebensräume sind Krisenräume* ist ein Plädoyer für die Inkonsistenz und Unsicherheit von Räumen, Historien und Paradigmen, Rechten und Werten, Körpern und Identifikationen, wie auch eine Forderung an neue raumstrategische, wissensstrategische und designstrategische Kompetenzen – an Emergency Designs.« (Ebd.: 93)

Ein derart um das Krisenhafte erweiterter Designbegriff ist für Milev eng mit der Frage nach den notwendigen Kompetenzen und Strategien verbunden, die es braucht, um »gesellschaftlich *relevant* zu handeln« (ebd.: 102). Sie definiert den Bereich des *Emergency Design* als »Operator der künstlerischen, krisenökonomischen und mikropolitischen Forschung«; als eine Protest-

und Widerstandskultur, die »designstrategische Kompetenzen« ausbilden und in eine partizipative »Politik des Kulturellen« münden soll (ebd.). Die Erwartungen, die hier an das Design gerichtet werden, sowie das revolutionäre Potenzial, das diesem attestiert wird, erinnern nicht von ungefähr an künstlerische Manifeste und gegenkulturelle Formen des Protests. Der Transfer von subversiven Strategien aus der Kunst ins Design ist hier beabsichtigt, ebenso die Indienstnahme dieser Strategien für den gestalterischen Protest gegen herrschende politische und ökonomische Systeme. Bei *Emergency Design* handle es sich, so Milev, um »Kulturen und Szenen des Überlebens und Erhalts des Anderen, die im Grunde allesamt in verschiedenen Formen des Widerstands gegen staatliche Biopolitik oder neoliberale Unternehmenspolitik zu Werke gehen« (ebd.: 110). Das größte Potenzial solcher Überlebens- und Protestkulturen sieht sie in der »Identifikation mit ihrem autoenergetischen Krisenpotential« (ebd.), also in der Rückbesinnung auf die den Individuen jeweils eigenen Ressourcen und Fähigkeiten, um selbst in Zeiten größter Not und Repression handlungsfähig und souverän zu bleiben.

Ähnlich argumentiert auch Peter Sloterdijk in seinem Aufsatz *Das Zeug zur Macht*, in dem er Design als ein »Können des Nichtkönnens« definiert (Sloterdijk 2010: 12). Design sei »von einem kompetenzökologischen Ansatz her gesehen – nichts anderes als die gekonnte Abwicklung des Nichtgekonnten« (ebd.). Es sichere, so Sloterdijk, »die Kompetenzgrenzen der einzelnen, indem es dem Subjekt Verfahren und Gesten an die Hand gibt, im Ozean seiner Inkompetenz als Könner zu navigieren« (ebd.). Sloterdijk bezeichnet Design in diesem Zusammenhang »als Souveränitäts-Simulation«: »Design ist, wenn man trotzdem kann.« (Ebd.). Gerade in Zeiten der Krise und Orientierungslosigkeit soll diese *In-Kompetenz* des Designs zum Tragen kommen: »Gekonntes Nichtkönnen stiftet eine Art Leerlaufverhalten oder einen Parallelprozess, in dem das Leben auch in Gegenwart des Ohnmächtigmachenden weitergehen kann.« (Ebd.: 13) Interessanterweise lässt sich jedoch gerade in der Bestimmung von Können als Nichtkönnen auch eine spezifische Form der disziplinären Professionalisierung und Abgrenzung erkennen. Thomas Etzemüller konstatiert etwa im Zusammenhang mit dem Thema *social engineering*, dass sich »Krisenrhetorik und Selbstermächtigung zur Tat [...] hervorragend zur Selbstlegitimierung als Experten und zur Selbstkonstituierung von Fächern« eigneten (Etzemüller 2009: 34).

Programmatiken, die dem Design in Transformations- und Krisenzeiten eine besondere Rolle zusprechen, scheinen mit dem traditionellen Berufsbild des Designers/der Designerin, wie die meisten es kennen, kaum mehr etwas gemein zu haben. Doch sind diese Designkonzeptionen weder radikal neu noch besonders andersartig, sondern schließen vielmehr an bekannte Diskurse und Motive der Design-, Kultur- und Sozialgeschichte an. Neben der bereits angedeuteten Parallele zum modernistischen Projekt des *social engineering* folgen sie namentlich auch der Tradition eines Diskurses ganzheitlicher Gestaltung, wie er sich zu Beginn des 20. Jahrhunderts etablierte (siehe Harrington 2002: 11–29) und dem Prinzip der ›Gestalt‹ in unterschiedlichen wissenschaftlichen, künstlerischen und politischen Feldern eine richtungsweisende, sinnerzeugende Kraft zusprach (vgl. Kapitel 2.4). Letztere stellte eine ordnende Gegenkraft, sogar ein »kosmisches Prinzip« dar, das die Menschheit gegen Chaos, Entropie und »Degeneration« in ihren unterschiedlichsten Erscheinungsformen schützen sollte (ebd.: 208). Diese mit Pathos beladene Lesart, die unmittelbar an antike Sagen oder religiöse Heilsversprechen erinnert, schwingt auch in manchen heutigen Designtheorien mit, die Design als Mittel der gesellschaftlichen und politischen Transformation propagieren. In diesem Zusammenhang scheint es kaum zufällig, dass sich sowohl Peter Sloterdijk als auch Bruno Latour in ihren Ausführungen zu den Aufgaben zeitgenössischen Designs bei Motiven aus der antiken Sagenwelt bedienen: Bei Sloterdijk ist die Rede vom »Titanenkampf«, den Designer/innen ausfechten müssen (Sloterdijk 2010: 23), Latour seinerseits stellt sich heutige Designer/innen als einen »vorsichtigen Prometheus« vor (Latour 2009).

In vielen der referierten Positionen finden sich zudem Anleihen bei designtheoretischen Konzepten aus der Nachkriegszeit, in denen Design als Methode des Problemlösens, Verbindens und Überbrückens, kurz als *Synthese* bestimmt und so einem analytischen Erkenntnismodus gegenübergestellt wird. Der Akzent hat sich dabei in den letzten Jahren zunehmend vom Bereich der Problemlösung auf den der Problem*stellung* verschoben: Methoden und Perspektiven aus dem Design sollen dabei helfen, neu- oder andersartige Problem- bzw. Fragestellungen, Strategien und Entscheidungsprozesse im Umgang mit komplexen gesellschaftlichen Problemen zu entwickeln und anzuleiten. Die Kontexte und Krisenszenarien, mit denen die Dringlichkeit eines spezifischen Designdenkens und -handelns verdeutlicht werden soll, mögen dabei heute zwar andere sein als zu Beginn oder in der Mitte des 20. Jahrhunderts – der Anspruch, der daraus abgeleitet wird, ist jedoch bemerkenswert konstant und kritikresistent geblieben: Design wird als zukunftsorientiertes, problemrelevantes Handeln definiert und folglich für die Gestaltung von Zukunft und das Lösen von Problemen als relevant erachtet.

Besonders deutlich wird dieser Anspruch in jüngeren Designansätzen wie Critical Design, Design Fiction, Speculative Design, Design for Debate oder Design Futurescaping, die sich alle mit der Gestaltung von alternativen Zukunftsszenarien und Gegenwartsentwürfen auseinandersetzen (Dunne/Raby 2013: 11). Auch diese Ansätze beziehen ihre Legitimation vielfach aus einer End-

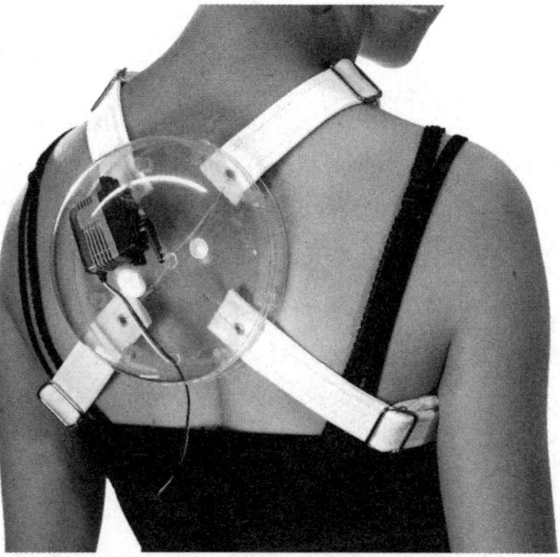

Abb. 9: Speculative Design: Elektronische Erweiterung der Sinne

zeit- und Krisenrhetorik, die zum radikalen Umdenken angesichts von Krisen ermahnt. Anthony Dunne und Fiona Raby, die solche Designansätze propagieren, diagnostizieren, dass sich angesichts von enormen Herausforderungen wie Überbevölkerung, Wasserknappheit oder Klimawandel auch Designer/innen berufen fühlen, an der Lösung dieser Probleme mitzuarbeiten (ebd.: 2). Es sei aber auch klar, so Dunne und Raby, dass es für diese Probleme keine einfachen Lösungen gebe, sondern dass der einzige Weg zu ihrer Überwindung in der Transformation unserer Werte, Glaubenssätze, Ansichten und unseres Verhaltens liege (ebd.). Wie auch die anderen in diesem Abschnitt diskutierten Positionen gehen Ansätze wie Critical Design oder Speculative Design davon aus, dass mit Methoden und Perspektiven aus dem Design neue Wege zur Überwindung von Krisen gefunden werden können. Sie schlagen konkret vor, Design als ein Mittel des hypothetischen und spekulativen Fragens zu benutzen, um auf diese Weise herauszufinden, wie Dinge – etwa Konsumkultur, Technologie- oder Gesellschaftsentwicklung – auf andere Weise existieren und funktionieren könnten (Abb. 9). James Auger beschreibt Critical Design als eine Methode, in der gestaltete Artefakte als »embodied critique or commentary on consumer culture« (Auger 2013: 32) verstanden und eingesetzt werden. Statt reale, marktorientierte Produkte herzustellen, gehe es beim Critical Design vielmehr darum, hypothetische Möglichkeiten, utopische Konzepte und dystopische »Gegenprodukte« zu entwerfen (ebd.). Speculative Design, das als Teilbereich von Critical Design gesehen werden kann, wird von Dunne und Raby wie folgt umschrieben:

> »Diese Form von Design basiert auf der Imagination. Sie zielt darauf ab, neue Perspektiven für Dinge zu eröffnen, die man in der Regel als ›bösartige Probleme‹ bezeichnet, neue Räume für Diskussionen über alternative Lebensformen zu kreieren und die Leute dazu zu ermutigen, ihre Vorstellungskraft frei zu entfalten. Designspekulationen können als Katalysator fungieren, um unsere Beziehung zur Realität kollektiv neu zu definieren.« (Dunne/Raby 2013: 2)

Man mag solche Positionen, die Design als Modus des politischen Handelns und der Zukunftsgestaltung postulieren, visionär finden, anmaßend oder schlicht naiv – sicherlich aber sind sie von einer aufschlussreichen Ambivalenz durchzogen. In ihrem Anspruch, Gesellschaft und Zukunft zu gestalten, scheinen Idealismus und Dogmatismus, Ganzheitlichkeit und Totalitarismus, Ermächtigung und Repression, Hoffnung und Resignation nie weit voneinander entfernt zu sein. Angemessen scheint in diesem Zusammenhang eine reflektierte und differenzierte, multiperspektivische Sichtweise, die einerseits die aus dem Designbereich kommenden Handlungs- und Gestaltungsvorschläge auf- und ernst nimmt, die sich andererseits aber auch um die notwendige Differenzierung sowie um einen moderaten Optimismus bemüht. Für die erste Position kann stellvertretend Peter Sloterdijk stehen, für den die »Unentschiedenheit der Designer [...] nicht bloß Laune oder private Schwäche« ist, sondern vielmehr »die mentale Verfassung aller Kompetenzträger im aktuellen Weltaugenblick« widerspiegelt (Sloterdijk 2010: 25). Sie zeige, »dass wir zur Zeit nicht wissen, mit welchen Kompetenzen man ausgestattet sein müsste, wollte man der Verzweiflung keine weiteren Gründe in den Dingen liefern« (ebd.). Die zweite, eher differenzierende Position vertritt Sven Voelker, der schreibt, dass Design die Welt zwar nicht retten, sie aber auch nicht ins Verderben stürzen könne (Voelker 2010: 27).[53] Design sei »keine Bedrohung und auch kein Segen für die Welt«, sondern bestenfalls eine »pfadfinderische Tat«, mittels deren das Design »der Welt über die Straße« helfe (ebd.). Einmal mehr liegen die Stärken und Schwächen, die Möglichkeiten und Grenzen des Designs irgendwo ›dazwischen‹ – was ihre präzise designtheoretische Verortung, Analyse und Kritik jedoch keineswegs ausschließt.

Diese Einführung in Theorien des Designs schließt an dieser Stelle mit dem Wunsch, angehende Designtheoretiker/innen mögen ihren eigenen Weg im ungewissen Dazwischen des Designs finden. Sie sollen vorgefundene Positionen infrage stellen, ungewöhnliche Allianzen eingehen und die Anstrengungen und Vergnügen kritischen Denkens suchen. Der Designer Ettore Sottsass erinnert sich an die Anfänge der Gruppe *Memphis* mit den Worten: »Wir waren allein und ganz schön verzweifelt, weil wir keine Ahnung hatten, wohin uns das alles führen würde. Wir hatten unseren Spaß in dem Sinne, als das Herausfordern der Gefahren, die das Denken mit sich bringt, immer auch ein Vergnügen ist.«[54] Design und Theorie stehen sich in dieser Hinsicht in nichts nach. Theorien des Designs sind – ebenso wie Designpraktiken – ein Mittel, um die Gemachtheit unserer Welt reflexiv auszuloten, sie kritisch zur Diskussion zu stellen und besser zu gestalten.

# Dank

Diese Publikation bildet meine anhaltende Faszination für Design und Designtheorien in vielerlei Hinsicht ab. Seit meiner Ausbildung als Designerin vor rund 15 Jahren und in meiner heutigen Tätigkeit als Design- und Kulturwissenschaftlerin begeistert mich dieses Themenfeld, das sich zwischen Kunst, Technik, Wissenschaft und Wirtschaft weit aufspannt und gegen alle Akademisierungsversuche hartnäckig die Relevanz der eigenen Praxis behauptet. Diese Mischung von Interdisziplinarität und Anmaßung, von Praxisbezug und Theoriekritik, macht Designtheorien zu einem ebenso innovativen wie sperrigen Gegenstand. Gerade im Offenlegen und Aushalten solcher Ambivalenzen liegt meines Erachtens jedoch der Schlüssel, um Designtheorien als einen zeitgenössischen Gegenstand schlechthin zu erschließen, der sowohl der wissenschaftlichen Reflexion als auch der gestalterischen Experimentation offensteht.

Während ich dieses Buches geschrieben habe, wurde mir einmal mehr vor Augen geführt, wie umfangreich und verzweigt der Fundus an Designtheorien ist und wie erstaunlich wenig davon in den tradierten akademischen Fächern rezipiert wird. Oft ist zu hören, Designtheorie gebe es als konsistentes Fach nicht. Aus meiner Sicht beschreibt diese Einschätzung nicht den heutigen Stand von Designtheorie, sondern ihr Grund ist fast immer ein Mangel an Wissen über die Vielzahl der existierenden designtheoretischen Ansätze, Methoden und Debatten. Diese mögen zwar nicht nach akademischen Standards kanonisiert und erschlossen sein, doch damit ist wenig über ihren epistemischen und kulturellen Wert gesagt. Vielmehr erachte ich es als die genuine Aufgabe von Forschenden, neue Forschungs- und Wissensfelder zu erschließen, selbst oder gerade dann, wenn sie quer zu den universitären Disziplinen oder abseits des akademischen Kanons liegen. In diesem Sinne hoffe ich, dass auch Theorien des Designs die akademische Aufmerksamkeit und Anerkennung erhalten, die sie verdienen.

Dieses Buch wäre ohne Unterstützung kaum zu realisieren gewesen. Besonders bedanken möchte ich mich bei Michael Hagner, der mich angefragt hat, diese Einführung zu schreiben. Ebenso möchte ich mich bei Wolfgang Schäffner vom Exzellenz-Cluster ›Bild Wissen Gestaltung‹ an der Humboldt-Universität zu Berlin herzlich bedanken. Seine Offenheit für Designfragen, sein Enthusiasmus und seine Entschlossenheit, Design im Herzen der natur- und geisteswissenschaftlichen Bildung zu etablieren, sind für mich eine große Inspiration. Mit Christof Windgätter habe ich in den letzten Jahren einen konstanten, produktiven Austausch zu den Schnittstellen von Design-, Medien- und Wissenschaftsforschung geführt, dem auch die vorliegende Publikation viel zu verdanken hat. Weitere Personen, die meine Forschungsarbeiten in den letzten Jahren unterstützt haben, sind Sigrid Schade (Zürcher Hochschule der Künste), Ralph Ubl, Michael Renner sowie weitere ehemalige Kollegen und Kolleginnen vom NFS Bildkritik ›eikones‹ der Universität Basel. Meine Mitarbeitenden am Institut Experimentelle Design- und Medienkulturen an der Hochschule für Gestaltung und Kunst Basel haben die physische und geistige Abwesenheit, die das Schreiben zwangsläufig mit sich bringt, geduldig ertragen und mir den Rücken freigehalten. Bedanken möchte ich mich an dieser Stelle auch bei meinen Vorstandskollegen der Deutschen Gesellschaft für Designtheorie und -forschung DGTF und des Swiss Design Network SDN für den kollegialen fachlichen Austausch.

Im Hinblick auf die Erstellung des Manuskripts geht mein ganz besonderer Dank an Sarine Waltenspül. Sie hat die Rohfassung sorgfältig durchgesehen, kritisch kommentiert und hat lange verschollene Quellen aufgetrieben und dokumentiert. Ihr Engagement und ihre Unterstützung haben zum rechtzeitigen Erscheinen dieser Publikation entscheidend beigetragen. Hinweise zum sechsten Kapitel habe ich zudem von Marie Bock und Anne John, Studierende an der HfG Schwäbisch Gmünd, erhalten. Steffen Hermann vom Junius Verlag danke ich schließlich für seine Geduld und die äußerst professionelle und angenehme Zusammenarbeit. Reinhard Wendler hat diese Publikation als Erster gelesen und kommentiert, ihm ist sie gewidmet. Sein präzises wildes Denken ist eine wahre Freude.

## Anmerkungen

1 Um nur eine Auswahl Publikationen der letzten Jahre zu nennen: Bürdek, Bernhard E.: Design: Geschichte, Theorie und Praxis der Produktgestaltung. Basel: Birkhäuser 2005. Bolz, Norbert: Bang-Design: Design-Manifest des 21. Jahrhunderts. Hamburg: Trendbüro 2006. Cross, Nigel. Designerly Ways of Knowing. London: Springer 2006. Schneider, Beat (Hg.): Design – eine Einführung: Entwurf im sozialen, kulturellen und wirtschaftlichen Kontext. Basel: Birkhäuser 2005. Clark, Hazel; Brody, David E. (Hg.): Design Studies: A Reader. Oxford: Berg 2009. Highmore, Ben: The Design Culture Reader. London: Routledge 2009. Edelmann, Klaus Thomas; Terstiege, Gerrit (Hg.): Gestaltung denken: Grundlagentexte zu Design und Architektur. Basel: Birkhäuser 2010. Lees-Maffei, Grace; Houze, Rebecca (Hg.): The Design History Reader. Oxford: Berg 2010. Adamson, Glenn; Riello, Giorgio; Teasley, Sarah (Hg.): Global Design History. New York: Routledge 2011. Mareis, Claudia: Design als Wissenskultur: Interferenzen zwischen Design- und Wissensdiskursen seit 1960. Bielefeld: transcript 2011. Bürdek, Bernhard E.: Design – auf dem Weg zu einer Disziplin. Hamburg: Kovac 2012. Erlhoff, Michael: Theorie des Designs. Paderborn: Fink 2012. Milev, Yana (Hg.): Design Kulturen: Der erweiterte Designbegriff im Entwurfsfeld der Kulturwissenschaft. Paderborn: Fink 2013.

2 ›Gene-Designer‹ ist der Name einer Software, die es Molekularbiologen erlauben soll, neuartige Gensequenzen zu ›entwerfen‹. Siehe https://www.dna20.com/resources/genedesigner. Zum Thema ›Neurodesign‹ siehe http://ciel-lab.dk/neurodesign/ (beide Webseiten abgerufen am 23.05.2014).

3 Ein richtungsweisendes Beispiel dafür ist der Exzellenz-Cluster ›Bild Wissen Gestaltung. Ein interdisziplinäres Labor‹ der Humboldt-Universität zu Berlin unter der Leitung von Horst Bredekamp und Wolfgang Schäffner.

4 Zit. nach https://www.interdisciplinary-laboratory.hu-berlin.de/de (abgerufen am 14.05.2014).

5 Ebd., (abgerufen am 14.05.2014).

6 Ich ziehe diesen Vergleich heran, um damit die fälschlicherweise oft vertretene Auffassung zu korrigieren, Designtheorien bzw. Designforschung seien erst kürzlich, im Zuge des Bologna-Prozesses, als Lehr- und Forschungsfelder entstanden.

7 Diesen Hinweis verdanke ich Reinhard Wendler.

8 Eintrag ›Theorie‹. Auf: Die Brockhaus Enzyklopädie Online. https://fh-nordws.brockhaus-wissensservice.com/sites/brockhaus-wissen-service.com/files/pdfpermlink/theorie-39942fc5.pdf (abgerufen am 23.05.2014).

9 Zur Einführung in die Designforschung siehe: Grand, Simon; Jonas, Wolfgang (Hg.): Mapping Design Research. Basel: Birkhäuser 2012, sowie Michel, Ralf (Hg.): Design Research Now. Essays and Selected Projects. Birkhäuser: Basel 2007.

10 Pons Online-Wörterbuch Latein: http://de.pons.eu/latein-deutsch/designare (abgerufen am 11.05.2014).

11 Nachfolgend zitiert nach: Oxford Dictionary, Online-Version: www.oxforddictionaries.com/definition/english/design (abgerufen am 11.05.2014).

12 Siehe beispielsweise Duden Fremdwörterbuch und Wahrigs Herkunftswörterbuch.

13 Bei dieser Unterscheidung beziehe ich mich auf Matthias Götz: http://www.burg-halle.de/design/designwissenschaften/lehrgbiete/designtheorie.html (abgerufen am 11.05.2014).

14 Zur Geschichte der Musterbücher siehe Jenni, Ulrike: Das Skizzenbuch der internationalen Gotik in den Uffizien. Der Übergang vom Musterbuch zum Skizzenbuch, Text- und Tafelband. Wien: Holzhausen 1976. Scheller, Robert: Exemplum: Model-Book Drawings and the Practice of Artistic Transmission in the Middle Ages (ca. 900-ca. 1470). Amsterdam: Amsterdam University Press 1995. Simader, Friedrich: Vorlagen. Vorstudien. Musterbücher. In: Fingernagel, Andreas (Hg.): Geschichte der Buchkultur. Bd. 4.2 Romanik, Graz: Akademische Druck- und Verlagsanstalt 2007, S. 335–354.

15 Zit. nach: http://www.werkbund-berlin.de/geschichte-des-deutschen-werkbundes/ (abgerufen am 11.05.2014).

16 Aus: Les Arts decoratifs ne sont pas des arts mineurs, dit M. Chaumont. In: Bulletin de la Chambre syndicale de l'ameublement. Nr. 397, 1925, S. 199. Zit. nach Tise, Suzanne: Umstrittene Modernismen. In: Constant, Caroline; Wang, Wilfried (Hg.): Eileen Gray. Eine Architektur für alle Sinne. Tübingen/Berlin: Wasmuth 1996, S. 32–47, hier S. 35.

17 Bill, Max: Ansprache beim Richtfest zum 1. Bauabschnitt der Hochschule für Gestaltung Ulm, am 5. Juli 1954. http://www.hfg-archiv.ulm.de/die_hfg_ulm/geschichte_4.html (abgerufen am 11.05.2014).

18 Eine ähnliche Sichtweise vertritt Peter Sloterdijk, der schreibt, Designer seien »Maskenbildner für bodenlose Zuversicht und Schöpfer von Simulationsmitteln für trügerische Hoffnungen und falsche Auswege«. Sloterdijk, Peter: Das Zeug zur Macht. In: Ders.; Voelker, Sven: Der Welt über die Straße helfen. Designstudien im Anschluss an eine philosophische Überlegung. München: Fink 2010, S. 7–25, hier S. 15.

19 Rams, Dieter: 10 Thesen über gutes Produktdesign. Erstfassung Oktober 1995, geringfügig verändert und erweitert 2002. Auf: http://www.designwissen.net/seiten/10-thesen-von-dieter-rams-ueber-gutes-produktdesign (abgerufen am 14.05.2014).

20 Exposé der Geschwister-Scholl-Stiftung, 1951. Zit. nach http://www.hfg-archiv.ulm.de/die_hfg_ulm/timeline.html (abgerufen am 14.05.2014).

21 Ebd. (abgerufen am 14.05.2014).

22 Am ›Offenbacher Ansatz‹ mitgearbeitet haben neben Jochen Gros auch Dagmar Steffen, Bernhard E. Bürdek und Volker Fischer. Ein weiterer, damit verwandter Ansatz bildet die Produktsemantik von Klaus Krippendorff und Reinhart Butter, auf den im vierten Kapitel eingegangen wird.

23 Zum Verhältnis von digitaler Technologie und Design siehe im Weiteren auch: Maldonado, Tómas: Digitale Welt und Gestaltung. Ausgewählte Schriften herausgegeben und übersetzt von Gui Bonsiepe. Birkhäuser: Basel 2007.

24 Französische Originalausgabe: Baudrillard, Jean: Le systéme des objects. Paris: Editions Gallimard 1968.

25 Eine sehr gute und umfassende Einführung in die Semiotik bietet Nöth, Winfried: Handbuch der Semiotik. Stuttgart/Weimar: J. B. Metzler 2000.

26 Französische Originalausgabe: Barthes, Roland: Mythologies. Paris: Éditions du Seuil 1957.

27 Bereits 1961 legte er an der Hochschule für Gestaltung Ulm eine Diplomarbeit zu diesem Thema vor: Krippendorff, Klaus: Über den Zeichen- und Symbolcharakter von Gegenständen. Versuch zu einer Zeichentheorie für die Programmierung von Produktformen in sozialen Kommunikationsstrukturen. Diplomarbeit Hochschule für Gestaltung Ulm 1961. Abrufbar unter: http://repository.upenn.edu/asc_papers/233/ (abgerufen am 06.06.2014).

28 Übersetzung Jacob Watson.

29 So verspricht es zumindest der Untertitel des Buches: The Semantic Turn. A New Foundation for Design.

30 Der Soziologe Niklas Luhmann prägte für die Systemtheorie den Begriff des »Beobachtens zweiter Ordnung«. Gemeint ist damit, dass ›Realität‹ nicht unmittelbar beobachtbar ist, sondern dass uns nur Beobachtungen von Beobachtungen zugänglich sind: »Es geht um Operationen, und dies in einem zweifachen Sinne. Einerseits beobachtet der Beobachter Operationen, aber um das zu tun, muss er selber operieren können. [...] Insofern ist er innerhalb der Welt, die er in der einen oder anderen Weise zu beobachten oder zu beschreiben versucht.« Luhmann, Niklas: Einführung in die Systemtheorie. Hg. von Dirk Baecker. Heidelberg: Carl-Auer 2004, S. 142.

31 Winograd, Terry; Flores, Fernando: Understanding Computers and Cognition: A New Foundation for Design. Norwood NJ: Ablex Pub. Corp. 1986. Nachfolgend zitiert nach der deutschen Ausgabe: Erkenntnis, Maschine, Verstehen. Zur Neugestaltung von Computersystemen. Berlin. Rotbuch 1992 (1989).

32 Der Ausdruck ›Designrhetorik‹ ist weder besonders etabliert noch unumstritten. Heiner Mühlmann kritisiert, dass er »abstrus« sei, da es sich bei der Rhetorik um eine »Diskurstechnik« handle, die »im Unterschied zur Malerei, zu Architektur, Theater, Design und Musik ein Echtzeitmedium« sei. Siehe Mühlmann, Heiner: Rhetorik – Design – Macht. In: Joost, Gesche; Scheuermann, Arne (Hg.): Design als Rhetorik. Grundlagen, Positionen, Fallstudien. Basel: Birkhäuser 2008, S. 101–106, hier S. 101. Ich habe mich entschieden, den Ausdruck mangels einer besseren Alternative trotzdem zu verwenden.

33 Siehe Bredekamp, Horst. Antikensehnsucht und Maschinenglauben. Die Geschichte der Kunstkammer und die Zukunft der Kunstgeschichte. Berlin: Wagenbach 2000 (1993). Bredekamp, Horst; Brüning, Jochen;

Weber, Cornelia (Hg.): Theater der Natur und Kunst: Wunderkammern des Wissens. Ausstellungskatalog und Essayband. Berlin: Henschel 2000.

34 Beide Autoren riefen etwa zeitgleich die ›Wende zum Bild‹ aus. Ihre Ansätze unterscheiden sich allerdings im thematischen und methodischen Zugang. Während Boehms Bildkritik eine philosophische Klärung des Bildbegriffs anstrebt, behandeln Mitchells Arbeiten in der Tradition der *Visual Culture Studies* den politisch-gesellschaftlichen Umgang mit Bildern. Siehe Boehm, Gottfried (Hg.): Was ist ein Bild? München: Fink 1994. Mitchell, William John T.: Picture Theory. Essays on Verbal and Visual Representation. Chicago: University of Chicago Press 1994.

35 Zur Einführung in die Akteur-Netzwerk-Theorie siehe Belliger, Andréa; Krieger, David J. (Hg.): ANThology: Ein einführendes Handbuch zur Akteur-Netzwerk-Theorie. Bielefeld: transcript 2006.

36 In dieses Kapitel eingeflossen sind Inhalte aus meinem Buch *Design als Wissenskultur*. Siehe Mareis, Claudia: Design als Wissenskultur. Interferenzen zwischen Design- und Wissensdiskursen seit 1960. Bielefeld: transcript 2011.

37 ›Wissen im Entwurf‹ war der Titel einer Forschungsinitiative des Max-Planck-Instituts für Wissenschaftsgeschichte Berlin und dem Kunsthistorischen Institut Florenz (Max-Planck-Institut) von 2005 bis 2011.

38 Einflussreich für diese Sichtweise sind besonders Arbeiten aus den *Science and Technology Studies* wie bspw.: Latour, Bruno; Woolgar, Steve: Laboratory Life. The Construction of Scientific Facts. Princeton: Princeton University Press 1979. Knorr Cetina, Karin: The Manufacture of Knowledge: An Essay on the Constructivist and Contextual Nature of Science. Oxford/New York: Pergamon Press 1981. Schatzki, Theodore; Knorr Cetina, Karin; Savigny, Eike von (Hg.): The Practice Turn in Contemporary Theory. London/New York: Routledge 2001.

39 Van Doesburg, Théo: Vers une construction collective. In: De Stijl. 6/7, 1924, S. 89–91, hier S. 90. Zitiert nach dem Reprint: De Stijl. Hg. von Ad Peterson, Nr. 2, Amsterdam: Athenaeum 1968, S. 397–398, hier S. 397.

40 Zur Geschichte der HfG Ulm siehe Rinker, Dagmar; Quijano, Marcela; Reinhardt, Brigitte (Hg.): ulmer modelle – modelle nach ulm. hochschule für gestaltung 1953–1968. Ostfildern-Ruit: Hatje Cantz 2003.

41 Weiterführend zum Thema *artistic research* siehe Badura, Jens; Haarmann, Anke: Künstlerische Forschung. Ein Handbuch. Zürich/Berlin: diaphanes (angekündigt für 2014). Peters, Sibylle (Hg.): Das Forschen aller: Artistic Research als Wissensproduktion zwischen Kunst, Wissenschaft und Gesellschaft. Bielefeld: transcript 2013. Dombois, Florian et. al.: Intellectual Birdhouse: Artistic Practice As Research. London: Walther König 2012. Bippus, Elke (Hg.): Kunst des Forschens. Praxis eines ästhetischen Denkens. Zürich/Berlin: diaphanes 2009.

42 Zum Aspekt der Disziplinierung schreibt Michel Foucault: »Disziplin ist im Grunde der Machtmechanismus, über den wir den Gesellschaftskörper bis hin zum kleinsten Element, bis hin zu den sozialen Atomen, also den Individuen, zu kontrollieren vermögen. Es handelt sich um die Techniken der Individualisierung von Macht.« Jedem Individuum wird ein Platz in einem zur Disziplin gehörigen »Disziplinarraum« zugewiesen. Siehe Foucault, Michel: Die Maschen der Macht (1982). In: Ders.: Schriften in vier Bänden. Dits et Ecrits, Bd. 4: 1980–1988. Frankfurt a.M.: Suhrkamp 2005, S. 224–244, hier S. 233.

43 Simon, Herbert A.: The Sciences of the Artificial. Cambridge MA/London: MIT Press 1996 (1969). Nachfolgend zitiert nach der deutschen Ausgabe: Die Wissenschaften vom Künstlichen. Berlin: Kammerer & Unverzagt 1990.

44 Biographische Angaben entnommen aus einer Kurzbiographie in: Reuter, Wolf D.: Einleitung. In: Ders.; Jonas, Wolfgang (Hg.): Horst Rittel. Thinking Design. Transdisziplinäre Konzepte für Planer und Entwerfer. Basel: Birkhäuser 2013, S. 11–17, Kurzbiographie S. 9.

45 Übersetzung Jacob Watson.

46 Rittel, Horst; Webber, Melvin M.: Dilemmas in a General Theory of Planning. In: Policy Sciences. 4, 1973, S. 155–169. Nachfolgend zit. nach der überarbeiteten und übersetzten Fassung: Rittel, Horst W.J.: Webber, Melvin M.: Dilemmas in einer allgemeinen Theorie der Planung. In: Reuter, Wolf D.; Jonas, Wolfgang (Hg.): Horst Rittel. Thinking Design. Transdisziplinäre Konzepte für Planer und Entwerfer. Basel: Birkhäuser 2013, S. 20–38.

47 Grundlage für diesen Abschnitt bildet der folgende Artikel: Mareis, Claudia: The Epistemology of the Unspoken. On the Concept of Tacit Knowledge within Contemporary Design Research. In: Design Issues. 28/2, 2012, S. 61–71.

48 Übersetzung Jacob Watson.
49 Übersetzung Jacob Watson.
50 Einige der nachfolgenden Überlegungen zum partizipatorischen Design stammen aus der von mir verfassten Einleitung zur Publikation *Wer gestaltet die Gestaltung*. Sie wurden für das vorliegende Kapitel aktualisiert und überarbeitet. Siehe Mareis, Claudia; Held, Matthias; Joost, Gesche (Hg.): Wer gestaltet die Gestaltung? Praxis, Theorie und Geschichte des partizipatorischen Designs. Bielefeld: transcript 2013.
51 http://humanitieslab.stanford.edu/TransformativeDesign/Home (abgerufen am 23.06.2014).
52 Erstmals veröffentlicht in Brock, Bazon: Ästhetik als Vermittlung. Arbeitsbiographie eines Generalisten (1958–1977). Hg. von Karla von Fohrbeck. Köln: DuMont 1977, S. 446–449.
53 Im Original bezieht sich Sven Voelker nur auf das Kommunikationsdesign, aus meiner Sicht kann seine Aussage aber durchaus auch auf andere Designbereiche übertragen werden.
54 Zit. nach dem Film: Ettore Sottsass – Der Sinn der Dinge. Regie: Heinz Bütler. NZZ Film: Zürich 2002.

## Editorische Anmerkung

In der vorliegenden Publikation werden Literaturangaben als Kurzbelege im Text aufgeführt. Vollständige Literaturangaben finden sich in der folgenden Liste. Aus Gründen der besseren Lesbarkeit sind Internetquellen, längere Literaturhinweise und Anmerkungen in den Fußnoten ausgewiesen. Bei den Zitaten wurden Kursivsetzung und Kleinschreibung aus den Originalen übernommen, Textauslassungen sind durch [...] gekennzeichnet. Sofern nicht anders vermerkt stammen Übersetzungen fremdsprachiger Zitate von der Autorin. Um die Auffindbarkeit historischer Grundlagentexte zu vereinfachen, wurde nach Möglichkeit auf einige wenige gut zugängliche Anthologien zurückgegriffen. Die beiden wichtigsten sind: Fischer/Hamilton 1999 sowie Edelmann/Terstiege 2010.

# Literatur


Adamson/Riello/Teasley 2011: Adamson, Glenn; Riello, Giorgio; Teasley, Sarah (Hg.): Global Design History. New York: Routledge 2011.

Adorno 1999: Adorno, Theodor W.: Funktionalismus heute (1965). In: Fischer, Volker; Hamilton, Anne (Hg.): Theorien der Gestaltung. Grundlagentexte zum Design. Frankfurt a.M.: Verlag Form 1999, S. 198–211.

Aicher 1975: Aicher, Otl: die hochschule für gestaltung. neun stufen ihrer entwicklung. In: Archithese. 15, 1975, S. 12–18.

Aicher 1991: Aicher, Otl: die welt als entwurf. Berlin: Ernst & Sohn 1991.

Ammon 2013: Ammon, Sabine: Wie Architektur entsteht. Entwerfen als epistemische Praxis. In: Dies.; Froschauer, Eva-Maria (Hg.): Wissenschaft Entwerfen. Vom forschenden Entwerfen zur Entwurfsforschung der Architektur. München: Fink 2013, S. 336–361.

Ammon/Froschauer 2013: Ammon, Sabine; Froschauer, Eva-Maria: Zur Einleitung. Wissenschaft Entwerfen. Perspektiven einer reflexiven Entwurfsforschung. In: Dies. (Hg.): Wissenschaft Entwerfen. Vom forschenden Entwerfen zur Entwurfsforschung der Architektur. München: Fink 2013, S. 14–38.

Archer 1965: Archer, Bruce: Systematic Method for Designers. London: Council of Industrial Design 1965.

Archer 1979: Archer, Bruce: Design as a Discipline. In: Design Studies. 1/1, 1979, S. 17–20.

Archer 2013: Archer, Bruce: Vorwort zur amerikanischen Originalausgabe. In: Krippendorff, Klaus: Die semantische Wende. Eine neue Grundlage für das Design. Hg. von Ralf Michel. Basel: Birkhäuser 2013, S. 13–14.

Auger 2013: Auger, James: Speculative Design: Crafting the Speculation. In: Digital Creativity. 24/1, 2013, S. 11–35.

Austin 1962: Austin, John L.: How to Do Things with Words. Cambridge MA: Harvard University Press, 1962.

Badura/Haarmann 2014: Badura, Jens; Haarmann, Anke (Hg.): Künstlerische Forschung. Ein Handbuch. Zürich/Berlin: diaphanes (angekündigt für 2014).

Bal 2002: Bal, Mieke: Travelling Concepts in the Humanities: A Rough Guide. Toronto: University of Toronto Press 2002.

Balaram 1989: Balaram, S.: Product Symbolism of Gandhi and Its Connection with Indian Mythology. In: Design Issues. 5/2, 1989, S. 68–85.

Barthes 1957: Barthes, Roland: Mythologies. Paris: Éditions du Seuil 1957.

Barthes 1988: Barthes, Roland: Das semiologische Abenteuer. Frankfurt a.M.: Suhrkamp 1988.

Barthes 2013: Barthes, Roland: Mythen des Alltags. Frankfurt a.M.: Suhrkamp 2013 (1957).

Baudrillard 1968: Baudrillard, Jean: Le système des objects. Paris: Éditions Gallimard 1968.

Baudrillard 2007: Baudrillard, Jean: Das System der Dinge. Über unser Verhältnis zu den alltäglichen Gegenstände. Frankfurt a.M./New York: Campus 2007.

Baumhoff 2003: Baumhoff, Anja: Das Bauhaus. In: François, Étienne; Schulze, Hagen (Hg.): Deutsche Erinnerungsorte. München: C.H. Beck 2003 (2001), S. 584–601.

Baumhoff/Droste 2009: Baumhoff, Anja; Droste, Magdalena (Hg.): Mythos Bauhaus. Berlin: Reimer 2009.

Bayazit 2004: Bayazit, Nigan: Investigating Design: A Review of Forty Years of Design Research. In: Design Issues. 20/1, 2004, S. 16–29.

Behrens 2010: Behrens, Peter: Kunst und Technik (1910). In: Edelmann, Klaus Thomas; Terstiege, Gerrit (Hg.): Gestaltung denken. Grundlagentexte zu Design und Architektur. Basel: Birkhäuser 2010, S. 23–27.

Bender 2001: Bender, Gerd: Einleitung. In: Ders. (Hg.): Neue Formen der Wissenserzeugung. Frankfurt a.M./New York: Campus 2001, S. 9–21.

Benjamin 1963: Benjamin, Walter: Das Kunstwerk im Zeitalter seiner technischen Reproduzierbarkeit. Drei Studien zur Kunstsoziologie. Frankfurt a.M.: Suhrkamp 1963.

Benjamin 1991: Benjamin, Walter: Über Sprache überhaupt und über die Sprache des Menschen (1916). In: Walter Benjamin. Gesammelte Schriften. Vol. II (1). Hg. von Rolf Tiedemann und Hermann Schweppenhäuser. Frankfurt a.M.: Suhrkamp 1991, S. 140–157.

Bense 1997: Bense, Max: Einführung in die informationstheoretische Ästhetik. In: Bense, Max: Ausgewählte Schriften in vier Bänden. Hg. von Elisabeth Walther. Stuttgart: J.B. Metzler 1997, Bd. 3, S. 251–417.

Bense 2004: Bense, Max: Ästhetik und Programmierung (1966). In: Büscher, Barbara; Herrmann, Hans-Christian von; Hoffmann, Christoph (Hg.): Ästhetik als Programm. Max Bense. Daten und Streuungen. Berlin: Kaleidoskopien 2004, S. 209–213.

Bill 1949: Bill, Max: Die gute Form. Wanderausstellung des Schweizerischen Werkbundes. Hg. vom Kunstgewerbemuseum der Stadt Zürich, Wegleitung 183. Zürich: 1949, ohne Seitenangaben.

Bill 2010: Bill, Max: Schönheit aus Funktion und als Funktion (1949). In: Edelmann, Klaus Thomas; Terstiege, Gerrit (Hg.): Gestaltung denken. Grundlagentexte zu Design und Architektur. Basel: Birkhäuser 2010, S. 29–35.

Bippus 2009: Bippus, Elke (Hg.): Kunst des Forschens. Praxis eines ästhetischen Denkens. Zürich/Berlin: diaphanes 2009.

Birkhoff 1933: Birkhoff, George D.: Aesthetic Measure. Harvard: Harvard University Press 1933.

Boehm 1994: Boehm, Gottfried (Hg.): Was ist ein Bild? München: Fink 1994.

Boehm 2008: Boehm Gottfried: Wie Bilder Sinn erzeugen. Die Macht des Zeigens. Berlin: Berlin University Press 2008.

Böhle 2003: Böhle, Fritz: Wissenschaft und Erfahrungswissen. In: Böschen, Stefan; Schulz-Schaeffer, Ingo (Hg.): Wissenschaft in der Wissensgesellschaft. Wiesbaden: Westdeutscher Verlag 2003, S. 143–177.

Böhme 2001: Böhme, Gernot: Aisthetik. Vorlesungen über Ästhetik als allgemeine Wahrnehmungslehre. München: Fink 2001.

Bolz 2006: Bolz, Norbert: Bang-Design: Design-Manifest des 21. Jahrhunderts. Hamburg: Trendbüro 2006.

Bonsiepe 1965: Bonsiepe, Gui: Visuell/verbale Rhetorik, Visual/verbal Rhetoric: In: ulm. 14/15/16, 1965, S. 23–40.

Bonsiepe 1996: Bonsiepe, Gui: Interface. Design neu begreifen. Mannheim: Bollmann 1996.

Bosbach/Davis 2002: Bosbach, Franz; Davis, John R. (Hg.): Die Weltausstellung von 1851 und ihre Folgen. The Great Exhibition and its Legacy. München: K.G. Saur 2002.

Botar 1998: Botar, Olivier A. I.: Prolegomena to the Study of Biomorphic Modernism: Biocentrism, Laszlo Moholy-Nagy's ›New Vision‹ and Erno Kallai's ›Bioromantik‹. Toronto: Dissertation University of Toronto 1998.

Bourdieu 1982: Bourdieu, Pierre: Die feinen Unterschiede. Kritik der gesellschaftlichen Urteilskraft. Frankfurt a.M.: Suhrkamp 1982.

Bredekamp 2000: Bredekamp, Horst: Antikensehnsucht und Maschinenglauben. Die Geschichte der Kunstkammer und die Zukunft der Kunstgeschichte. Berlin: Wagenbach 2000 (1993).

Bredekamp 2010: Bredekamp, Horst: Theorie des Bildakts. Frankfurt a.M.: Suhrkamp 2010.

Bredekamp/Brüning/Weber 2000: Bredekamp, Horst; Brüning, Jochen; Weber, Cornelia (Hg.): Theater der Natur und Kunst: Wunderkammern des Wissens. Ausstellungskatalog und Essayband. Berlin: Henschel 2000.

Breidbach 2008: Breidbach, Olaf: Concepts of Morphology. Some Historical Remarks. In: Ders. et al. (Hg.): Concepts of Morphology. Milano/Udine: Mimesis 2008, S. 9–25.

Brock 1977: Brock, Bazon: Ästhetik als Vermittlung. Arbeitsbiographie eines Generalisten (1958–1977). Hg. von Karla von Fohrbeck. Köln: DuMont 1977.

Brock 2013: Brock, Bazon: Objektwelt und die Möglichkeit subjektiven Lebens. Begriff und Konzept des Sozio-Designs. In: Borries, Friedrich von; Fezer, Jesko (Hg.): Weil Design die Welt verändert ... Texte zur Gestaltung. Berlin: Die Gestalten 2013, S. 75–81.

Buchanan 1998: Buchanan, Richard: Education and Professional Practice in Design. In: Design Issues. 14/2, 1998, S. 63–66.

Buchanan 2001: Buchanan, Richard: Design Research and the New Learning. In: Design Issues. 17/4, 2001, S. 3–23.

Buchanan 2008: Buchanan, Richard: Declaration by Design. Rhetorik, Argument und Darstellung in der Designpraxis (1985); mit einem Kommentar von Klaus Krippendorff. In: Joost, Gesche; Scheuermann, Arne (Hg.): Design als Rhetorik. Grundlagen, Positionen, Fallstudien. Basel: Birkhäuser 2008, S. 49–79.

Buchert 2014: Buchert, Margitta (Hg.): Reflexives Entwerfen. Entwerfen und Forschen in der Architektur. Berlin: Jovis 2014.

Burckhardt 1995: Burckhardt, Lucius: Design ist unsichtbar. In: Höger, Hans (Hg.): Design = unsichtbar. Ostfildern: Cantz 1995, S. 14–24.

Burckhardt 2004: Burckhardt, Lucius: Wer plant die Planung? (1974). In: Fezer, Jesko; Schmitz, Martin (Hg.): Lucius Burckhardt. Wer plant die Planung? Architektur, Politik und Mensch. Berlin: Martin Schmitz 2004, S. 71–88.

Burckhardt 2012: Burckhardt, Lucius: Design heißt Entwurf, nicht Gestalt! Studienhefte Problemorientiertes Design 3, Hamburg: ADOCS 2012, S. 8–14. Erstveröffentlicht in: Internationales Design Zentrum (Hg.): Design? Umwelt wird in Frage gestellt. Berlin 1970.

Bürdek 2005: Bürdek, Bernhard E.: Design: Geschichte, Theorie und Praxis der Produktgestaltung. Basel: Birkhäuser 2005.

Bürdek 2008: Bürdek, Bernhard E.: »From function to meaning«. In the long run everything is design. In: Vidal, Francesca (Hg.): Bloch-Jahrbuch 2008 – Ernst Bloch und das Bauhaus gestern und heute. Mössingen-Talheim: Talheimer Verlag 2008, S. 151–174.

Bürdek 2011: Bürdek, Bernhard E.: Design ist (doch) eine Disziplin. In: Eisele, Petra; ders. (Hg.): Design, Anfang des 21. Jh. Diskurse und Perspektiven. Ludwigsburg: avedition, S. 10–21.

Bürdek 2012: Bürdek, Bernhard E.: Design – auf dem Weg zu einer Disziplin. Hamburg: Kovac 2012.

Bürdek 2013: Bürdek, Bernhard E.: Vorwort zu deutschen Ausgabe. In: Krippendorff, Klaus: Die semantische Wende. Eine neue Grundlage für das Design. Hg. von Ralf Michel. Basel: Birkhäuser 2013, S. 15–21.

Busch 1997: Busch, Werner: Einleitung. In: Ders. (Hg.): Landschaftsmalerei. Berlin: Reimer 1997, S. 13–32.

Clark/Brody 2009: Clark, Hazel; Brody, David E. (Hg.): Design Studies: A Reader. Oxford: Berg 2009.

Coy 1992: Coy, Wolfgang: Ein postrationalistischer Entwurf. Nachwort von Wolfgang Coy. In: Winograd, Terry; Flores, Fernando: Erkenntnis, Maschine, Verstehen. Zur Neugestaltung von Computersystemen. Berlin. Rotbuch 1992 (1989), S. 297–313.

Cross 1993: Cross, Nigel: A History of Design Methodology. In: Vries, Marc J. de; Cross, Nigel; Grant, Donald P. (Hg.): Design Methodology and Relationships with Science. Dordrecht/Boston/London: Kluwer Academic 1993, S. 15–27.

Cross 1999: Cross, Nigel: Natural Intelligence in Design. In: Design Studies. 20/1, 1999, S. 25–39.

Cross 2001: Cross, Nigel: Designerly Ways of Knowing: Design Discipline Versus Design Science. In: Design Issues. 17/3, 2001, S. 49–55.

Cross 2006: Cross, Nigel. Designerly Ways of Knowing. London: Springer 2006.

Dilnot 1989: Dilnot, Clive: The State of Design History, Part II: Problems and Possibilities. In: Margolin, Victor (Hg.): Design Discourse. History. Theory. Criticsm. Chicago/London: University of Chicago Press 1989, S. 233–250.

Dombois et al. 2009: Dombois, Florian et. al. (Hg.): Intellectual Birdhouse: Artistic Practice As Research. London: Walther König 2012.

Dorst 2006: Dorst, Kees: Design Problems and Design Paradoxes. In: Design Issues. 22/3, 2006, S. 4–17.

Dunne/Raby 2013: Dunne, Anthony; Raby, Fiona: Speculative Everything: Design, Fiction, and Social Dreaming. Cambridge MA/London: MIT Press 2013.

Eco 1977: Eco, Umberto: Zeichen. Eine Einführung in einen Begriff und seine Geschichte. Frankfurt a.M.: Suhrkamp 1977.

Edelmann/Terstiege 2010: Edelmann, Klaus Thomas; Terstiege, Gerrit (Hg.): Gestaltung denken: Grundlagentexte zu Design und Architektur. Basel: Birkhäuser 2010.

Ehn 2013: Ehn, Pelle: Partizipation an Dingen des Designs. In Mareis, Claudia; Held, Matthias; Joost, Gesche (Hg.): Wer gestaltet die Gestaltung? Praxis, Theorie und Geschichte des partizipatorischen Designs. Bielefeld: transcript 2013, S. 79–104.

Ehrenfels 1974: Ehrenfels, Christian von: Über Gestaltqualitäten (1890). Überarbeitete Kurzfassung von 1932. In: Schneider, Martina (Hg.): Über Gestalt. Textbuch für Architekten und andere Leute. Düsseldorf: Bertelsmann 1974, S. 106–108.

Eisele/Bürdek 2011: Eisele, Petra; Bürdek, Bernhard E.: Vorwort. In: Dies. (Hg.): Design, Anfang des 21. Jh. Diskurse und Perspektiven. Ludwigsburg: avedition 2011, S. 4–9.

Elkins 2009a: Elkins, James: Introduction. In: Ders. (Hg.): Artists with PhDs. On the New Doctoral Degree in Studio Art. Washington: New Academia Publishing 2009, S. vii-xiii.

Elkins 2009b: Elkins, James: On Beyond Research and New Knowledge. In: Ders. (Hg.): Artists with PhDs. On the New Doctoral Degree in Studio Art. Washington: New Academia Publishing 2009, S. 111–134.

Engell/Siegert 2012: Engell, Lorenz; Siegert, Bernhard: Editorial. In: Zeitschrift für Medien- und Kulturforschung. Schwerpunkt Entwerfen, Heft 1, 2012, S. 5–9.

Erlhoff 2012: Erlhoff, Michael: Theorie des Designs. Paderborn: Fink 2012.

Etzemüller 2009: Etzemüller, Thomas: Social engineering als Verhaltenslehre des kühlen Kopfes. Eine einleitende Skizze. In: Ders. (Hg.): Die Ordnung der Moderne. Social Engineering im 20. Jahrhundert. Bielefeld: transcript 2009, S. 11–39.

Fers 2010: Fers, Lars: Automatische Irritationen. Überlegungen in Video zur Initiativentfaltung der Dinge. In: Tietmeyer, Elisabeth et al. (Hg.): Die Sprache der Dinge: Kulturwissenschaftliche Perspektiven auf die materielle Kultur. Münster: Waxmann 2010, S. 195–202.

Feser 2004: Sabine Feser: Glossareintrag zu ›disegno‹. In: Vasari, Giorgio: Kunstgeschichte und Kunsttheorie. Eine Einführung in die Lebensbeschreibungen berühmter Künstler. Bearb. von Matteo Burioni und Sabine Feser. Berlin: Wagenbach 2004, S. 193–196.

Fezer 2009: Fezer, Jesko: A Non-Sentimental Argument. Die Krisen des Design Methods Movement 1962–1972. In: Gethmann, Daniel; Hauser, Susanne (Hg.): Kulturtechnik Entwerfen: Praktiken, Konzepte und Medien in Architektur und Design Science. Bielefeld: transcript 2009, S. 287–304.

Findeli 1995: Findeli, Alain: Moholy-Nagy's Design Pedagogy in Chicago (1937–46). In: Margolin, Victor; Buchanan, Richard (Hg.): The Idea of Design. Cambridge MA: MIT Press 1995, S. 29–43.

Findeli 2004: Findeli, Alain: Die projektgeleitete Forschung: Eine Methode der Designforschung. In: Michel, Ralf (Hg.): Erstes Design Forschungssymposium. Zürich: Swiss Design Network 2004, S. 40–51.

Fischer 2000: Fischer, Volker: Aspekte der Produktsprache, oder: Was erzählen Gegenstände? In: Steffen, Dagmar (Hg.): Design als Produktsprache. Der »Offenbacher Ansatz« in Theorie und Praxis. Frankfurt a.M.: Verlag Form 2000, S. 17–21.

Fischer/Hamilton 1999: Fischer, Volker; Hamilton, Anne (Hg.): Theorien der Gestaltung. Grundlagentexte zum Design. Frankfurt a.M.: Verlag Form 1999.

Flusser 1993: Flusser, Vilém: Vom Stand der Dinge. Eine kleine Philosophie des Design. Hg. von Fabian Wurm. Göttingen: Steidl 1993.

Foucault 1978: Foucault, Michel: Dispositive der Macht. Über Sexualität, Wissen und Wahrheit. Berlin: Merve 1978.

Foucault 2005: Foucault, Michel: Die Maschen der Macht (1982). In: Ders.: Schriften in vier Bänden. Dits et Ecrits. Bd. 4: 1980–1988, Frankfurt a.M.: Suhrkamp 2005.

Frayling 1993: Frayling, Christopher: Research in Art & Design. Research Paper 1/1. Royal College of Art London. 1993/94.

Friedman 2003: Friedman, Ken: Theory Construction in Design Research: Criteria, Approaches, and Methods. In: Design Studies. 24/6, 2003, S. 507–522.

Fry 2011: Fry, Tony: Design As Politics. Oxford: Berg 2011.

Fuhs et al. 2013: Fuhs, Karin-Simone et al. (Hg.): Die Geschichte des Nachhaltigen Designs: Welche Haltung braucht Gestaltung? Bad Homburg: VAS Verlag für Akademische Schriften 2013.

Galison 2001: Galison, Peter: Aufbau/Bauhaus: Logischer Positivismus und architektonischer Modernismus. In: ARCH+. 156, 2001, S. 66–79.

Geiger 2005: Geiger, Annette: ›Form follows function‹ als biozentrische Metapher. In: Dies.; Hennecke, Stefanie; Kempf, Christin (Hg.): Spielarten des Organischen in Architektur, Design und Kunst. Berlin: Reimer 2005, S. 51–67.

Gethmann/Hauser 2009: Gethmann, Daniel; Hauser, Susanne: Einleitung. In: Dies. (Hg.): Kulturtechnik Entwerfen: Praktiken, Konzepte und Medien in Architektur und Design Science. Bielefeld: transcript 2009, S. 9–15.

Gibbons et al. 1994: Gibbons, Michael et al.: The New Production of Knowledge: The Dynamics of Sciences and Research in Contemporary Societies. London: Sage Publications 1994.

Gibson 1979: Gibson, James J.: The Ecological Approach to Visual Perception. Boston: Houghton Mifflin 1979.

Glanville 1999: Glanville, Ranulph: Researching Design and Designing Research. In: Design Issues. 15/2, 1999, S. 80–91.

Goethe 1988: Goethe, Johann Wolfgang von: Von Deutscher Baukunst. D.M. Ervini a Steinbach. 1773. In: Irmscher, Hans Dietrich (Hg.): Herder, Goethe, Frisi, Möser. Von deutscher Art und Kunst. Einige fliegende Blätter. Stuttgart: Reclam 1988 (1968), S. 93–104.

Grand/Jonas 2012: Grand, Simon; Jonas, Wolfgang (Hg.): Mapping Design Research. Basel: Birkhäuser 2012.

Gregory 1966: Gregory, Sydney A.: Design and The Design Method. In: Ders. (Hg.): The Design Method. London: Butterworths 1966, S. 3–10.

Gropius 1999: Gropius, Walter: Bauhaus Dessau. Grundsätze der Bauhausproduktion (1926). In: Fischer, Volker; Hamilton, Anne (Hg.): Theorien der Gestaltung. Grundlagentexte zum Design. Frankfurt a.M.: Verlag Form 1999, S. 167–169.

Gropius 2005: Gropius, Walter: Programm des Staatlichen Bauhauses in Weimar (1919). In: Wingler, Hans M. (Hg.): Das Bauhaus. 1919–1933. Weimar, Dessau, Berlin und die Nachfolge in Chicago seit 1937. Köln: DuMont 2005 (1962), S. 40–41.

Gros 2000: Gros, Jochen: Produktsprache als Erkenntnisgegenstand. In: Steffen, Dagmar: (Hg.): Design als Produktsprache. Der »Offenbacher Ansatz« in Theorie und Praxis. Frankfurt a.M.: Verlag Form 2000, S. 12–17.

Habermas 2010: Habermas, Jürgen: Moderne und Postmodernde Architektur. In: Edelmann, Klaus Thomas; Terstiege, Gerrit (Hg.): Gestaltung denken. Grundlagentexte zu Design und Architektur. Basel: Birkhäuser 2010, S. 223–236.

Hahn 2014: Hahn, Hans-Peter: Materielle Kultur. Eine Einführung. Berlin: Reimer 2014.

Hahn/Eggert/Samida 2014: Hahn, Hans Peter; Eggert, Manfred; Samida, Stefanie: Einleitung: Materielle Kultur in den Kultur- und Sozialwissenschaften. In: Dies. (Hg.): Handbuch Materielle Kultur: Bedeutungen, Konzepte, Disziplinen. Stuttgart: J. B. Metzler 2014, S. 1–12.

Harrington 2002: Harrington, Anne: Die Suche nach Ganzheit. Die Geschichte biologisch-psychologischer Ganzheitslehren: Vom Kaiserreich bis zur New-Age-Bewegung. Reinbek bei Hamburg: Rowohlt 2002.

Haug 1971: Haug, Wolfgang Fritz: Kritik der Warenästhetik. Frankfurt a.M.: Suhrkamp 1971.

Hauser 2013: Hauser, Susanne: Verfahren des Überschreitens. Entwerfen als Kulturtechnik. In: Ammon, Sabine; Froschauer, Eva-Maria (Hg.): Wissenschaft Entwerfen. Vom forschenden Entwerfen zur Entwurfsforschung der Architektur. München: Fink 2013, S. 363–381.

Heinen 2008: Heinen, Ulrich: Bildrhetorik der Frühen Neuzeit – Gestaltungstheorie der Antike. Paradigmen zur Vermittlung von Theorie und Praxis im Design. In: Joost, Gesche; Scheuermann, Arne (Hg.): Design als Rhetorik. Grundlagen, Positionen, Fallstudien. Basel: Birkhäuser 2008, S. 143–189.

Highmore 2009: Highmore, Ben: The Design Culture Reader. London: Routledge 2009.

Hirdina 1999: Hirdina, Karin: Der Funktionalismus und seine Kritiker (1975). In: Fischer, Volker; Hamilton, Anne (Hg.): Theorien der Gestaltung. Grundlagentexte zum Design. Frankfurt a.M.: Verlag Form 1999, S. 225–229.

Hirdina 2010: Hirdina, Heinz: Design. In: Barck, Karlheinz et al. (Hg.): Ästhetische Grundbegriffe. Bd. 2, Stuttgart: J. B. Metzler 2010, S. 41–63.

Hoffmann 2008: Hoffmann, Christoph: Festhalten, Bereitstellen, Verfahren der Aufzeichnung. In: Ders. (Hg.): Daten sichern. Schreiben und Zeichnen als Verfahren der Aufzeichnung. Zürich/Berlin: diaphanes 2008, S. 7–20.

Höger/Stutterheim 2005: Höger, Hans; Stutterheim, Kerstin: Einführung. In: Dies. (Hg): Design und Politik. Texte zur Relevanz gestalterischen Schaffens. querfeldein 1. Schriftenreihe des Fachbereichs Gestaltung der Fachhochschule Würzburg-Schweinfurt 2005, S. 7–12.

Horkheimer/Adorno 2003: Horkheimer, Max; Adorno, Theodor W.: Dialektik der Aufklärung. Philosophische Fragmente. Frankfurt a.M.: Fischer 2003.

Hünerwadel 2013: Hünerwadel, Jürg: Die gute Form – Der Schweizerische Werkbund und die Produktgestaltung nach dem Zweiten Weltkrieg. In: Gnägi, Thomas; Nicolai, Bernd; Wohlwend Piai, Jasmine (Hg.): Gestaltung, Werk, Gesellschaft. 100 Jahre Schweizerischer Werkbund SWB. Zürich: Scheidegger & Spiess 2013, S. 277–308.

Iselin 2012: Iselin, Regula: Die Gestaltung der Dinge: Außereuropäische Kulturgüter und Designgeschichte. Berlin: Reimer 2012.

Jäger 2010: Jäger, Ludwig: Ferdinand de Saussure zur Einführung. Hamburg: Junius 2010.

Jantsch 1967: Jantsch, Erich: Technological Forecasting in Perspective. Paris: OECD 1967.

Jencks 1977: Jencks, Charles: The Language of Post-Modern Architecture. New York: Rizzoli 1977.

Jenni 1976: Jenni, Ulrike: Das Skizzenbuch der internationalen Gotik in den Uffizien. Der Übergang vom Musterbuch zum Skizzenbuch, Text- und Tafelband. Wien: Holzhausen 1976.

Jonas 2004: Jonas, Wolfgang: Forschung durch Design. In: Michel, Ralf (Hg.): Erstes Design Forschungssymposium. Zürich: Swiss Design Network 2004, S. 26–33.

Jones 1966: Design Methods Reviewed. In: Gregory, Sydney A. (Hg.): The Design Method. London: Butterworths 1966, S. 295–309.

Jones 1977: Jones, John Chris: How My Thoughts About Design Methods Have Changed During the Years. Some Notes Written in October 1974. In: Design Methods and Theories. 11/1, 1977, S. 48–62.

Jones 1992: Jones, John Chris: Design Methods. New York et al.: John Wiley 1992 [1970].

Joost 2008: Joost, Gesche: Die rhetorische Pattern-Language im Film. In: Dies.; Scheuermann, Arne (Hg.): Design als Rhetorik. Grundlagen, Positionen, Fallstudien. Basel: Birkhäuser 2008, S. 229–245.

Joost/Scheuermann 2008: Joost, Gesche; Scheuermann, Arne: Design als Rhetorik. Einleitung. In: Dies. (Hg.): Design als Rhetorik. Grundlagen, Positionen, Fallstudien. Basel: Birkhäuser 2008, S. 11–15.

Kemp 1974: Kemp, Wolfgang: Disegno. Beiträge zu einer Geschichte des Begriffs zwischen 1547 und 1607. In: Marburger Jahrbuch für Kunstwissenschaft. Band 19, 1974, S. 219–240.

Klee 1971: Klee, Paul: Der Begriff der Gestaltung. In: Das bildnerische Denken. Form und Gestaltungslehre Band I. Hg. und bearb. von Jürg Spiller. Basel/Stuttgart: Schwabe 1971.

Klee 1976: Klee, Paul: exakte versuche im bereich der kunst (1928). In: Geelhaar, Christian (Hg.): Paul Klee. Schriften. Köln: DuMont 1976, S. 130–132.

Kluge 2002: Kluge. Etymologisches Wörterbuch der deutschen Sprache. Berlin/New York: De Gruyter 2002.

Knorr Cetina 1981: Knorr Cetina, Karin: The Manufacture of Knowledge: An Essay on the Constructivist and Contextual Nature of Science. Oxford/New York: Pergamon Press 1981.

König 2009. König, Gudrun: Konsumkultur. Inszenierte Warenwelt um 1900. Wien: Böhlau 2009.

Korff 2011: Korff, Gottlieb: Dimensionen der Dingbetrachtung. Versuch einer museumskundlichen Sichtung. In: Andreas Hartmann et al. (Hg.): Die Macht der Dinge. Symbolische Kommunikation und kulturelles Handeln. Festschrift für Ruth-E. Mohrmann. Münster: Waxmann 2011, S. 11–26.

Krämer/Bredekamp 2003: Krämer, Sybille; Bredekamp, Horst: Wider die Diskursivierung der Kultur. Zur Einleitung in diesen Band. In: Dies. (Hg.): Bild, Schrift, Zahl. München: Fink 2003, S. 11–22.

Krampen 1989: Krampen, Martin: Semiotics in Architecture and Industrial/Product Design. In: Design Issues. 5/2, 1989, S. 124–140.

Kretschmer 1999: Kretschmer, Winfried: Geschichte der Weltausstellungen. Frankfurt a.M./New York: Campus 1999.

Krippendorff 1961: Krippendorff, Klaus: Über den Zeichen- und Symbolcharakter von Gegenständen. Versuch zu einer Zeichentheorie für die Programmierung von Produktformen in sozialen Kommunikationsstrukturen. Diplomarbeit Hochschule für Gestaltung Ulm 1961.

Krippendorff 1989: Krippendorff, Klaus: On the Essential Contexts of Artifacts or on the Proposition that »Design Is Making Sense (of Things)«. In: Design Issues. 5/2, 1989, S. 9–39.

Krippendorff 2006: Krippendorff, Klaus: The Semantic Turn. A New Foundation for Design. New York: Taylor & Francis Group 2006.

Krippendorff 2007: Krippendorff, Klaus: Design Research, an Oxymoron? In: Michel, Ralf (Hg.): Design Research Now. Essays and Selected Projects. Birkhäuser: Basel 2007, 67–80.

Krippendorff 2013: Krippendorff, Klaus: Die semantische Wende. Eine neue Grundlage für das Design. Hg. von Ralf Michel. Basel: Birkhäuser 2013.

Labrouste 1928: Souvenirs d'Henri Labrouste. Notes recueillies et classées par ses Enfants. o.O. 1928.

Latour 1996: Latour, Bruno: Der Berliner Schlüssel: Erkundungen eines Liebhabers der Wissenschaften. Berlin: Akademie Verlag 1996.

Latour 2006: Latour, Bruno: Drawing Things Together: Die Macht der unveränderlichen mobilen Elemente. Belliger, Andréa; Krieger, David J. (Hg.): ANThology: Ein einführendes Handbuch zur Akteur-Netzwerk-Theorie. Bielefeld: transcript 2006, S. 259–307.

Latour 2009: Latour, Bruno: Ein vorsichtiger Prometheus. Einige Schritte hin zu einer Philosophie des Designs, unter besonderer Berücksichtigung von Peter Sloterdijk. In: Jongen, Marc; van Tuinen, Sjoerd; Hemelsoet, Koenraad (Hg.): Die Vermessung des Ungeheuren: Philosophie nach Peter Sloterdijk. Paderborn: Fink 2009, S. 356–373.

Latour/Woolgar 1979: Latour, Bruno; Woolgar, Steve: Laboratory Life. The Construction of Scientific Facts. Princeton: Princeton University Press 1979.

Law 2006: Law, John: Notizen zur Akteur-Netzwerk-Theorie. Ordnung, Strategie und Heterogenität. In: Belliger, Andréa; Krieger, David J. (Hg.): ANThology: Ein einführendes Handbuch zur Akteur-Netzwerk-Theorie. Bielefeld: transcript 2006, S. 429–446.

Lawson 1980: Lawson, Brian: How Designers Think. London: Architectural Press 1980.

Le Corbusier 1930: Le Corbusier: Précisions sur un état présent de l'architecture et de l'urbanisme. Paris: G. Crès 1930.

Lees-Maffei/Houze 2010: Lees-Maffei, Grace; Houze, Rebecca (Hg.): The Design History Reader. Oxford: Berg 2010.

Lethaby 1999: Lethaby, William Richard: Kunst und Handwerk (1913). In: Fischer, Volker; Hamilton, Anne (Hg.): Theorien der Gestaltung. Grundlagentexte zum Design. Frankfurt a.M.: Verlag Form 1999, S. 34–35.

Löbner 2003: Löbner, Sebastian: Semantik. Eine Einführung. Berlin: De Gruyter 2003.

Loos 1999: Loos, Adolf: Ornament und Verbrechen (1908). In: Fischer, Volker; Hamilton, Anne (Hg.): Theorien der Gestaltung. Grundlagentexte zum Design. Frankfurt a.M.: Verlag Form 1999, S. 114–120.

Luhmann 2004: Luhmann, Niklas: Einführung in die Systemtheorie. Hg. von Dirk Baecker. Heidelberg: Carl-Auer 2004.

Lyotard 1979: Lyotard, Jean-François. La condition postmoderne: rapport sur le savoir. Paris: Éditions de Minuit, 1979.

Maldonado 2007: Maldonado, Tómas: Digitale Welt und Gestaltung. Ausgewählte Schriften. Hg. und übersetzt von Gui Bonsiepe. Birkhäuser: Basel 2007.

Maldonado/Bonsiepe 1964: Maldonado, Tomás; Bonsiepe, Gui: Wissenschaft und Gestaltung. In: ulm. 10/11, 1964, S. 5–42.

Mareis 2011: Mareis, Claudia: Design als Wissenskultur: Interferenzen zwischen Design- und Wissensdiskursen seit 1960. Bielefeld: transcript 2011.

Mareis 2012: Mareis, Claudia: The Epistemology of the Unspoken. On the Concept of Tacit Knowledge within Contemporary Design Research. In: Design Issues. 28/2, 2012.

Mareis 2013: Mareis, Claudia: Wer gestaltet die Gestaltung? Zur ambivalenten Verfassung von partizipatorischem Design. In: Dies.; Held, Matthias; Joost, Gesche (Hg.): Wer gestaltet die Gestaltung? Praxis, Theorie und Geschichte des partizipatorischen Designs. Bielefeld: Transcript 2013, S. 9–20.

Mareis/Windgätter 2013: Mareis, Claudia; Windgätter, Christof: Einleitung. In: Dies. (Hg.): Long Lost Friends. Wechselbeziehungen zwischen Design-, Medien- und Wissenschaftsforschung. Zürich/Berlin: diaphanes 2013, S. 9–20.

Margolin 1989: Margolin, Victor: Postwar Design Literature: A Preliminary Mapping. In: Ders. (Hg.): Design Discourse. History. Theory. Criticsm. Chicago/London: University of Chicago Press 1989, S. 265–287.

Marx 1962: Marx, Karl: Das Kapital I. In: Marx-Engels-Werke. Bd. 23, Berlin: Dietz 1962.

Maser 1976: Maser, Siegfried: Theorie ohne Praxis ist leer, Praxis ohne Theorie ist blind. In: Form. Heft 73, 1976, S. 40–42.

Mattenklott/Weltzien 2003: Mattenklott, Gundel; Weltzien, Friedrich (Hg.): Entwerfen und Entwurf. Praxis und Theorie des künstlerischen Schaffensprozesses. Berlin: Reimer 2003.

Mau 2004: Mau, Bruce: Massive Change. A Manifesto for the Future Global Design Culture. London/New York: Phaidon 2004.

Meurer/Vinçon 1983: Meurer, Bernd; Vinçon, Hartmut: Industrielle Ästhetik. Zur Geschichte und Theorie der Gestaltung. Gießen: Anabas 1983.

Michel 2007: Michel, Ralf (Hg.): Design Research Now. Essays and Selected Projects. Basel: Birkhäuser 2007.

Milev 2011: Milev, Yana: Emergency Design. Berlin: Merve 2011.

Milev 2013: Milev, Yana: Design Anthropology. Outline of an Expanded Concept of Design in the Field of the (Empirical) Cultural Sciences. In: Dies. (Hg.): D.A. – A Transdisciplinary Handbook of Design Anthropology. New York: Peter Lang 2013, S. 18–39.

Mitchell 1994: Mitchell, William John T.: Picture Theory. Essays on Verbal and Visual Representation. Chicago: University of Chicago Press 1994.

Moles 1958: Moles, Abraham A.: Théorie de l'information et perception esthétique. Paris: Flammarion 1958.

Moles 1999: Moles, Abraham A.: Die Krise des Funktionalismus (1968). In: Fischer, Volker; Hamilton, Anne (Hg.): Theorien der Gestaltung. Grundlagentexte zum Design. Frankfurt a.M.: Verlag Form 1999, S. 211–213.

Moravánszky 2013: Moravánszky, Ákos (Hg.): Architekturtheorie im 20. Jahrhundert: Eine kritische Anthologie. Wien: Springer 2013.

Mrazek 1966: Mrazek, Wilhelm: Gottfried Semper und die museal-wissenschaftliche Reformbewegung des 19. Jahrhunderts. In: Semper, Gottfried: Wissenschaft, Industrie und Kunst, und andere Schriften über Architektur, Kunsthandwerk und Kunstunterricht. Hg. von Hans M. Wingler. Mainz: Kupferberg 1966, S. 113–119.

Mühlmann 2008: Mühlmann, Heiner: Rhetorik – Design – Macht. In: Joost, Gesche; Scheuermann, Arne (Hg.): Design als Rhetorik. Grundlagen, Positionen, Fallstudien. Basel: Birkhäuser 2008, S. 101–106.

Müller-Krauspe 1999: Müller-Krauspe, Gerda: Opas Funktionalismus ist tot. In: Fischer, Volker; Hamilton, Anne (Hg.): Theorien der Gestaltung. Grundlagentexte zum Design. Frankfurt a.M.: Verlag Form 1999, S. 218–225.

Münker/Roesler 2012: Münker, Stefan; Roesler, Alexander: Poststrukturalismus. Stuttgart: J.B. Metzler 2012.

Muthesius/van de Velde 1999: Muthesius, Hermann; Velde, Henry van de: Werkbund-Thesen und -Gegenthesen (1914). In: Fischer, Volker; Hamilton, Anne (Hg.): Theorien der Gestaltung. Frankfurt a.M.: Verlag Form 1999, S. 36–38.

Nehls 1999: Nehls, Werner: Die heiligen Kühe des Funktionalismus müssen geopfert werden (1968) In: Fischer, Volker; Hamilton, Anne (Hg.): Theorien der Gestaltung. Grundlagentexte zum Design. Frankfurt a.M.: Verlag Form 1999, S. 213–216.

Nelson/Stolterman 2003: Nelson, Harold G.; Stolterman, Erik: The Design Way. Intentional Change in an Unpredictable World. Englewood Cliffs NJ: Educational Technology Publications 2003.

Neuweg 2004: Neuweg, Georg Hans: Könnerschaft und implizites Wissen. Zur lehr-lerntheoretischen Bedeutung der Erkenntnis- und Wissenstheorie Michael Polanyis. Münster: Waxmann 2004 (2001).

Newell/Simon 1961: Newell, Allen; Simon, Herbert A.: Computer Simulation of Human Thinking. Santa Monica CA: Rand Corporation 1961.

Newell/Simon 1972: Newell, Allen; Simon, Herbert A.: Human Problem Solving. Englewood Cliffs NJ: Prentice-Hall 1972.

Niedderer 2007: Niedderer, Kristina: Mapping the Meaning of Knowledge in Design Research. In: Design Research Quarterly. Design Research Society. 2/2, 2007, S. 1–13.

Noseda 2007: Noseda, Irma: Von der Guten Form zum Unsichtbaren Design. In: Breuer, Gerda (Hg.): Das gute Leben. Der Deutsche Werkbund nach 1945. Tübingen: Wasmuth 2007, S. 176–185.

Nöth 2000: Nöth, Winfried: Handbuch der Semiotik. Stuttgart: J. B. Metzler 2000.

Nowotny 1999: Nowotny, Helga: Es ist so. Es könnte auch anders sein. Frankfurt a.M.: Suhrkamp 1999.

Nowotny/Scott/Gibbons 2005: Nowotny, Helga; Scott, Peter; Gibbons, Michael: Wissenschaft neu denken. Wissen und Öffentlichkeit in einem Zeitalter der Ungewissheit. Weilerswist: Velbrück 2005 (2004).

Nünning 2004: Nünning, Ansgar (Hg.): Metzler Lexikon Literatur- und Kulturtheorie. Ansätze – Personen – Grundbegriffe. Stuttgart: J. B. Metzler 2004.

Ottmers 2007: Ottmers, Clemens: Rhetorik. Stuttgart: J. B. Metzler 2007.

Papanek 2000: Papanek, Victor: Design for the Real World. Human Ecology and Social Change. Chicago: Academy Chicago 2000 (1971).

Peters 2013: Peters, Sibylle (Hg.): Das Forschen aller: Artistic Research als Wissensproduktion zwischen Kunst, Wissenschaft und Gesellschaft. Bielefeld: transcript 2013.

Pickering 2008: Pickering, Andrew: New Ontologies. In: Ders.; Guzik, Keith (Hg.): The Mangle in Practice. Science, Society, and Becoming. Durham/London: Duke University Press 2008, S. 1–14.

Polanyi 1983: Polanyi, Michael: The Tacit Dimension. Gloucester MA: Peter Smith 1983 (1966).

Prinz/Moebius 2011: Prinz, Sophia; Moebius, Stephan: Zur Kultursoziologie des Designs. In: Dies. (Hg.): Das Design der Gesellschaft. Zur Kultursoziologie des Designs, Bielefeld: transcript 2011, S. 9–25.

Radice, Barbara 1988: Radice, Barbara (Hg.): Memphis Design: Gesicht und Geschichte eines neuen Stils. München: Bangert 1988.

Reese 2005: Reese, Jens: Der Begriff ›Design‹. Anwendung und Umsetzung. In: Ders. (Hg.): Der Ingenieur und sein Designer. Wien/New York: Springer 2005, S. 7–22.

Reuter 2003: Reuter, Wolf: »... den Dualismus zwischen rationaler und intuitiver Tätigkeit auflösen«. Horst Rittel an der HfG Ulm. In: Rinker, Dagmar et al. (Hg.): ulmer modelle – modelle nach ulm. hochschule für gestaltung 1953–1968. Ostfildern-Ruit: Hatje Cantz 2003, S. 94–99.

Reuter 2013: Reuter, Wolf D.: Einleitung. In: Ders.; Jonas, Wolfgang (Hg.): Horst Rittel. Thinking Design. Transdisziplinäre Konzepte für Planer und Entwerfer. Basel: Birkhäuser 2013, S. 11–17, (Kurzbiographie S. 9).

Rinker/Quijano/Reinhardt 2003: Rinker, Dagmar; Quijano, Marcela; Reinhardt, Brigitte (Hg.): ulmer modelle – modelle nach ulm. hochschule für gestaltung 1953–1968. Ostfildern-Ruit: Hatje Cantz 2003.

Rith/Dubberly 2007: Rith, Chanpory; Dubberly, Hugh: Why Horst W. J. Rittel Matters. Design Issues. 23/1, 2007, S. 72–91.

Rittel 1972: Rittel, Horst W. J.: Son of Rittelthink. Interview mit Horst Rittel von Jean-Pierre Protzen und Donald Grant. In: The DMG 5th Anniversary Report. Occasional Paper, 1, 1972, S. 5–10.

Rittel 1987: Rittel, Horst W. J.: Das Erbe der HfG. In: Lindinger, Herbert (Hg.): Hochschule für Gestaltung Ulm. Die Moral der Gegenstände. Berlin: Ernst & Sohn 1987, S. 118–123.

Rittel 1988: Rittel, Horst W. J.: The Reasoning of Designers. Arbeitspapier zum International Congress on Planning and Design Theory in Boston 1987. Schriftenreihe des Institut für Grundlagen der Planung, Universität Stuttgart 1988, S. 1–9.

Rittel 2013: Rittel, Horst W. J.: Zur Planungskrise. Systemanalyse der ›ersten und zweiten Generation‹. In: Reuter, Wolf D.; Jonas, Wolfgang (Hg.): Horst Rittel. Thinking Design. Transdisziplinäre Konzepte für Planer und Entwerfer. Basel: Birkhäuser 2013, S. 39–57.

Rittel/Webber 1973: Rittel, Horst W. J.; Webber, Melvin M.: Dilemmas in a General Theory of Planning. In: Policy Sciences. 4, 1973, S. 155–169.

Rittel/Webber 2013: Rittel, Horst W. J.; Webber, Melvin M.: Dilemmas in einer allgemeinen Theorie der Planung. In: Reuter, Wolf D.; Jonas, Wolfgang (Hg.): Horst Rittel. Thinking Design. Transdisziplinäre Konzepte für Planer und Entwerfer. Basel: Birkhäuser 2013, S. 20–38.

Robertson/Simonsen 2012: Robertson, Toni; Simonsen, Jesper: Challenges and Opportunities in Contemporary Participatory Design. In: Design Issues. 28/3, 2012, S. 3–9.

Romero-Tejedor 2007: Romero-Tejedor, Felicidad: Der denkende Designer. Von der Ästhetik zur Kognition, Ein Paradigmenwechsel. Hildesheim: G. Olms 2007.

Rorty 1967: Rorty, Richard: The Linguistic Turn. Recent Essays in Philosophical Method. Chicago: The University of Chicago Press 1967.

Rowe 1987: Rowe, Peter G.: Design Thinking. Cambride MA: MIT Press 1987.

Ruppert 1993: Ruppert, Wolfgang: Zur Geschichte der industriellen Massenkultur. Überlegungen zur Begründung eines Forschungsansatzes. In: Ders. (Hg.): Chiffren des Alltags. Erkundungen zur Geschichte der industriellen Massenkultur. Marburg: Jonas 1993, S. 9–22.

Ryle 1949: Ryle, Gilbert: The Concept of Mind. New York: Barnes and Noble 1949.

Saikaly 2005: Saikaly, Fatina: Approaches to Design Research: Towards the Designerly Way. In: The 6th International Conference of the European Academy of Design, Design System Evolution. Hochschule für Künste Bremen. 29.–31. März 2005, S. 1–21.

Salustri/Eng 2007: Salustri, Filippo A.; Eng, Nathan: Design as ... : Thinking of What Design Might Be. In: Journal of Design Principles and Practices. 1/2007, S. 19–28.

Saussure 1967: Saussure, Ferdinand de: Grundfragen der allgemeinen Sprachwissenschaft. Berlin: De Gruyter 1967.

Schade 2008: Schade, Sigrid: What Do Bildwissenschaften Want? In the Vicious Circle of Pictorial and Iconic Turns. In: Imesch, Kornelia et al. (Hg.): Inscriptions/Transgressions. Kunstgeschichte und Gender Studies. Bern et al.: Peter Lang 2008, S. 31–51.

Schade 2009: Schade, Sigrid: Widersprüche – Mythen der abstrakten Moderne zwischen der »Immaterialität« der Kunst und der »Materialität« des Kunstwerks. In: Baumhoff, Anja; Droste, Magdalena (Hg.): Mythos Bauhaus. Berlin: Reimer 2009, S. 147–167.

Schäffner 2010: Schäffner, Wolfgang: The Design Turn. Eine wissenschaftliche Revolution im Geiste der Gestaltung. In: Mareis, Claudia; Joost, Gesche; Kimpel, Kora (Hg.): Entwerfen, Wissen, Produzieren. Designforschung im Anwendungskontext. Bielefeld: transcript 2010, S. 33–46.

Schäffner 2013: Schäffner, Wolfgang: Vom Wissen zum Entwurf. Das Projekt der Forschung. In: Weidinger, Jürgen (Hg.): Entwurfsbasiert Forschen. Berlin: Universitätsverlag TU Berlin 2013, S. 55–64.

Schatzki/Knorr Cetina/Savigny 2001: Schatzki, Theodore; Knorr Cetina, Karin; Savigny, Eike von (Hg.): The Practice Turn in Contemporary Theory. London/New York: Routledge 2001.

Scheller 1995: Scheller, Robert: Exemplum: Model-Book Drawings and the Practice of Artistic Transmission in the Middle Ages (ca. 900-ca. 1470). Amsterdam: Amsterdam University Press 1995.

Scheuermann 2009: Scheuermann, Arne: Zur Theorie des Filmemachens: Flugzeugabstürze, Affekttechniken, Film als rhetorisches Design. München: ed. text + kritik 2009.

Schneider 2005: Schneider, Beat: Design – eine Einführung: Entwurf im sozialen, kulturellen und wirtschaftlichen Kontext. Basel: Birkhäuser 2005.

Schön 1983: Schön, Donald A.: The Reflective Practitioner. How Professionals Think in Action. New York: Basic Books 1983.

Schönrich 1999: Schönrich, Gerhard: Semiotik zur Einführung. Hamburg: Junius 1999.

Schregel 2013: Schregel, Susanne: Gestaltung und ihre soziale Organisation. Schlaglichter auf die Geschichte der Partizipation in den USA und Westeuropa (1960–1980). In: Mareis, Claudia; Held, Matthias; Joost, Gesche (Hg.): Wer gestaltet die Gestaltung? Praxis, Theorie und Geschichte des partizipatorischen Designs. Bielefeld: transcript 2013, S. 23–42.

Schultheis 2005: Schultheis, Franz: Disziplinierung des Designs. In: Michel, Ralf (Hg.): Forschungslandschaften im Umfeld des Designs. Zürich: Swiss Design Network, 2005, S. 65–84.

Schwartz 1999: Schwartz, Frederic J.: Der Werkbund. Ware und Zeichen 1900–1914. Amsterdam: Verlag der Kunst 1999.

Searle 1969: Searle, John R.: Speech Acts. London: Cambridge University Press 1969.

Seeger 1999: Seeger, Hartmut: Funktionalismus im Rückspiegel des Designs (1968). In: Fischer, Volker; Hamilton, Anne (Hg.): Theorien der Gestaltung. Grundlagentexte zum Design. Frankfurt a.M.: Verlag Form 1999, S. 216–218.

Seel 2009: Seel, Martin: Theorien. Frankfurt a.M.: Fischer 2009.

Selle 1994: Selle, Gert: Geschichte des Design in Deutschland. Frankfurt/New York: Campus 1994.

Semper 1860/1863: Semper, Gottfried: Der Stil in den technischen und tektonischen Künsten oder praktische Ästhetik: Ein Handbuch für

Techniker, Künstler und Kunstfreunde. Bd. 1, Frankfurt a.M.: Verlag für Kunst und Wissenschaft 1860; Bd. 2, München: Bruckmann 1863.

Semper 1966: Semper, Gottfried: Wissenschaft, Industrie und Kunst, und andere Schriften über Architektur, Kunsthandwerk und Kunstunterricht. Hg. von Hans M. Wingler. Mainz: Kupferberg 1966.

Sennett 2008: Sennett, Richard: Handwerk. Berlin: Berlin Verlag 2008.

Siegert 2009: Siegert, Bernhard: Weiße Flecken und finstre Herzen. Von der symbolischen Weltordnung zur Weltentwurfsordnung. In: Gethmann, Daniel; Hauser, Susanne (Hg.): Kulturtechnik Entwerfen: Praktiken, Konzepte und Medien in Architektur und Design Science. Bielefeld: transcript 2009, S. 19–48.

Simader 2007. Simader, Friedrich: Vorlagen. Vorstudien. Musterbücher. In: Fingernagel, Andreas (Hg.): Geschichte der Buchkultur. Bd. 4.2 Romanik, Graz: Akademische Druck- und Verlagsanstalt 2007, S. 335–354.

Simon 1990: Simon, Herbert A.: Die Wissenschaften vom Künstlichen. Berlin: Kammerer & Unverzagt 1990.

Simon 1996: Simon, Herbert A.: The Sciences of the Artificial. Cambridge MA/London: MIT Press 1996 (1969).

Simonis 2001: Simonis, Annette: Gestalttheorie von Goethe bis Benjamin. Diskursgeschichte einer deutschen Denkfigur. Köln: Böhlau 2001.

Sloterdijk 2010: Sloterdijk, Peter: Das Zeug zur Macht. In: Ders.; Voelker, Sven: Der Welt über die Straße helfen. Designstudien im Anschluss an eine philosophische Überlegung. München: Fink 2010, S. 7–25.

Sottsass 2002: Ettore Sottsass – Der Sinn der Dinge. (Film), Regie: Heinz Bütler. NZZ Film: Zürich 2002.

Stam 1999: Stam, Mart: Das Mass, das richtige Mass, das Minimum-Mass (1929). In: Fischer, Volker; Hamilton, Anne (Hg.): Theorien der Gestaltung. Grundlagentexte zum Design. Frankfurt a.M.: Verlag Form 1999, S. 184–185.

Steffen 2000a: Steffen, Dagmar: Grundlagen einer disziplinären Design-Theorie. In: Dies. (Hg.): Design als Produktsprache. Der »Offenbacher Ansatz« in Theorie und Praxis. Frankfurt a.M.: Verlag Form 2000, S. 9–12.

Steffen 2000b: Steffen, Dagmar: Zur Theorie der Produktsprache. In: Dies. (Hg.): Design als Produktsprache. Der »Offenbacher Ansatz« in Theorie und Praxis. Frankfurt a.M.: Verlag Form 2000, S. 34–95.

Sullivan 1896: Sullivan, Louis H.: The Tall Office Building Artistically Considered. In: Lippincott's Magazine. 57, 1896, S. 403–409.

Sullivan 1999: Sullivan, Louis H.: Das große Bürogebäude, künstlerisch betrachtet (1896). In: Fischer, Volker; Hamilton, Anne (Hg.): Theorien der Gestaltung. Grundlagentexte zum Design. Frankfurt a.M.: Verlag Form 1999, S. 142–146.

Te Heesen/Lutz 2005: Heesen, Anke te; Lutz, Petra (Hg.): Dingwelten. Das Museum als Erkenntnisort. Köln: Böhlau 2005.

Te Heesen/Spary 2001: Heesen, Anke te; Spary, Emma C. (Hg.): Sammeln als Wissen: Das Sammeln und seine wissenschaftsgeschichtliche Bedeutung. Göttingen: Wallstein 2001.

Tietenberg 2010: Tietenberg, Anette: Kommentar zu Adolf Loos, Ornament und Verbrechen. In: Edelmann, Klaus Thomas; Terstiege, Gerrit (Hg.): Gestaltung denken. Grundlagentexte zu Design und Architektur. Basel: Birkhäuser 2010, S. 80 (sic!).

Tietmeyer et al. 2010: Tietmeyer, Elisabeth et al.: Vorwort. In: Dies. (Hg.): Die Sprache der Dinge. Kulturwissenschaftliche Perspektiven auf die materielle Kultur. Münster: Waxmann 2010, S. 7–8.

Tischner et al. 2000: Tischner, Ursula et al.: Was ist EcoDesign. Ein Handbuch für ökologische und ökonomische Gestaltung. Frankfurt a.M.: Verlag Form 2000.

Tise 1996: Tise, Suzanne: Umstrittene Modernismen. In: Constant, Caroline; Wang, Wilfried (Hg.): Eileen Gray. Eine Architektur für alle Sinne. Tübingen/Berlin: Wasmuth 1996, S. 32–47.

Turkle 2007: Turkle, Sherry: Evocative Objects: Things We Think With. Cambridge MA: MIT Press 2007.

Ueding/Steinbrink 2004: Ueding, Gert; Steinbrink, Bernd: Grundriss der Rhetorik. Geschichte, Technik, Methode. Stuttgart: J.B. Metzler 2004.

Voelker 2010: Voelker, Sven: Der Welt über die Straße helfen. In: Sloterdijk, Peter; Voelker, Sven: Der Welt über die Straße helfen. Designstudien im Anschluss an eine philosophische Überlegung. München: Fink 2010, S. 27–109.

Vogl 1999: Vogl, Joseph: Einleitung. In: Ders. (Hg.): Poetologien des Wissens um 1800. München: Fink 1999, S. 7–16.

Wagner, Monika; Rübel, Dietmar; Wolff, Vera (Hg.): Materialästhetik. Quellentexte zu Kunst, Design und Architektur. Berlin: k.A. 2005.

Walker 1992: Walker, John A.: Designgeschichte. Perspektiven einer wissenschaftlichen Disziplin. München: scaneg 1992.
Weidinger 2013: Weidinger, Jürgen: Antworten auf die verordnete Verwissenschaftlichung des Entwerfens. In: Ders. (Hg.): Entwurfsbasiert forschen. Berlin: Universitätsverlag TU Berlin 2013, S. 13–34.
Wellmer 1999: Wellmer, Albrecht: Kunst und industrielle Produktion. Zur Dialektik von Moderne und Postmoderne (1982). In: Fischer, Volker; Hamilton, Anne (Hg.): Theorien der Gestaltung. Grundlagentexte zum Design. Frankfurt a.M.: Verlag Form 1999, S. 229–233.
Welsch 2008: Welsch, Wolfgang: Unsere postmoderne Moderne. Berlin: Akademie Verlag 2008 (1987).
Wingler 2005: Wingler, Hans M.: Herkunft und Geschichte des Bauhauses. In: Ders. (Hg.): Das Bauhaus. 1919–1933. Weimar, Dessau, Berlin und die Nachfolge in Chicago seit 1937. Köln: DuMont 2005 (1962), S. 11–20.
Winograd/Flores 1986: Winograd, Terry; Flores, Fernando: Understanding Computers and Cognition: A New Foundation for Design. Norwood NJ: Ablex Pub. Corp. 1986.
Winograd/Flores 1992: Winograd, Terry; Flores, Fernando: Erkenntnis, Maschine, Verstehen. Zur Neugestaltung von Computersystemen. Berlin. Rotbuch 1992 (1989).

## Internetquellen

http://ciel-lab.dk/neurodesign/ (abgerufen am 23.05.2014).
http://de.pons.eu/latein-deutsch/designare (abgerufen am 11.05.2014).
http://humanitieslab.stanford.edu/TransformativeDesign/Home (abgerufen am 23.06.2014).
http://www.burg-halle.de/design/designwissenschaften/lehrgebiete/designtheorie.html (abgerufen am 11.05.2014).
http://www.designwissen.net/seiten/10-thesen-von-dieter-rams-ueber-gutes-produktdesign (abgerufen am 14.05.2014).
http://www.hfg-archiv.ulm.de/die_hfg_ulm/geschichte_4.html (abgerufen am 11.05.2014).
http://www.hfg-archiv.ulm.de/die_hfg_ulm/timeline.html (abgerufen am 14.05.2014).
http://www.oxforddictionaries.com/definition/english/design (abgerufen am 11.05.2014).

http://www.werkbund-berlin.de/geschichte-des-deutschen-werkbundes/ (abgerufen am 11.05.2014).

https://fh-nordws.brockhaus-wissensservice.com/sites/brockhaus-wissensservice.com/files/pdfpermlink/theorie-39942fc5.pdf (abgerufen am 23. 05.2014).

https://www.dna20.com/resources/genedesigner (abgerufen am 23.05.2014).

https://www.interdisciplinary-laboratory.hu-berlin.de/de (abgerufen am 14.05.2014).

## Bildnachweis

Titelbild: Mobilier et Thonet. Design und Fotografie: Célia Persouyre.

Abb. 1: Fotografie: Ton, http://www.ton.eu/en/

Abb. 2: Zukowsky, John: Chicago Architektur, München: Prestel 1987, S. 72. © Chicago Architectural Photographing Co., über David Phillips.

Abb. 3: dda digitales design archiv, Hochschule Anhalt (FH), Fachbereich Design, Dessau.

Abb. 4: dda digitales design archiv, Hochschule Anhalt (FH), Fachbereich Design, Dessau.

Abb. 5: Steffen, Dagmar: Zur Theorie der Produktsprache. In: Dies. (Hg.): Design als Produktsprache. Der »Offenbacher Ansatz« in Theorie und Praxis. Frankfurt a.M.: Verlag Form 2000, S. 34–95, hier S. 34.

Abb. 6: Nöth, Winfried: Handbuch der Semiotik. Stuttgart/Weimar: J. B. Metzler 2000, S. 74.

Abb. 7: Krippendorff, Klaus: Die semantische Wende. Eine neue Grundlage für das Design. Hg. von Ralf Michel. Basel: Birkhäuser 2013, S. 28.

Abb. 8: McCrory, R. J.: The Design Method in Practice. In: Gregory, Sydney A. (Hg.): The Design Method. London: Butterworths 1966, S. 11–18, hier S. 12.

Abb. 9: Synthetic Empathy (2010). Design: Susanna Hertrich in Kollaboration mit Fabian Hemmert. Fotografie: Matthias Löwe.

## Sach- und Personenregister

**Claudia Mareis** ist Professorin für Designtheorie und Leiterin des Instituts Experimentelle Design- und Medienkulturen an der Hochschule für Gestaltung und Kunst Basel. Sie ist Vorstandsmitglied der Deutschen Gesellschaft für Designtheorie und -forschung DGTF und des Swiss Design Network SDN. Buchveröffentlichungen sind u.a.: *Design als Wissenskultur: Interferenzen zwischen Design- und Wissensdiskursen seit 1960*. Bielefeld 2011. *Long Lost Friends. Wechselbeziehungen zwischen Design-, Medien- und Wissenschaftsforschung*. Hg. zusammen mit Christof Windgätter, Zürich/ Berlin 2013. *Wer gestaltet die Gestaltung? Praxis, Theorie und Geschichte des partizipatorischen Designs*. Hg. zusammen mit Matthias Held und Gesche Joost. Bielefeld 2013. *Intellectual Birdhouse: Artistic Practice As Research*. Hg. zusammen mit Florian Dombois, Ute Meta Bauer und Michael Schwab. London 2012. Informationen zu aktuellen Forschungsprojekten finden sich unter: www.ixdm.ch